생존면접 바이블

1-POINT WHY ME

예 상 을 뒤 엎 는 한 줄 면 접 프 레 임

생존면접 바이블

면접중대장(김호인) 지음

"면접은 스펙과 경험의 크기가 아니다.
경험을 어떻게 해석하고 포장하느냐가 핵심이다."

★★★★★
경험포장 하나로
주도권 있는
인생

★★★★★
하루 10분이면
완성되는
생존꿀팁

★★★★★
모든 면접
올인원
가이드

좋은땅

1. 1천 번의 면접을 경험하며 알게 된 점

경험이 부족했던 시절, 나는 면접이란 그냥 말을 조금 잘하면 된다는 생각을 갖고 있었다. 직업군인으로서 브리핑을 일상화할 수밖에 없었고, 누군가 앞에서 전달하고 지시하는 역할을 해왔기에 면접은 그냥 말을 잘하면 된다는 생각뿐이었다.

하지만 30살이 넘는 나이에 사회로 나와 보니 현실은 내가 생각했던 것과 많이 달랐다. 늦은 나이에 취업을 해야 하는 압박감, 주변을 둘러볼수록 어깨는 한없이 움츠러들었다.

그 당시 나와 함께 취업 준비를 한 친구들은 4-5살 어렸지만, SKY대학, 4.0점이 넘는 학점, 다양한 대외활동, 유학 생활 등 엄청난 고스펙과 경험을 보유한 친구들이 많았다.

처음에는 아무리 취업이 어렵고, 힘들다 하더라도 나에게는 해당되지 않는 이야기인 줄 알았다. 하지만 정확히 3개월 만에 취업전쟁이라는 말을 몸소 느낄 수 있었다. 특히 생각만큼 면접의 기회가 주어지지도 않았기에 너무 답답했고 한 번의 기회라도 오길 바라는 마음뿐이었다.

그렇게 기다렸던 한 번의 기회, 하지만 너무 간절하다 보니 간절함을 표현하는 방법을 잘 알지 못하고 기회를 허망하게 놓치게 되었다.

이때부터, 나는 정말 생존을 위한 면접을 시작했다. 원하는 일을 하기 위해서 비정규직으로 입사를 하였고, 그때부터 정규직이 되기 위해서 눈치를 보며 "매일 면접을 본다는 생각"을 갖고 직장 생활을 시작했다.

비정규직을 경험해본 생존이들은 알겠지만, 원하는 정규직이 되기 위해서 우리가 해야 할 것들이 참 많다. 업무 능력도 좋아야 하고, 상사 비위도 잘 맞추어야 하고, 센스도 있어야 하고, 업무도 오래 하는 모습을 보여줘야 했다. 이 또한 스스로 선택한 결정이었기에 이 치열한 생존 경쟁에서 어떻게든 살아남기 위해 노력했다.

그리고 작은 기회를 잡게 되었고, 그렇게 원하던 정규직이 된 이후 또다른 목표들이 생기기 시작했다. 이렇게 작은 목표들을 달성하면서 알게된 것은 어떠한 자리와 상황에서도 결과와 성과라는 것이 증명되어야 한다는 것을 느끼게 되었고, 그 근거들은 "말"로써 결정됨을 알 수 있었다.

매일 고정적으로 했던 업무 중의 하나가 바로 "프리젠테이션"을 하는 일이었다. 우리나라 최고의 금융기관들을 방문하여 매일 상품을 소개하고, 요약하고, 특징과 혜택을 통해서 상대방을 설득하는 업무를 하였다.

처음에는 "그냥 영업사원"이라는 생각을 하였지만, 1천 회 이상 프리젠테이션을 현장에서 직접 해 보면서 느낀 것은 이 생활이 매일 면접을 보는 것과 전혀 다르지 않다는 것이었다. 상대방은 면접관의 역할이었고, 나는 그들에게 선택을 받아야 하는 입장이었다.

상대방에겐 나를 제외하고도 너무나 많은 대안들이 있었고, 나는 그 많은 상품 중의 하나일 뿐이었다. 이 현실을 알게 된 시점은, 약 200-300회 정도 프리젠테이션을 했을 때쯤이었다.

그냥 "제 상품이 좋아요", "이 상품의 특징은 이거입니다"라고 하는 것이 얼마나 상대방에게 무의미한 일이고, 매력이 없는 일인지 난생처음 느꼈다.

이때부터, 나는 철저하게 "상대방의 관점"에서 생각하고, 상대방이 원하는 것부터 찾기 시작했다. 그리고 "그들의 언어로" 같은 말이라도 나만의 경험(ME)을 기반으로 작은 포장지를 입혀서 하게 되었으며, 이러한 과정에서 실적의 변화는 물론이고, 지속적인 관계 형성을 할 수 있었다.

결국, 1천 번의 실전 면접 경험을 통하여 "그냥 말하기"를 잘하고 "설득"을 잘하고 "논리적"이어야지만 상대방이 나를 선택하는 것이 아니라, 내 이야기를 나만의 언어와 표현으로 상대방의 관점에서 전달했을 때 서로를 위한 시작을 이어갈 수 있다는 것을 배울 수 있었다.

2. 면접은 나의 먹고사니즘과 직결되어 있다

나에게 면접은 그냥 인생 자체였다. 사실 면접과 취업, 자소서에 대한 이야기는 대부분 "인사담당자 출신" "채용 전문가"분들의 전유물로 여겨지고 있다. 하지만 나는 인생 자체가 면접이었고, 생존면접을 1천 회 이상 경험하며 커리어를 뒤바꿀 수 있었다.

10년, 20년 전에도 대부분 우리는 "전문가"들의 이야기에 귀를 기울였고, 알려주는 대로 실행했다. 나 역시 물론 그러한 과정을 경험하였고 그 과정에서 긍정적인 면들도 많았다.

하지만 실제 생존면접을 필드에서 1천 회 이상 경험해보고, 그 경험을 바탕으로 대한민국에서는 유일하게 비대면으로 약 1,500일 넘는 기간 동안 "작심5일 매십경", "작심5일 매십면"이라는 면접커뮤니티를 운영하며 과정에서 결과를 이뤄낸 수많은 생존이들을 현장에서 보았고, 이 과정을 지켜보며 면접에 대한 확신을 가질 수 있었다.

취업 전문가분들이 알려주는 공식을 적용해서 합격할 수 있다는 그 생각이 가장 위험하다. 이 책을 읽고 있는 생존이가 상위 20%면 물론 가능할지도 모른다. 하지만 나는 이 『생존면접 바이블』을 평범한 80%를 위해 작성하고 있다.

우리에게 면접과 취업에 대해 이야기를 해주시는 전문가분들은 정말 많은 경험들과 평가관의 입장에서 데이터를 갖고 있다. 하지만 그 관점에서만 생각하고 경험을 나누기 때문에 평범한 80%에게 진짜 중요한 것이 무엇인지 모르는 경우가 많다.

그래서 나와 같은 평범한 생존이들에게 양방향의 입장에서 다양한 경험을 해본 입장으로 "생존면접"을 이야기해 보고자 한다.

평범한 80%는 배우면 배운 대로, 적용하고 또 노력한다. 하지만 이 싸움은 시험에 정확한 정답이 존재할 때 가능한 방법이다. 우리가 지금 치르는 면접전쟁은 안타깝게도 정답이 존재하지 않는다. 정답이 존재하지 않는 전쟁에서 공식에 매몰되는 수많은 청년 생존이들이 이 책을 꼭 읽어보았으면 하는 바람이다.

지금 우리 주변을 둘러보면 상당히 똑똑하고 노력도 많이 하는 청년들의 대부분은 면접을 암기하려고만 한다. 그렇다면 이 똑똑한 생존이들이 왜 이럴까? 답은 너무나 간단하다.

면접을 그냥 시험이라고만 생각하고 준비하기 때문이다. 물론 시험은 맞지만 정답이 없는 시험이기 때문에 우리는 지금부터 그 생각을 변화시켜야만 한다.

우리는 살아가면서 생각을 주고받는 과정을 지속한다. 그 과정에서 누군가에게 호감을 사기도 하고, 또 말 한마디로 신뢰를 잃기도 한다. 지금 시작하는 면접 준비가 누군가에게는 "시험"이라고만 생각될 수 있지만, 잘 생각해보면 인생에서 제대로 시작하는 공식적인 말하기 시간으로 생각할 수도 있는 것이다.

대부분 인생에서 처음 시작하는 면접은 "대입면접"이다. 이 경험을 하면서 면접이라는 것이 무엇이고, 나를 어떻게 포장하고 어필하는지에 따라 "합격"할 수 있다는 사실을 알게 된다.

그렇게 한 번의 면접을 경험하게 된 후, 우리는 꽤 오랜 기간 면접을 걱정하지 않는다. 왜? 취업을 하게 될 때까지 누구에게 평가를 받는 상황이 생각보다 없기 때문이다. 하지만 누군가는 알바면접을 보기도 하고, 또 누군가는 계약직 면접을 보면서 치열한 하루하루를 살아간다.

어찌 보면 생존을 위해 가장 중요한 것이 면접이지만 그 당시에는 이런 것들을 잘 느끼지 못한다. 너무나 평범했던 나는 어떻게든 지금보다 조금은 나은 삶을 살고 싶어서 진짜 생존을 위한 "생존면접"을 시작했다.

결국, 우리는 입학을 하고, 취업을 하면 면접을 더 이상 보지 않는다는 생각을 갖고 살아간다. 하지만 나와 같이 평범한 사람들은 이런 생각을 절대 갖지 않기를 바란다.

우리는 평생 면접을 보며 살아가야 한다.

대학을 가기 위해 입시면접을
취업을 하기 위해 기업면접을
승진을 하기 위해 상사면접을
성과를 내기 위해 고객면접을

이렇게 우리는 매 순간 누군가에게 평가를 받으며, 이미지가 결정되고 그 이미지와 성과는 곧 내 인생의 먹고사니즘과 연결이 된다.

3. 아직도 면접을 시험이라고 생각하는 생존이들에게…

우리는 살아가는 매 순간을 면접이라고 생각해야 한다.

말 한마디에, 적이 내 편이 되고, 불합격이 합격이 되고, 저조했던 매출이 상승하고, 인생이 바뀔 수 있다. 하지만 우리는 면접을 책으로 배우고 공식에 대입하려고만 한다. 많은 동영상을 시청해보면서 공부해보지만 정작 말 한 마디를 시원하게 내뱉지 못하는 나 자신을 보면서 점점 자존감은 낮아진다.

이 책은 모든 순간을 면접같이 생각하고 어떻게든 생존하기 위해 발버둥친 유일한 비공채 출신 커리어 전문가인 면접중대장의 생각과 경험, 그리고 실제 생존이들의 사례를 담은 국내 유일한 "실전형 면접 바이블"이다. 금융권에서 일을 하며, 약 8년 동안 거의 매일 같이 고객들과 기업들을 대상으로 프리젠테이션을 하면서, 말하고 또 말하고, 실패하고 또 실패하고를 반복했다.

분명 상품의 장점을 잘 전달했는데 내 고객과 기업들은 날 그저 수많은 회사 중 하나로만 기억하였고, 열심히 하겠다며 그렇게 소리쳤지만 그들은 나를 쳐다보지 않았다. 그리고 "너의 이야기"에 관심 없다는 그 표정과 상황들 속에서 매일 프리젠테이션을 하며, 긴장된 삶을 살아가면서 "어떻게 하면 이 바닥에서 생존할 수 있을까?"를 고민하였다.

결국, 나 역시 수험 생활을 거치고 안정된 직장에 들어가기 위해 보았던 면접, 그리고 더 나은 환경에서 일하고 싶어 도전했던 이직 등의 경험을 통해 결국 "면접"이란 인생에서 로또처럼 한 번에 끝나는 것이 아니라 매 순간 우리 일상에서 벌어지고 있다는 것을 느낄 수 있었다.

내가 이 책을 "면접의 원론서"처럼 이야기를 시작하지 않는 이유는 단 하나이다. 내가 경험한 "생존면접"을 나뿐만이 아닌 나와 같은 대한민국의 평범한 스펙과 능력을 갖고 있는 모두가 해야 하며 살아가야 한다는 것을 공유하기 위해서이다.

그리고 누가 보더라도 불가능하다고 생각했던 생존이들의 기적 같은 결과를 공유하며, 진짜 우리 생존이들이 준비해야 하는 면접, 취업 준비에 대한 프레임을 변화시키고 싶었다.

4. 수천 명의 면접자들을 만나며 알게 된 점

인생도 그러하듯, 면접 역시 정답이 없다. 하지만 정답이 없는 이 면접 게임에서 수많은 청년들은 답을 찾으려고 하고 있다. 수천 명의 생존이들을 유튜브로 만나고, 경험 정리 클래스(이즈미), 실제 모의면접 등을 함께 하며 느낀 것은, 너무나 똑똑하고 역량 있는 20대, 30대들이 스스로에 대한 확신을 갖지 못한 채 방황하고 있다는 사실이다.

이 책이 다른 면접, 취업 책들과 완전히 다른 것이 있다면 "철저하게 과정에서 결과를" 낸 과정을 바탕으로 구성되었다는 점이다.

합격과 불합격을 떠나서 면접과 취업을 준비하는 생존이들의 긴 과정을 통한 결과물들이 『생존면접 바이블』에는 포함되어 있다. 그렇기 때문에 일반 서적에 나와 있는 면접을 잘 보는 기술, 꿀팁보다는 "어떠한 상황"에서 "어떠한 과정"을 경험하며 나만의 스토리로 연결했는지에 대한 스토리에 주목해야 한다.

수많은 청년들을 만나며 느낀 공통점은 바로 "불안감"이다. 언제 될지, 누구에게 선발될지 모르기 때문에 스스로를 항상 낮은 자세로 표현하는 것에 익숙해져 있다. 뒤 챕터들에서 실제 예시가 소개되겠지만 자존감이 정말 바닥이었던 생존이, 단 한 번도 면접에서 합격을 해보지 못했던 생존이 등 모두가 가능했다.

이렇게 가능했던 이유는 그 어떤 면접 기술도 아니었다. 뒤에서 소개 될 WHY+ME(와이나) 하나만으로 스스로 불안감을 해소하고, 내 경험에 대한 확신을 갖고 자신감 있게 전달했기 때문이다. 이 말이 너무나 당연한 이야기라고 생각할 수 있지만 사실 면접은 이게 전부라고 해도 과언이 아니다.

하지만 대부분 많은 생존이들은 면접의 기술만 생각하고 내가 하지 못하는 것에만 집중한다. 불안감을 키우는 행위를 하면서 면접을 잘 보고 내가 꼭 선발되어야 한다는 그 시작점이 잘못된 것이다. 지금 우리들에게 부족한 것은 실력이 아니다. 나 스스로에 대한 자신감, 확신, 그리고 자존감을 높이는 것부터 시작되어야 한다.

지금부터 이 책을 읽고 난 뒤, 단 한 가지만 기억하면 된다. 왜 내가 그런 행동을 했는지에 대한 WHY와 경험에 대한 생각과 행동 ME 이것만 스스로 잘 생각해본다면 지금과 같은 불안감은 많이 사라질 것이다.

목차

Chapter 1   생각 하나로 인생을 변화시킨 생존이들

Chapter 2   생존 마인드셋 6가지
– 면접에 대한 우리들의 편견

Chapter 3　합격을 위한 1가지 생존 비법, 5가지 필살기(1/5 전략)

Chapter 4 면접과 인생의 성공 여부는 "키워드"에 달려 있다

Chapter 5 면접 준비 우선순위

Chapter 6   생존면접 실전 사례 10가지

Chapter 9   9개월 고민을 10분 만에 해결하게 만든 AI 10분 솔루션

Chapter 10 한 번의 기회를 성공으로 만드는 임원면접 생존 필살기

Chapter 11 면접 주도권을 위한 5가지 추가 생존 필살기

Chapter 1

생각 하나로
인생을 변화시킨
생존이들

지금 이 책을 읽기 시작했다면, 꼭 챕터 1만큼은 읽어보고 스스로에게 적용해보길 바라는 마음이다. 우리가 지금껏 보고 활용한 면접, 스피치 책은 너무 면접관의 관점에서만 작성된 책이며 내용들이다.

물론, 면접관의 입장에서 생각하는 것은 좋지만, 많은 생존이들은 우리가 여태껏 배우고 자라온 대로 면접관들의 이야기가 무조건 정답이라고 생각하는 치명적인 오류를 범하게 된다.

그래서 이 책이 그런 매몰되어 있는 관점을 열어주고, 지금까지와는 전혀 다른 관점으로 생각을 하게 해주어 생존이들의 면접(스피치)에 긍정적인 영향을 줄 것이다. 실제 1천 번의 면접 경험을 통해 느끼고 배운 점과, 많은 청년들의 면접 준비 과정을 함께하며 완전히 다른 "관점 제시"와 "준비 방법"으로 기적 같은 합격을 넘는 인생 스토리를 지금도 함께하고 있다.

『생존면접 바이블』에 소개될 케이스는 수많은 사례들 중 일부일 뿐이다. "면접의 합격"을 넘어서 스스로 인생의 터닝포인트를 만들고, 인생을 변화시킨 생존이들의 스토리를 소개하고자 한다.

그동안 입시, 취업, 이직 준비를 하며 아무리 많은 면접 책과 영상을 보았어도 실력이 늘지 않는 이유는, 기술적인 부분만 이해하고 준비해서이다. 즉, 본질을 놓친 채 기술적인 부분들을 연습했기 때문에 나만의 답변이 아닌, 누구나가 할 수 있는 답변을 하는 것이다.

결국, 챕터 1에서는 우리와 비슷한 상황에 있는 생존이들의 사례를 확인하면서 공감을 하는 것이 먼저이다. 분명 모든 사람들이 합격이라는 결과를 받기는 쉽지 않다. 하지만 관점이 전환되면 누구나 가능하다.

입시 준비, 취업 준비, 이직 준비, 퇴사 준비 모두가 인생의 중요한 선택이라고 생각한다. 이 중요한 선택에서 누군가는 결과를 내지만, 또 누군가는 과정에서 포기하기도 한다. 실제 면접장에서, 인생의 면접에서 결과를 내는 것은 중요하다. 하지만 그보다 더 중요한 것은 힘들게 준비하는 이 과정에서 "스스로 남기는 무엇인가가 분명 있어야 한다"는 것이다.

과정 없는 결과는 존재하지 않는다. 그렇기 때문에 이 준비과정에서 무엇을 어떻게 남기는지가 가장 중요하다. 지금도 분명 어딘가에서 이런 고민을 하고 있는 대학생, 취준생, 중고신입들이 있을 것이다.

"내가 과연 대학교에 합격할 수 있을까?"
"내가 학점이 낮은데 면접에서 경쟁력이 있을까?"
"나 공백기가 1년인데… 이러면 불합격 하겠지?"
"정말 말을 못하는데 면접장 가봤자 불합격일 거야."

"관련 경험이 하나도 없는데 면접장 가지 말까?"

"이직을 해야 하는데 정말 하나도 한 게 없는데?"

"학벌이 안 좋은데 안 가는 게 낫겠지?"

어리를체인지에서 함께한 생존이들의 실제 사례를 통하여 "나도 가능할 수 있구나"라는 생각을 먼저 갖는 것이 우선이다.

결국, 면접이 중요한 것은 알지만, 실질적으로 면접 연습이나 준비를 하지 않고, 상황에 닥쳐서 하는 경우가 많은데 이렇게 하는 대부분의 이유는 나에게 언제, 어떻게 기회가 주어질지 모르기 때문이다. 하지만 이런 사례와 내용들을 먼저 찾아보면서 확신을 갖는다면, 아무리 바빠도 매일 말하기 연습을 5분이라도 할 수 있고, 스스로 생각을 정리하는 시간을 가질 수 있다.

이어서 소개되는 사례의 주인공들은 단지 "면접 합격자"들이 아닌, 어리를체인지에서 성장을 경험하며, 자신만의 스토리로 인생을 변화시킨 생존이들이라는 것을 꼭 알아주었으면 한다.

수많은 생존이들을 만나오면서 그들이 나에게 항상 하는 질문 중 가장 빈도수가 높은 질문은 바로 이것이다.

"중대장님, 현재 제가 ~한 상황인데 저 가능할까요?"

대부분 공채 면접을 준비하는 생존이들이 많지만 입시 면접, 일반 기업 면접, 이직 등을 준비하는 생존이들 역시 빠트리지 않고 물어보는 질문 중 하나이다.

하지만 이 질문을 받을 때, 항상 이런 생각을 하곤 했다. 사실 지금 합격을 할 수 있을지 없을지, 또 발표를 잘할지 못 할지는 다른 사람들보다 아마 스스로가 가장 잘 알고 있을 것이다.

하지만 이들이 하나같이 모두 이런 질문을 하는 단 하나의 이유는 스스로 준비해온 과정에 대한 "확신"이 부족하기 때문이다.

너무나 많은 케이스들이 있지만 항상 같은 답변을 해주었다. 지금 묻는 그 질문을 바꿔야 한다고 말이다. "지금 내가 가능할까, 아닌가"를 생각하고 그 확률을 궁금해할 것이 아니라, 어떻게든 나에게 주어진 이 면접의 기회에서 반드시 합격을 해야 한다는 생각을 갖고 시작해야 한다.

물론, 지금 이 글을 읽으면서도 머리로는 이해하지만 실제 그 상황이 나에게 왔을 때, 같은 질문과 생각을 하는 경우가 많다. 하지만 그럼에도 불구하고 지금부터라도 이러한 생각을 갖고 임해야 한다.

그럼 왜 질문의 방향을 바꿔야 하는가?

우리가 누군가에게 선택을 받기 위해서는 상대방이 만들어놓은 그 기준점 안에 들어가야 한다. 예를 들어 입시를 위해서는 학교에 대한 관심과 전공에 대한 스스로의 목표, 로열티를 어필해야 면접관은 나에게 그나마 조금 관심을 보일 수 있다.

마찬가지로 취업을 해야 하는 상황이라면, 면접은 채용의 가장 마지막 프로세스이다. 결국, 스펙이 어떻든 간에, 말로써 결과를 바꿀 수 있는 자리가 면접이라는 것이다. 즉, 채용이 되기 위해서는 마찬가지로, 면접관으로 하여금 내가 하고 있는 말과 행동에 대한 확신을 먼저 심어주어야 한다.

하지만 10명 중 8명 이상은 자신의 말과 행동에 확신을 갖지 못하고 면접장으로 가는 것이 현실이다. 이렇게 되다 보니 면접관이 조금만 압박을 해도, 내가 마치 잘못을 한 것 같고 자꾸 수동적인 답변을 하게 되는 경험을 한다.

나에게 주어진 이 한 번의 소중한 "면접 기회"부터 재정의를 해봐야 한다. 누구나에게 면접의 기회는 소중하다. 그렇기 때문에 이 소중한 기회를 그냥 날려버리지 않으려면, 처음 면접을 준비하는 그 시점부터 "스펙 빵빵한 경쟁자들 사이에서 내가 할 수 있을까?"라는 생각보다 "남은 시간 동안 어떻게 준비를 해서 내 필살기를 보여줄까?"라는 적극적인 마인드부터 시작해야 한다.

사실, 많은 사례들을 경험하며 내가 내린 면접의 결론은 "한 끝 차이"라는 것이다. 생존이들이 생각하는 것처럼, 면접을 준비하는 과정에서 엄청난 실력 차이가 존재하는 것이 아닌, 말 한 마디, 로열티의 근거, 밝은 미소, 기본적인 태도 등 한 끝 차이에서 합격과 불합격의 결과를 받게 된다.

1천 번의 실전면접을 경험하며, 또 그 방법을 그대로 우리 생존이들에게 적용하며, "어떻게 할까?"라는 이 작은 마인드의 전환이 얼마나 중요한지를 몸소 느꼈다.

"할 수 있을까?"라는 생각으로 시작한 사람들은 대부분 면접 준비를 하는 과정에서 계속 불안함을 갖고 소극적인 태도로 준비를 할 수밖에 없다. 기본 전제 자체가 내 실력과 스스로에 대한 의심으로 시작하였기에 지식을 쌓아도, 면접 연습을 진행해도 결국, 면접장에서 면접관의 질문에 흔들리게 된다.

하지만 이와 반대로 "어떻게 할까?"라는 생각을 가진 생존이들은 어떻게든 결과를 만들어내는 과정을 경험한다.

내가 이 면접에서 합격하기 위해서 어떠한 것들을 해야 할까? 라는 생각을 갖게 되고, 남은 기간 우선순위에 맞춰서 나만의 "생존 필살기"를 만들기 위해 집중한다.

또한 머리로만 생각하는 것이 아니라 FA5050(현장 방문), 현직자 인터뷰 등 직접 경험을 스스로 해보며 자신만의 "경험을 근거로" 스토리를 쌓아가게 된다.

즉, 면접에 꼭 합격을 해야 하는 상황이거나, 발표를 잘해야 하거나, 평가를 잘 받아야 하는 상황이라면 스스로에 대한 확신을 갖는 것이 그 어떠한 스킬보다 중요하다는 사실을 꼭 기억해야 한다.

아마 이 내용만 몇 번 반복해보더라도 어떠한 스킬보다 중요한 꿀팁이 될 수 있다. 그럼 지금부터 그 확신을 갖게 해줄 우리 생존이들의 사례를 공유해보고자 한다. 다시 한번 이야기하지만, 면접은 실제 내가 경험해야 하는 것이다.

아무리 많은 책을 공부하고 공식에 대입해도 지금 말 한마디 제대로 하지 못하거나, 생각을 전달하지 못한다는 것은 전통적인 주입식 교육의 방법대로만 준비를 해서 그런 것이다.

『생존면접 바이블』에서는 그러한 편견을 뒤엎고 실제 지금 우리 생존이들과 비슷한 사례를 먼저 공유함으로써 이 생존이들이 이러한 상황들을 어떻게 극복하고 자신만의 스토리로 합격을 넘어 인생을 변화시켰는지 함께해 볼 예정이다.

다양한 케이스들 중 생존이들과 가장 비슷한 케이스를 찾아서 이들이 하였던 방법으로 지금부터 준비한다면, 결코 면접은 어렵고 공포스럽고, 자존감을 낮게 하는 것이 아닌, 나만의 스토리로 나를 새롭게 다시 태어나게 해주는 그런 준비 과정이 될 수 있다.

결국, 면접이라는 이 과정을 단지 상대방에게 평가를 받는 그 과정으로만 생각하고 공포스러운 수험 준비를 할 것인지, 아니면 그 과정에서 진짜 나를 발견하면서 인생의 2막을 준비하는 인생 필살기로 만들 것인지는 우리 스스로에게 달려있다.

1) 2점 대 학점, 초등학교 교사가 연봉 2천만 원을 높인 비밀

특히 어리를체인지에서 시작을 함께하는 생존이들은 유튜브에서 본인의 상황과 비슷한 사례를 확인하고 "원데이 부트캠프"나 "작심5일 매십경, 매십면, 매십독, 매십운" 등 다양한 성장 프로그램에 참여한다.

첫 번째로 소개할 생존이는 "당시 현직 초등학교 교사로서" 직업을 갖고 있는 청년이었다. 이 생존이는 교사라는 안정적인 직장을 갖고 있었지만, 또 다른 꿈을 위해 도전을 해야 하는 상황이었다.

물론 누군가가 보기에 안정된 직장이었고 가만히만 버티면 노후까지 무난한 삶을 살 수 있을 거라고 생각할 수 있다. 하지만 이 또한 개인의 생각, 경험에서 오는 차이가 있기 때문에, 어떤 직업이 더 좋다 vs 나쁘다가 아닌 본인만의 선택기준이 중요하다.

사실, 이 생존이가 이직을 꿈꾸는 산업과 기업은 공채에서도 가장 어렵고 까다롭기로 소문난 대기업이었다. 비록 시작조차 하지 않았지만, 이 친구 역시 많은 생존이들처럼, "내가 과연 할 수 있을까?"라는 생각을 갖고 시작하였다.

이 생존이를 아직도 기억하고 개인적으로 연락을 하는 이유는 정말 대단한 열정과 남다른 실행력을 보이며 면접 준비를 미리부터 했기 때문이다. 사실 면접을 미리 준비하기는 굉장히 힘들다. 언젠가 벌어질 일이라는 것은 알지만, 지금 당장은 아니기 때문에, 다른 것들을 준비하거나 거의 준비하지 않다가 막판에 몰아서 준비하는 경우가 대부분이다.

하지만 이 생존이는 달랐다. 마인드셋부터, 미리 준비할 수 있는 것들을 미리 확인하였고, 아침 출근 전, 퇴근 후 시간을 활용하여 매일 10분 말하기 연습(작심5일 매십면)을 비롯하여 매일 10분 경제신문읽기(작심5일 매십경) 등 일상의 모든 것들을 변화하기 시작하였다.

면접장에 언제 갈지도 모르는 채, 방향성을 잡고 꾸준하게 본인이 해야 하는 일을 하면서 견딘 약 9개월의 시간. 사실 이 생존이의 처음 결과는 너무나 좋지 않았다. 아무래도 직장을 다니면서 취업 준비를 병행하다 보니 절대적인 학습시간도 부족하였고, 스스로 걱정하였듯이 다른 지원자들 대비 "관련 경험"도 많이 부족했고, 지원하는 산업과 기업에 필요한 자격증도 단 한 개도 없었다.

또한, 2점 대 학점으로 사실 누구나 생각하는 이름만 대면 알만한 그런 대기업으로 취업을 다시 한다는 것이 쉽지 않은 상황이었다. 하지만 이런 상황이었기에 오히려 다른 지원자들보다 꼭 목표를 달성해야 한다는 "간절함"이 보였고 그 간절함을 말이 아닌 행동으로 약 9개월의 시간 동안 묵묵히 보여주었다.

평범하지 않은 스펙으로, 한 시즌 동안 32개 서류 전패, 단 한 번도 면접 경험을 하지 못하며 인생에서 쓰디쓴 패배를 맛보았다. 하지만 이 생존이는 다시 시작하였고, 정말 우연찮게 단 한 번의 서류 합격 기회를 잡게 되었다.

이 생존이가 교사라는 안정적인 직장을 그만두고 다른 인생으로 도전하려고 했던 많은 이유들이 있지만 그중에서 "높은 연봉"과 "성장"은 반드시 달성해야 하는 생존 목표 중 하나였다.

결국, 32개의 서류를 전패하였지만 매일같이 경제신문을 읽고(작심5일 매십경), 면접 연습을 하고(작심5일 매십면), 독서를 하며(작심5일 매십독) 묵묵하게 본인의 "작심5일"을 치열하게 살아온 결과, 한 번의 기회를 극적으로 잡을 수 있었고, 결국, 이 생존이는 교사 연봉의 2배 이상을 받는 직장으로 취업에 성공하였다.

누군가는 이 스토리를 읽고, 운이 좋았다고 생각할 수도 있다. 하지만 『생존면접 바이블』의 첫 사례로 공유하는 이유는 이 생존이의 약 1년의 과정을 모두 지켜보았기 때문이다. 중고신입은 특히, 일반 취준생들 대비 절대적 시간이 부족하다. 그렇기 때문에, 자투리 시간과 더불어 주말 시간을 어떻게 활용하는지가 중요하다.

이 생존이의 경우는 챕터 3에서 나오는 "5대 생존 필살기 중" 특히 FA5050(현장 방문)과 티포인트에 대한 노력을 많이 하였다. 주말에 현장을 직접 돌아다니고 그 결과를 정리하며 약 27개가 넘는 곳을 방문하였으며, 어리를체인지에서 강제챌린지로 시작한 "블로그"를 통하여 약 200개 넘는 본인만의 인턴 활동을 이어갔다.

이러한 노력의 결과, 비록 한 번의 면접 기회였지만, 1차, 2차 면접을 모두 합격하며 자신만의 스토리로 결실을 맺었다.

단지, 취업에 성공하였기에 이 생존이의 사례를 공유한 것이 아니다. 이 생존이의 재취업 이유, 그리고 또 다른 인생의 도전에는 "자신만의 스토리"가 있었다. 하지만 이 생존이 역시 처음 면접을 준비했을 때, 남들과 비슷한 방식으로 지원동기를 만들고, 1분 자기소개를 구성하면서 본인만의 차별화를 만들어 내지 못했다.

그냥 기업들이 좋아하는 뻔한 기업의 이슈를 복붙하고 스크립트를 작성해서 면접장으로 갔다면 아마도 이 생존이는 지금 새로운 직장에서 일을 하지 못했을 가능성이 크다.

결국, 면접에서 차별화를 보여야 한다는 것은 우리들 각자만의 스토리로 내가 선발되어야 하는 이유를 설명하는 것이다. 이 생존이는 이런 근거들을 모으기 시작하였고, 외부적 요소에 흔들리지 않고 (뒤에서 설명할 생존 필살기인) 나만의 "WHY+ME(와이나)"를 바탕으로 면접 준비를 하였다.

지금 이 생존이는 현실에 만족해하며, 또 다른 인생의 목표를 갖고 살아가고 있다. 그동안 우리가 준비했고 알고 있던, 그런 면접 준비가 아닌, 그 과정에서 나만의 스토리를 기획하고(경험 정리) 그것들을 꾸준하게 표현하며 한 번의 기회를 잡기 위해 노력해왔다.

만약, 이 생존이가 합격을 하지 못했더라도, 이 과정에서 배우고 느낀 것들을 바탕으로 언젠가 또 다른 일을 충분히 하게 되었을 것이다. 이렇듯, 결과는 분명 과정에서 나오게 된다. 하지만 우리는 대부분은 면접과 스피치를 아직도 답이 있는 게임으로만 생각하고, 맞히려는 식의 준비를 하고 있다.

결국, 첫 번째 생존면접 스토리를 통해서 "자격증, 관련 경험, 대외활동, 학점" 등 이런 요소들이 물론 중요하지만, 면접이라는 평가시스템에서 면접관에게 나를 증명하는 것은 내가 어떻게 생각하고 준비를 하느냐에 달라진다는 것을 알 수 있다.

이 생존이의 생존면접 준비과정이 궁금하다면 다음 QR영상을 참고하라. 이 생존이가 얼마나 치열하게 노력했는지 알 수 있다.

다음으로 어리를체인지에서 함께하였던 생존이 중에서 정말 말하는 것을 겁내고 두려워하던 생존이의 사례를 공유해보려고 한다.

27번만 미친 듯이 하세요. 합격은 기본입니다

2) 태어나서 단 한 번도 면접에 합격해 보지 못했던 공준생의 성공 스토리

이 생존이의 원래 꿈은 "교사"였다. 학창 시절 친구들에게 정보를 알려 주는 것이 재미있었다는 이 생존이는 학창 시절이 끝나기 전 그 꿈을 포기하였다.

바로 그 이유는 "말을 잘 못 한다"는 생각을 스스로 갖고 있었기 때문이다.

그렇게 진로를 변경하고 이 생존이는 무작정 "공무원"으로 진로를 결정하고 공부를 시작하였다. 하지만 뚜렷한 목적이 없었던 공부였기에 열정을 담지도 못했고 그냥 시험을 준비하는 사람 중 한 명으로서 하루하루를 보내게 되었다.

행정학과를 졸업하였으니 당연히 공무원으로 인생의 첫 진로를 선택해야 한다는 그 생각. 그리고 맹목적인 시험 준비. 하지만 어느 순간, 이 선택지 외에, 인생의 다른 선택지를 포함시키게 된다.

결국, 취업이라는 것을 도전해보기로 하였고, 언제 주어질지 모르는 기회를 만들기 위해 혼자만의 싸움을 시작하였다. 이 생존이 역시 너무나 인품이 좋았고, 성실하였으며 특히 다른 사람들을 배려하며 생활하는 것이 눈에 띄었다.

하지만 스스로 갖고 있던 "나는 말을 잘 못 해", "나는 면접이 무서워" 이 생각 때문에 본인의 강점을 잘 활용하지 못하고 있었다.

어리를체인지에서는 "작심5일 매십경", "작심5일 매십면", "작심5일 매십독"이라는 5일을 열심히 살아가는 성장프로그램을 계속 진행 중이다. 이러한 프로그램에서도 이 생존이는 타인을 위한 행동들을 언제든 하는 그런 성향을 갖고 있는 훌륭한 생존이었다.

하지만 태어나서 여태껏 단 한 번도 면접에 합격하지 못했기에, 그냥 말하는 게 무서웠고 부끄러웠고 두려웠다. 이러한 심리적 압박이 있었기 때문에 아무리 좋은 말하기 기술, 면접 스킬을 배우고 익혀도 전달이 잘되지 않았던 것이다.

많은 사람들을 만나보며, 특히 우리는 평가를 받게 되는 그 상황과 자리에서 지나치게 겸손해지려고 한다는 사실을 알게 되었다. 물론 대한민국의 미덕이 겸손이기에 어쩔 수 없지만, 면접이라는 자리, 내가 평가를 받는 그 자리에서는 정확히 나의 강점과 매력이 드러나야 한다.

여태껏 우리가 배우고 경험한 면접, 스피치 준비는 "두괄식", "면접관 의도" 등 이런 너무나 뻔한 말들만 생각나게 한다. 내가 지금 당장 사람들 앞에서 말하기도 버거운데 어떻게 두괄식으로 말을 하며, 내가 지금 내 생각을 표현하는 게 서툰데 어떻게 면접관 의도부터 생각할 수 있겠는가?

물론, 이 말의 의미가 저 두 가지를 하지 않아도 된다는 게 아니다. 사람별로 면접, 스피치에 대한 생각과 개별상황이 모두 다르기 때문에 이 또한 나의 상황에 맞는 준비를 해야 한다는 것이다. 결국, 이렇게 말하기와 평가에 대한 공포감이 많이 있는 사람들은 먼저 "우호적인 환경에서 말하는 연습"을 하는 것이 시작이다.

이 생존이의 경우, 학업 실력은 충분하다고 판단하였기에 언제 올지 모르는 면접의 기회를 잡기 위해 꾸준하게 매일 10분 말하기 연습(작심5일 매십면)을 약 6개월 동안 연습하였고, 그 과정에서 스스로의 경험을 정리하며 자신만의 이야기와 WHY+ME(와이나)를 구성해 나갔다.

그리고 마지막으로 경험 정리 클래스(이츠미)를 진행하며 그동안 한 번도 해보지 않았던 인생의 경험들을 정말로 솔직하게 정리하고, 그 경험을 재해석하여 포장하는 연습을 진행하였다.

이러한 과정을 경험하며, 꼭 면접에서 답을 맞히는 방식이 아닌 나의 이야기를 진솔하게 풀어놓는 방법을 배웠으며, 정말 운이 좋게도 역시 원하는 기업에 합격하여 본인만의 인생 스토리를 다시 써내려가고 있다.

이 친구에게 정말 중요했던 것은 단지 합격 소식이 아니었다. 합격 이전에, 면접에 대한 그 공포심을 사라지게 하는 것이 가장 큰 목표였다.

면접관도 똑같은 사람이며, 그 긴장되는 상황에서도 준비한 것들을 이야기할 수 있는 그 과정에서 자신감을 단 한 번이라도 느끼게 해주고 싶었다.

누구나 그렇듯, 정말 내가 원하는 기업의 면접장에 들어가면, 머리가 새하얗게 된다. 그만큼 입사하고 싶다는 생각이 들기 때문에 내가 말해야 할 것들만 생각나는 경우가 많다. 이 생존이는 평소에 밝고 해맑은 친구였지만 면접장에만 가면 "벌벌 떠는 목소리에 면접관의 눈도 제대로 마주치지 못하는" 그런 생존이였다.

하지만 이 생존이가 면접이 끝나고 나오는 당일 날 전화가 와서 또렷한 목소리로 "면접을 아주 잘 보았다"고 스스로 말하는 것을 보면서 나 역시 울컥하는 감정을 갖게 되었다.

누군가에게는 그냥 "면접 합격" 소식일수도 있다. 하지만 이 생존이에게는 한 번의 면접 기회에서 합격하기 위해 지난 삶을 돌아보는 과정이 있었고, 그러한 과정을 경험하며 스스로 성장하는 그 과정을 경험하였다.

만약, 이 생존이 역시 처음 준비한 대로 스피치 학원에 다니면서 발성과 발음을 교정하고 누구나 준비하는 방식으로 기업 분석과 산업 분석을 하였다면 지금과 같은 과정에서의 결과를 만들어내지는 못했을 것이다.

물론 이 생존이의 앞으로의 삶은 어떻게 또 변화될지 모른다. 하지만 분명한 것은 면접은 말만 잘하는 사람을 선발하는 것이 아니라는 것을 스스로 느꼈고, 또 지나온 삶에 대한 진정성 있는 "경험 정리"가 면접과 인생에 어떻게 적용이 되는지를 알게 된 중요한 과정이었을 것이다.

지금도 수많은 사람들이 면접을 준비하거나 발표를 잘하고 싶을 때, 스피치 학원을 찾거나 기술들에 대한 고민을 한다. 물론 이런 교육과 학원이 필요하지만 "본질"을 놓치고 하는 것은 "주객이 전도"된 준비를 하는 것이기에 본질에 대한 고민을 먼저 하는 것을 추천한다.

결국, 면접이든 평가든 상대방은 "지금의 내가 궁금하고" "앞으로의 내가 궁금할 것이다". 하지만 그 궁금증을 해결하지 못한 채 목소리와 발음, 발성에만 매달리는 치명적인 오류를 범하지 않기를 바라는 마음이다.

면접에 단 한 번도 합격한 적 없었던 공준생이 5일 만에 합격한 과정

3) 전문직 시험 준비로 낮은 자존감, 30대 백수가 3개월 만에 연봉 5천이라는 기적을 만든 스토리

이 생존이는 약 3년의 시간 동안 전문직 시험을 준비했다. 먹고사니즘을 시작하기 위해 시작한 인생의 첫 도전에서 작은 실패를 경험하고 30대에 취업 준비에 뛰어들었다.

경험 정리 클래스 선발 과정에서 진심을 꾹꾹 담아 작성한 신청서를 확인한 후 궁금증이 들었다.

> 우선 바쁘신 와중에 시간 내어 봐주셔서 진심으로 감사합니다!! 우리은행 서류가 덜컥 합격하게 되어 기출문제 위주로 면접 준비하다가 이건 아니다 싶어 유튜브 보던중 중대장님 영상 보고 '이분이다!'싶어서 연락드리게되었습니다. 간절한 만큼 열심히하겠습니다.
>
> 현재 대학원 재학중이며, 나이는 30세입니다. 이즈미 첫 미팅일자 금요일 12시로 알고있겠습니다!!
>
> 감사합니다.

그리고 시작된 경험 정리 클래스에서 대학 시절부터 현재까지의 이야기를 들어보며 많은 생각이 들었다.

이제 30대가 되었고, 현실적인 먹고사니즘이 고민이 되고, 불안했던 시기였다. 로스쿨 준비를 하면서 인생의 목표가 있었지만, 이제는 정말 현실을 살고 또 다른 먹고사니즘을 고민해야 하는 힘들어도 도망칠 수 없는 30대의 시작인 상황.

그런 상황에서 우연찮게 작성한 자소서로 합격 소식을 받게 되었고, 경험 정리 클래스 영상을 시청하며 일단 취준의 첫 면접의 기회에 작은 방향성이라도 잡고 싶은 마음으로 시작을 하게 되었다. 수많은 사람들을 만나보면서 나 역시 누군가를 평가하게 된다.

물론 함께하는 수많은 생존이들의 강점을 더욱 강하게 만들어야 하는 것이 나의 역할이지만 그 이전에 첫인상, 말투, 비언어적 표현 등 짧은 시간 안에 "이 친구는 어떨 거야"라는 생각을 나도 모르게 갖게 된다.

분명 이 생존이는 자존감이 굉장히 떨어진 상황이었다. 물론 첫 면접이었기에 작은 기대를 했던 것도 사실이었지만 3번의 면접에서 기적 같은 결과를 낸다는 것을 이 당시에는 감히 상상도 할 수 없었다.

그저 면접관의 눈치를 보지 않고, 자신의 경험을 진솔하게 전달하고 싶은 것이 이 생존이의 그 당시 작은 목표가 아니었을까, 하는 생각을 해본다. 20대에 치열하게 목표를 위해 달렸지만 결과가 없으면 실패로만 생각하는 이 현실에서 우리는 면접을 넘어 진짜 생존을 위하여 시작부터 뜯어고치기 시작하였다.

로스쿨에 불합격한 것이 인생의 실패가 아닌, 이 생존이의 인생에서 더 단단해질 수밖에 없었던 과정으로 해석하였고, 이 생존이의 강점이었던 신뢰를 주는 목소리, 안정된 발성, 비언어적 표현들로 우리만의 생존 필살기를 만들었다.

혹시나, "이 생존이가 면접을 그래도 평소에 잘 준비했을 거야!"라는 생각을 갖는 생존이들도 있을 수 있어서 처음 모의면접을 진행했던 그날의 스토리를 QR로 첨부하였다.

이 생존이는 계속되는 경험 정리와 경험 포장 연습, 그리고 모든 답변에 WHY+ME(와이나)를 구성하는 연습을 하기 시작하였다. 물론 이 안에는 다양한 생존 필살기의 기술들이 있지만 그 세부방법은 챕터 3에서 다룰 예정이다.

경험 정리 클래스를 지속하며 놀랐던 것은 이 생존이의 수용성과 태도였다. 어떤 상황에서도 침착함을 잃지 않고 차분하게 이야기를 하는 자세. 그리고 항상 상대방의 이야기를 끝까지 경청하는 태도, 끝까지 배우려고 하는 모습 등을 보며 왠지 가능할 수도 있겠다는 생각을 하게 되었다.

믿기 어렵지만 결국, 이 생존이는 정말 이 산업에서 어렵다고 소문난 3차 면접까지 통과하며 인생을 변화시켰다. 불과 3개월도 안 되는 시간에 벌어진 일이었고, 30대 백수에서 연봉 5천만 원이 넘는 기업의 직원이 되었다.

현재 취업시장에서 면접 준비를 1년, 2년을 해도 불합격하는 생존이들이 많다. 하지만 이 생존이는 어떻게 이렇게 3개월 만에 합격을 할 수 있었을까? 누군가는 운이라고 이야기할 수 있다. 물론 운의 영역도 분명히 있다.

하지만 이 생존이가 갖고 있는 그 강점을 찾고 극대화하지 않았다면, 그리고 무엇보다 중요했던, 살아온 지난 삶의 과정들을 유의미하게 만들어주는 그 과정이 없었다면(경험 포장) 결코 면접장에서 이토록 자신감 있게 이야기를 할 수 없었을 것이다.

누군가는 또 이 생존 스토리를 읽으면서 "방법"에만 집중할 것이다. 단언컨대, 면접에서 기술은 아주 작은 부분이다. 아마도 면접의 공식대로, 주입식 교육대로 준비를 했다면 이런 결과는 단시간에 나오지 않았을 확률이 높다.

이 스토리를 읽으며 어떤 생각이 드는가? 30대 백수도 3개월도 안 돼서 가능하게 만들었던 이 스토리. 지금 자격증이 없을 수도 있고, 경험이 부족할 수도 있고, 대외활동이 부족할 수도 있다. 분명 우리 생존이들 중 이러한 상황인 생존이들도 있을 것이다.

믿기 어렵겠지만 이 생존이는 1차 면접장으로 가는 그 시기에 영어 점수를 제외한 그 어떤 것도 없었다.

그럼 이 생존이가 이런 기적을 만들 수 있었던 방법이 무엇이었을까? 우리는 그 방법과 태도, 그리고 행동에 집중해야 할 필요가 있다. 챕터 8에서 이 생존이가 합격을 넘어 인생을 바꾼 결정적인 방법들이 다뤄질 것이다. 챕터 8 경험 포장의 사례를 꼭 읽어보면서 스스로에게 적용해본다면 이런 기적 같은 결과가 지금 이 책을 읽고 있는 생존이들에게도 벌어질 수 있다.

관련 경험, 자격증도 없이 대기업 합격할 수 있었던 이유

4) 전역장교 여성, 관련 경험 전무, 전국 6명 채용에 선발될 수 밖에 없었던 생존 스토리

이 생존이는 사실 금융권 취업 준비를 시작으로 인연을 시작하였다. "원데이 부트캠프"에 참여해서 처음으로 모의면접을 진행하는데 상당히 표정도 좋았고 자신감도 있었다. 그래서 '어느 기업 면접 준비를 위해 참석했냐'고 하였더니 이번 시즌부터 취업 준비를 하게 돼서 그냥 미리 준비한다는 생각으로 참석했다고 하였다.

아직도 이 생존이를 잊을 수 없는 이유는 그때 이 친구가 남겼던 그 선한 인상의 여운이 있었기 때문이다. "원데이 부트캠프"를 진행하면 시즌 중에 면접 일정이 있거나 정말 시즌에 결과를 내야 하는 생존이들이 치열한 마인드로 참가하는 경우가 대부분이다.

하지만 이 생존이는 전역장교였기 때문에 24년 10월 기준, 취업에 대한 정보도 없었고 그 시즌에 중요한 대기업, 금융권을 대부분 놓친 상황이었다. 그런 상황에서 미리 준비를 시작하기 위해 참여를 하였고 이때부터 이 생존이는 치열하게 생존을 위해 노력하였다.

새해가 시작되고 "12주 라이프 리부트캠프"에도 참여하면서 자연스럽게 "그로잉 업(하루 7가지 미션으로 인증하는 커뮤니티)"도 병행하게 되었다. 금융권에서 일하고 싶다는 생각을 갖고 시작한 생존이었지만 "12주 라이프 리부트캠프"를 진행하면서 다양한 산업과 기업에 관심을 갖는 환경에 노출되었고, 이렇게 자연스럽게 새로운 산업을 알아가고 "작심5일 매십경"을 진행하면서 하나씩 새로운 정보들을 찾아가기 시작했다.

본격적인 취업 준비는 1월 중순부터 시작하였고 2월이 되어서 "그로잉 업"에서는 미리 시즌을 준비할 수밖에 없는 시스템을 구성해야 하였기에 ① 하루 자소서 30분 1문항 작성 ② 필기, 인적성, NCS 절대학습시간 ③ 산업, 기업 분석 30분 ④ 하루 10분 면접 연습 ⑤ 하루 30분 경제신문 오피니언 등 시즌 전 기초체력을 쌓기 위한 노력을 하였다.

이 생존이 역시 자소서를 많이 작성해본 경험도 없었고, 취업 준비를 제대로 한 게 거의 처음이었기 때문에 처음에는 1문항을 작성하는 데 오랜 시간이 걸렸다. 하지만 매일 1문항 30분 시간을 재면서 함께 환경을 구성하였고, 그렇게 작성했던 자소서가 시즌이 시작되기 전 덜컥 "합격"하는 결과를 맞이하였다.

물론, 이때까지만 해도 이 생존이는 FA5050(현장 방문) 등을 금융권에 집중하며 하고 있었던 상황이었지만 처음 주어진 1차 면접 기회를 놓칠 수 없었다. 그렇게 면접 준비를 시작하게 되었고 지원회사는 사전 PPT까지 진행되었기에 첫 면접이었지만 최선을 다할 수밖에 없는 상황이었다.

그래도 다행인 것은 "작심5일 매십경"과 "매십면"을 약 4-5개월 정도 꾸준하게 진행했던 시점이었기 때문에 "티포인트적 사고"와 더불어서 "나에 대한 이해"는 어느 정도 되어 있던 시점이었다. 사실 그동안 메인으로 준비하던 금융권도 아닌 일반 대기업(유통) 직무였고 관련 경험도 전무하였기에 걱정이 될 수밖에 없었다.

하지만 이 면접 전, 다행히도 "경험 포장" 케이스를 연습할 수 있는 기회들이 있었고 모의면접과 함께 남은 시간 경험을 재정의하고 "포장하는 연습"을 하며 1차 면접을 준비하였다.

이쯤 되면 누군가는 이렇게 이야기할 수 있다. 금융권을 준비한 경험과 유통의 직무는 다른 경험인데 경험도 없다면서 어떻게 면접을 보러갈 생각을 했는지를 의아해하는 친구들도 많다. 항상 이야기하지만 "면접의 본질"은 동일하다.

나라는 사람이 주체가 되어야지, 외부적인 변수와 상황에 신경을 쓰기 시작하면 끝이 없다. 결국 금융 → 유통으로 산업이 이동한 것이지만, "나에 대한 본질"을 위한 노력들을 지속하였으니 "산업과 기업에 대한" 이해만 하면 된다는 생각이었다.

그리고 FA5050(현장 방문)과 지원산업 조사, 그리고 티포인트적 사고에 대한 부분을 남은 시간 많이 준비하였고, 믿기 어렵겠지만 이 친구는 최종 면접까지 합격하며 전국에서 6명이 선발되는 면접장에서 웃을 수 있었다.

사실, 이 사이에 은행 면접에 합격하기도 하였다. 하지만 중간에 개인적 상황들이 겹치면서 지금 선택한 기업에 선택과 집중을 하였다. 이 생존이가 최종합격한 후 이런 이야기를 해주었다.

본인과 함께 최종면접을 본 지원자들 대부분이 정말 빵빵한 스펙과, 창업 경험 등 너무나 많은 관련 경험이 있었기 때문에 사실 조금은 위축되었던 부분도 있었다고 한다. 하지만 그 모든 상황을 뒤집고 이 생존이는 선택을 받을 수 있었다.

이 사례를 다시 한번 경험하며, 이런 생각을 다시 갖게 되었다. 면접의 본질은 "동일하다". 그리고 취업 준비를 지금 하고 있다면, 내가 원하는 산업과 기업만을 생각하고 지원하는 것보다는 우선순위를 정해서 그 안에서도 반드시 교차지원을 하며, 다양한 상황에 스스로를 노출하는 것이 좋다.

이 생존이 역시 처음에는 그냥 "금융권"이었다. 하지만 "12주 라이프 리부트캠프"를 진행하고, 또 "작심5일 매십독 리더"를 하면서 이 생존이의 성향과 마인드 등을 보았을 때 지금 선택한 산업과 직무도 너무 잘 맞을 것 같다는 생각을 하였다.

결국, 우리들의 경험은 작은 것도 굉장히 중요하다. 그리고 다양한 시도를 해 보는 것 또한 중요하다는 것을 느낀 사례였다. 사실 누군가가 이 짧은 스토리만 본다면 "관련 경험 전무에 취업 준비기간이 고작 2개월이었는데 전국에서 6명 선발되는 기업에 합격했다고?"라는 생각을 가질 수 있다.

하지만 이 생존이가 합격할 수밖에 없었던 이유는 너무나 명료하게 떨어진다.

관련경험 NO, 2 달만에 전국 6명에 선발될 수 밖에 없었던 이유

꾸준하게 나에 대한 이해를 하는 시간과 매일 말로 나를 표현하는 시간을 가졌다(매십면). 그리고 4-5 개월 동안 경제신문을 통해서 읽고, 쓰고, 말하는 연습을 꾸준히 하였고(매십경), 그 경험을 포장하는 연습을(경험 포장) 지속하였으며 FA5050(현장 방문)을 통하여 산업과 기업에 대해서 로열티를 표현하는 방법을 배웠으며, 실제 최종합격 기업에서도 FA5050(현장 방문)을 최대한 활용하여 본인만의 티포인트로 면접관들의 마음을 사로잡았다.

이러한 과정이 있었고 이 생존이는 "몰입"을 하였기에 가능했던 것이다. 여기에 덧붙이자면 누가봐도 선한 이미지, 그리고 항상 본인보다 타인을 먼저 생각하고 행동하는 성향을 갖고 있었다. 이런 자세와 태도는 면접장에서도 모두 드러난다.

면접은 누적이라고 항상 이야기한다. 즉, 평소 생활하는 마인드, 생각, 관점이 중요하고, 그것들이 드러나는 것이 표정이다. 이 생존이가 이렇게 단기간 생각하지도 못했던 산업과 직무에 놀라운 결과를 낸 이유는 절대 면접의 스킬이 아니었다.

5) 체육학 전공, 일관되지 않은 수많은 경험, 단 2달 만에 승무원이 된 기적 같은 생존 스토리

이 생존이는 체육학을 전공하였다. 대학 생활을 하면서 사실 취업에 관심이 있기보다 사업에 관심이 더 많았고, 호기심이 많아서 다양한 것들을 배우고 경험하는 데 많은 시간을 보낸 20대 청년이었다.

경험 정리 클래스를 통하여 만난 이 생존이는 정말 많은 경험을 갖고 있었다. 하지만 취업 준비를 할 때 이 경험들을 어떻게 활용해야 할지를 전혀 몰랐다. 이 생존이는 승무원으로 진로를 결정하였고 약 1년 동안 승무원 학원에 다니면서 예비 승무원으로서 다양한 학습과 실전교육들을 받아왔다.

하지만 면접의 기회에서 번번이 불합격 통보를 받았으며 나름대로 열심히 준비를 했다고 생각했지만 이런 결과를 바라보며 답답함을 갖게 되었다. 그 시기에 우연찮게 "생존한끼"를 통하여 오프라인 미팅에서 만나볼 수 있었고 이 생존이의 태도와 자세를 보며 충분히 가능하겠다는 생각을 갖게 되었다.

사실, 대부분 승무원 면접 준비, 금융권 면접 준비, 공기업 면접 준비가 모두 다르다는 생각을 갖고 있다. 수년간, 면접의 본질은 하나라고 이야기를 하고 있지만, 실제 현장에서 취업을 준비하는 취준생들에게는 불안감이 크기에 이 말을 믿지 않으려고 한다.

이 생존이 역시 처음에는 마찬가지였다고 생각한다. 하지만 약 1년간 끊임없이 노력을 하였음에도 불구하고 면접에서 나아지지 않고 있다는 것을 본인 스스로 느꼈기에 어찌 보면 그 상황에서 다른 선택지를 한 번쯤 경험해보고 싶었을지도 모른다.

이렇게 시작된 경험 정리 클래스에서 이 생존이의 수많은 경험을 들어보며 너무나 대단하다는 생각을 하게 되었다. 누군가가 보기에는 "경험의 일관성이 없다"고 이야기할 수도 있지만 정반대의 관점으로 해석해주었다.

이 생존이는 삶의 주도성을 갖고 모든 것들을 도전해보며 살아가는 청년 중 한 명이었다. 하지만 면접장에서는 자신의 "결"과는 전혀 반대인 수동적이고 짜인 틀에 맞는 모범답안을 이야기하려고만 하였다.

뒤 챕터에서 실제 모의면접 영상이 QR로 공유되겠지만 9개월 동안 승무원 학원을 다녔음에도 지원동기를 형식적으로 말하는 정도였다. 이런 상황이었던 취준생이 불과 2달 만에 자신의 경험을 재해석하고, 그 과정에서 확신을 느끼면서 나라는 사람에 대해 말하기 시작하였다.

물론 모든 편견은 떨쳐버리지 못했지만 적어도 면접장에서 "어떤 것을 물어볼까?" 등을 생각하며 눈치를 보면서 면접을 보지 않게 되었다. 이렇게 끊임없는 "관점 전환"과 "경험 포장"연습을 통하여 기적 같은 한 번의 기회를 잡으며 원하는 직장으로 생존할 수 있었다.

이 생존이는 면접의 스킬은 너무나 훌륭했다. 학원을 약 1년 동안 다녔고, 그 외에도 스피치 등을 스스로 꾸준하게 노력했던 친구였기 때문이다. 하지만 면접의 본질을 놓친 채 무작정 시험을 위한 연습을 하였기 때문에 사고가 확장될 수가 없었고, 자신만의 이야기를 할 수 없었다.

1년동안 불합격, 포기하려고 하다가 2개월만에 기적 드라마로 생존한 과정

모든 시작은 바로 여기부터다. 경험 정리 클래스를 통하여 이 관점을 열어주었고, 스스로 그 확신을 만드는 연습을 했던 것이다. 지금 내가 이 생존이처럼 열심히 연습을 하고 있고 노력했는데 결과가 나지 않는다면, 방법은 의외로 간단하다. 이 책을 읽어보며 "경험 나열"과 "경험 포장"하는 연습만 해본다면 단시간 내에 결과를 충분히 만들 수 있다.

지금부터 이어지는 마인드셋부터 챕터 11까지 우리들이 생존하기 위한 모든 생존 꿀팁을 담아놓았다. 읽고 이대로 실행하면 분명 『생존면접 바이블』을 읽고 있는 생존이들의 인생도 바뀌게 될 것이며 그 시작인 "마인드셋"부터 시작해 보겠다.

Chapter 2

생존 마인드셋 6가지 – 면접에 대한 우리들의 편견

1) 절대 "을"이 되지 말아야 하는 이유

사회로 나와 보면 신기하게 비즈니스적으로도, 또 그 외적으로도 "갑"과 "을"의 구조가 형성된다. 아마 지금 이 책을 읽고 있는 우리 생존이들도 면접장에 가게 되면 "을"의 포지션으로서 연습을 해야 한다고 배웠고 그렇게 준비를 해왔을 것이다.

취업을 지도하는 수많은 전문가분들과 나의 관점은 정반대일 수 있다. 그분들은 최고의 위치에서의 합격자들을 분석하고 "갑"의 위치에서 보고 듣고, 경험한 관점을 전달하는 것이지만, 나는 실제 면접을 포함하여 수많은 사람들과의 생존면접 경험을 바탕으로 "을"의 위치에서 "을"처럼 보이지 않고 나만의 WHY+ME(와이나)로 상대방을 이기는 관점을 이야기하고 있다.

누구의 말이 맞느냐를 생각하기보다 왜 우리가 면접과 취업을 준비하면서 지금처럼 "을"의 마인드와 행동으로 하지 말아야 하는지, 그럼 어떻게 해야 하는지 알아보겠다.

나는 매일 타 회사 직원들에게 우리의 상품을 전달하고, 세일즈 마케팅을 할 수 있도록 돕는 프리젠테이션을 약 1천 일 넘게 지속하였다, 이 과정에서 나 역시 누군가의 선택을 받아야 하는 입장이었기 때문에 "을"이 되어야지 무언가를 얻을 수 있다는 생각을 하게 되었다.

매일같이 사람들을 만나며 우리 상품의 장단점을 설명하였지만 상대방은 반응하지 않았다. 마치 예전에 면접 준비를 할 때, 나 혼자 "면접 뽕"에 차서 내 경험과 준비한 모든 것을 보여준다는 이런 말도 안 되는 생각으로 면접관은 관심도 없는 내 얘기를 한 그 장면이 떠올랐다.

이러한 것들을 느끼며, 대체 언제까지 똑같은 말만 하며 무의미한 시간을 보낼 것인지 생각하게 되었고 그 후로는 전혀 다른 관점으로 꼭 을이 아닌 상대방에게 "필요한 사람"이 되고자 하였다.

이렇게 하다 보니 확실한 변화가 생겼다. 이 작은 변화의 시작 하나가 나에게 불필요한 시간을 줄여주게 되었고, 내가 상품의 내용을 구구절절하게 설명하지 않아도 되었다. 관점을 바꾸고 접근하니 상대방도 나에 대한 자세가 바뀜을 느낄 수 있었다.

즉, 상대방이 원했던 것은 "내 상품의 기능"이 아닌 "필요한 것을 해결"해 주는 것이었다.

이 과정을 경험하며 경험과 상품의 스펙을 단지 나열하는 것보다 "포장하는 것"에 대한 중요성을 느꼈고, 제품 자체(제품 혹은 면접자들의 스펙)

가 아닌 "전달의 힘"의 중요성을 느낄 수 있었다.

그 후로, 수많은 대학생, 취준생들과 만나며 현장에서 배우고 적용한 내용들을 공유하였고 역시 우리에게 중요한 면접에서도 이와 같은 방법이 동일하게 적용된다는 사실을 알게 되었다.

면접을 공식처럼만 암기하던 학생들이 이 과정을 통하여 스스로 변화하기 시작하였고, 3년 동안 면접에 불합격했던 30대 취준생도 관점 변화 하나로 인생을 변화시킬 수 있었다.

나에게 면접이라는 것은 생존이었다. 먹고사니즘을 시작하고 이어가는 모든 것이 "말"에서 시작되었고 "평가"를 받게 되었다. 지금도 수많은 2030 청년들이 스스로의 상황을 비판하며 스스로를 부정적으로 인식하는 경우가 많다.

그 프레임을 뚫고 나오는 것이 시작이다. 어리를체인지에서 함께하고 만나는 2030들을 보면 정말 열심히 그리고 스스로의 삶에 최선을 다하는, 훌륭한 인성과 경험을 가진 청년들이 많다.

하지만 점점 줄어드는 신입사원 채용이라는 이슈를 현장에서 경험하며, 자신감을 잃어가고 있는 청년들이 많이 있다. 적어도 『생존면접 바이블』 챕터 1, 2만 제대로 보아도 우리는 인생을 변화시킬 기회를 놓치지 않을 수 있다. 아무리 TO가 줄어들더라도 결국, 회사는 사람을 채용하는 것은 변함이 없기 때문이다.

물론, 더 힘든 상황은 맞지만 이런 상황에서 남들과 똑같이 "을"의 마인드와 "행동"으로 누군가의 선택받는다는 생각부터 바꿔야 한다.

면접과 스피치에 대한 교육을 하는 수많은 인사담당자 출신, 스피치 전문가분들이 계시지만, 나는 스스로 생존을 하기 위한 말하기 연습과 포장하는 연습을 치열하게 해가며, 매일의 실전경험을 쌓아왔다.

그리고 그 누구를 만나도 흔들리지 않는 나만의 면접 전략으로 대부분 성공을 거두었다. 이 책이 누군가에게는 면접 연습을 하는 용도로 활용될 수 있지만, 또 누군가에게는 진짜 면접에 대한 의미를 재정의하고, 인생을 작게나마 변화시키는 용도로 활용되기를 바랄 뿐이다.

오랜 기간 면접을 통하여 많은 대학생, 취준생들을 만나보며 느낀 것은 그들만의 편견을 갖고 있다는 점이다. 물론 그 편견 또한 어떠한 정보로부터 시작되었겠지만 이러한 정보들로 더 우리가 잘못된 방향으로 가고 있다는 생각을 갖고 있다.

나는 대부분 우리들이 갖고 있는 권위자들의 이야기에 동의하지 않는다. 지금 만약 이 책을 읽고 있는 생존이들이 이러한 방법을 사용하고 있다면, 당장 집어치우고 『생존면접 바이블』에서 나오는 대로 생각하고 행동하길 바랄 뿐이다.

수많은 면접 관련 책에서 "면접관"의 생각과 의도를 알고 그 의도에 맞춰서 답변을 해야지 합격할 수 있다고 한다. 미안하지만 "을"의 입장에서 매일 생존하기 위해 면접을 본 나의 관점에서 본다면 100% 맞는 이야기가 아니다.

물론 면접관분들의 의도를 알면 너무나 좋겠지만, 지금 우리가 상대해야 할 학교와 기업들은 1-2곳이 아니다. 분명한 것은 "면접관"분들의 관점을 이해하는 것은 좋지만, 이것만 생각하면 "을"의 입장에서 면접을 보는 면접자들은 답변을 맞히기에 급급해진다.

면접은 심리싸움이다. 이 "전제" 하나만 바뀌어도 지금 우리 생존이들은 이기는 게임을 할 수 있다. 하지만 대부분 책에서 보고 배웠기에 우리는 마치 100%의 정답이 있는 것처럼 공부하고 행동하기를 반복하고 있다.

면접에 대한 우리 생존이들의 생각이 바뀌지 않으면 면접은 정말 이기기 힘든 싸움이 된다. 앞으로 소개되는 6가지의 마인드셋을 확실히 숙지하고 계속해서 생각하고 적용해야 한다.

2) 생존 마인드셋 6가지

모든 일을 할 때 가장 중요한 것은 "마인드셋"이다. 어찌 보면 뻔한 이야기일수 있지만 그 뻔한 이야기를 누구는 A처럼 이해하고, 누구는 B처럼 이해한다. 그 작은 생각의 차이로 결과가 뒤바뀔 수 있다.

지금은 정보가 없어서 면접 준비와 스피치 준비를 못 하는 그런 시대가 아니다. 오히려 너무 많은 정보들로 인하여 과연 어떤 말을 들어야 할지 혼란스러운 그러한 시기이다. 그렇기 때문에 면접을 준비하는 사람으로서, 또 평가를 받아야 하는 사람으로서 너무나 쉽게 주변의 이야기에 흔들리고 방향성을 잃은 채 준비를 하다 원치 않는 결과를 받게 된다.

그래서 챕터 2에서는 그러한 시행착오를 조금이라도 줄여서 원하는 결과를 낼 수 있는 이야기를 해 보고자 한다.

수험생, 대학생, 취준생들이 가장 많이 잘못 생각하는 6가지에 대해 이야기해 보겠다.

이 6가지 잘못된 내용만 바로 이해해도, 당장 내일 면접장으로 가는 생존이들은 결과를 뒤집을 수 있다. 그만큼 중요한 내용이기에 하나씩 이야기를 풀어가 보겠다.

(1) 면접에 정답은 없다

수많은 수험생, 대학생, 취준생들이 가장 많이 잘못 생각하는 부분이다. 즉, 면접은 내가 평가를 받아야 하는 자리이기 때문에, 무조건 면접관분들에게 잘 보이면 된다는 생각을 갖고 있다.

그러다 보니 대부분 우리의 면접교육과 문화는 "면접관분들에게 어떻게 잘 보일 수 있을까?"에 대한 생각으로 이어지고, 이러한 생각을 갖다 보니 자연스럽게 "면접관분들"이 하는 이야기가 정답이라고 생각할 수밖에 없다.

물론, 이러한 상황을 이해하지 못하는 것은 아니다. 하지만 상황을 조금만 다르게 해석해보면 어떨까? 면접관분들을 이해하고, 그분들의 의도를 파악해서 답을 하는 것은 너무나 중요하다. 하지만 이 해석을 위의 내용처럼만 해버리면 안 된다는 것이다. 면접은 우리가 대학교에 입학하기 위해서, 또 취업을 위해서, 또 내 커리어를 위해서 대부분 거쳐야 하는 관문 중 하나다.

즉, 평가자는 면접관분들이지만 그 면접관분들이 모두 공통적인 생각을 갖고 있지는 않다. 잘 생각해보면 이것만 우리가 이해해도 우리만의 생존 방식으로 생존할 수 있다. 하지만 대부분의 생존이들은 "그래도 면접관이니까…", "그게 맞을 거야"라는 식의 생각으로 여기저기서 쏟아지는 공식들을 암기하며 스스로의 생존을 더 불안하게 만들고 있다.

여기서 중요한 것은 대부분의 "면접관분들도 학교의 직원, 회사의 직원"이라는 것이다. 지극히 상식적인 이 상황만 이해해도 우리 생존이들이 지금처럼 끌려다니지 않을 수 있다. 결국 회사(학교)에서 우리 생존이들의 선배분들이 우리 회사(학교)에서 함께 일을 하는 사람을 선발하는 자리라는 이야기다.

지금도 우리나라에는 수많은 기업의 면접관분들이 계신다. 삼성, LG, 네이버, 우리은행, 미래에셋증권(각 학교들 포함) 등등 1개 기업에 면접관분이 1명만 있다고 가정해도(가정 자체가 잘못되었지만 편안하게 생각을 해보기 위한 의도) 중소기업까지 합치면 상상만 해도 엄청난 수의 면접관분들이 존재하는 것이다.

하지만, 한 회사에 면접관분들이 1명일까? 여기서 우리가 알 수 있는 것은 "면접에는 정확히 정답이 존재할 수 없다"는 사실이다. 한 회사에서 평가표를 제시하고 그것에 대한 기준으로 합격자를 선발하겠지만 그것들이 천편일률적으로 모든 회사가 그렇게 적용되지는 않는다는 점이다.

왜일까? 회사의 방향도 다르고, 사업도 다르고, 인재를 선발하는 기준도 모두 다르기 때문이다.

그럼 결국 한 회사의 인사담당자분이나, 면접관이라면 그 회사의 내용들을 알 수 있겠지만 대한민국 전체의 공통적인 채용기준과 면접전략은 알 수 없다는 뜻이기도 하다. 지극히 상식적인 이 이야기를 왜 이렇게 했냐면, 너무나 상식적인 이 생각조차 지금 하지 못하고 "면접"이라는 관문만 통과하길 바라는 대학생, 취준생, 입시생들이 너무 많기 때문이다.

즉, 이런 생각을 갖고 모든 회사에 나를 맞추는 면접전략으로 준비를 하면 안 된다. 삼성 면접에서는 나를 A로 표현하고, LG 면접에서는 나를 B로 표현하는 것은 옳지 않다는 이야기다. 그럼 결국 이러한 상황에서 우리가 할 수 있고, 해야 하는 것은 "정확한 정답은 존재할 수 없는 상황이기에" 나만의 정답을 만들어야 한다는 것이다.

결국, 이 간단하지만 중요한 마인드셋을 인지하지 못하면 6개월을 끌려다니고, 1년을 끌려다니고 2년을 넘게 끌려다니게 된다. 왜냐? 답이 계속 있다는 생각으로 그들이 원하는 답만을 암기하고 연습했는데 결과가 좋지 않은 방향으로 나오게 되는 경우들이 주변에서도 많이 발생하고 있기 때문이다.

이 책을 읽고 있는 우리 생존이들은 반드시 생각해야 한다. 생존이들만의 답(WHY+ME)을 만들고 그것들을 자신 있게 면접에서 이야기하고 오는 전략으로 바꾸어야 한다. 10명 중 9명이 이런 과정을 경험하게 되면서 나중에는 자존감이 바닥난다.

자존감이 바닥나면 나 스스로의 생존도 위협받게 되고 삶의 의욕조차 생기지 않는다. 그래서 우리는 지금부터 방법을 바꾸어야 한다. 면접은 불합격하면 다시 보면 그만이다. 하지만 그 과정에서 나 스스로 무너지지 않는 것이 무엇보다 중요하다. 그러기 위해서는 내 이야기를 해야 하고, 나만의 정답을 반드시 찾아야 한다.

즉, 면접장에서 요구하는 정답들이 아직도 많이 돌아다니고 있다. 내가 전혀 그런 내용들을 모른다면 조금 참고를 해도 되지만 결국 면접게임에서 승리하기 위해서는 "공통된 답변"이 아닌 "나만의 정답"을 "나만의 스토리"로 전달해야 한다는 것을 꼭 기억해야 한다.

(2) 면접은 스피치가 중요한 것이 아니다

흔히 면접이라고 이야기하면 대부분의 생존이들은 "말"의 유창함을 생각한다. 물론 면접장에서 말로 우리를 표현해야 하기에 말을 얼마나 잘하는지는 굉장히 중요한 요소이다.

하지만 말을 얼마나 잘하는지가 면접에서 가장 중요한 요소는 아니다. 물론 이는 사람에 대한 상대성이 있고 너무나 많은 케바케가 존재한다. 하지만 면접장에서 스피치가 불안해도 지금 현직에서 일을 잘하고 있거나 대학 생활을 잘하고 있는 여러분들의 선배가 있다는 것을 잊어서는 안 된다.

즉, 학교별, 회사별로 면접의 다양한 종류들이 있는데, 이는 다양한 관점에서 지원자들을 여러 가지 부분을 평가하겠다는 의도이다. 즉, 어떠한 부분, 한 가지만 보겠다는 뜻이 아니란 이야기다. 결국 그렇다면 "면접"에서 우리가 어필해야 하는 것이 무엇일까?

가장 중요한 것은 내가 지원하는 "산업에 대한 관심", "회사에 대한 관심", "직무에 대한 관심", "학교에 대한 관심", "전공에 대한 관심" 등을 보여주는 것이다.

면접에서 말을 조리 있게 잘하면 듣는 사람 입장에서도 호감이 생기고, 향후 직무를 수행함에 있어서도 고객들은 물론, 사내직원들과도 소통을 잘할 수 있다는 장점이 있다.

하지만 면접 스피치는 우리가 지금 생각하듯이 멋지게 PT 발표를 하고, 엄청난 보이스로 상대방의 마음을 움직이는 그런 스피치가 아니라는 것을 꼭 인지해야 한다.

물론 선천적으로 이러한 재능들이 있는 생존이들이라면 이 장점을 적극적으로 활용하면 좋겠지만 면접의 본질인 "회사, 산업, 직무, 전공, 학교"에 대한 정말 중요한 부분에 대한 고민을 하지 않은 채 스피치 학원부터 다니는 생존이들을 보면 정말 안타까움을 금할 수 없다.

즉, 면접은 말도 잘하면 좋지만 말만 유창하게 한다고 해서 합격하는 것은 아니다. 가끔 말을 자신감 있게, 또 많이 하고 불합격했다는 생존이들을 많이 보게 된다.

흔히 "면까몰"이라고도 하는데, 많은 지원자들 중 스피치에 굉장한 자신감을 보이고, 또 스스로 잘했다고 생각하는 지원자들이 불합격하는 수많은 사례들을 보곤 한다. 왜일까? 우리가 알고 있는 상식대로라면 말을 잘하면 면접에서 합격을 해야 하는데 정반대의 결과가 훨씬 많은 이유는….

바로, 면접의 언어와 일상의 언어가 다르기 때문이다. 면접은 제한된 시간 안에 핵심적인 메시지를 던져야 하는 일종의 생존 게임이다. 하지만 말을 유창하게 하는 지원자가 본인 스스로 말을 잘했다고 생각했을 수 있지만 정작 면접관분들(평가관들) 입장에서는 "불필요한" 말들로 들릴 수 있다는 것이고 또 본질을 이야기하지 않은 채, 포장만 하다가 불합격을 받는 사례들이 많다.

지금 이 책을 읽고 있는 우리 생존이들은 말을 못한다고 걱정할 필요가 전혀 없다. 면접의 언어는 결국 내가 지원하는 분야의 산업과, 기업, 직무, 학교에 대해서 고민했는지를 진정성 있게 전달하면 된다. 이것만 제대로 한다면 스피치가 불안하더라도, 말을 떨면서도 충분히 합격할 수 있다.

스피치가 중요하지 않다는 것이 아니다. 하지만 내가 스피치가 불안하고 연습이 좀 덜 되어 있다고 하더라도 내가 잘하고, 강점이 있는 부분에 집중하면 된다. 또 본질에 집중하는 것이 합격에 가까워지는 지름길이라는 것을 기억해야 한다.

(3) 해당 분야의 최고 전문가 영입 과정이 아니다

우리의 생각을 변화시켜야 할 세 번째는 바로 "전문가 포지셔닝"이다. 우리는 수많은 책들과 영상들을 통해서 "내 전공"에 대한 지식을 어떻게 전달할지에 대한 고민을 하게 된다. 물론 대학교 시절, 내가 배우고 공부한 내용들을 잘 전달하는 것은 매우 중요하다.

하지만 면접이라는 이 특수한 상황을 조금만 더 현실적으로 이해해본다면 지금 당장 "신입"으로서 어떻게 면접을 준비해야 하는지 알 수 있다. 만약 여러분들이 지금 "경력"이 있는 상태에서 경력직으로 이직을 하는 것이라면 전문가 포지셔닝을 하는 것이 좋다. 왜? 경력직은 이직을 해서 즉시 결과를 내야 하는 포지션이기 때문이다. 하지만 신입은 전혀 다른 관점으로 접근할 필요가 있다.

지금 취업 준비를 하거나, 입시를 준비하는 경력이 없는 생존이들은 어떤 생각으로 면접을 준비해야 할까?

이 또한 이렇게 상황을 이해해 본다면 의외로 쉽게 답이 나올 수 있다. 생존이들의 지금 상황을 잠시 잊어버리고, 지금부터 10년 뒤를 가정해 보겠다.

만약, 지금 우리 생존이들이 원하는 산업, 회사, 직무에서 지금부터 일하게 된다면 10년 정도 뒤에는 그 분야의 전문가가 되어 있을 것이다. 근데 회사에서 신입사원들이 들어온다고 하는데 우리 팀에 1명이 배치될 예정이라고 생각을 해보자.

과연 어떤 신입사원이 들어왔으면 좋겠는가?

① SKY 고스펙
② 토익 만점자
③ 직무 경험 빵빵한 신입사원
④ 대외활동, 공모전 최우수 직원
⑤ 선배들 말 잘 듣고 시키는 것을 잘할 것 같은 직원

만약 5개의 보기 중 하나를 선택해야 한다면 여러분들은 어떤 신입사원과 같이 일을 하고 싶을 것인가? 물론 이 또한 무조건 정답은 아니지만… 대부분은 5번은 선택한다. 이게 사회의 냉정한 현실이다.

선배들이 바라보는 신입사원들은 다음과 같다.

① 아무리 SKY에 고스펙이어도 막내 신입사원이기 때문에 지금 들어온 신입사원에게 중요한 업무를 맡길 수가 없다. 스펙이 좋다는 것은 그만큼 노력을 했다는 것이고 머리도 좋다는 뜻이기도 하지만 그렇다 하더라도 현장에서 바로 무언가를 시키기에는 어렵다는 뜻이다.

② 토익 만점자라도 영어를 엄청 잘한다고 생각하지 않는다. 또한 영어를 엄청 잘한다고 하더라도 영어만 잘하는지, 현재 주어진 업무를 잘할 수 있는지는 아무도 모른다.

③ 지금 우리 생존이들처럼 인턴 3회, 각종 직무 경험 등 많은 경험을 했더라도 선배들은 그 경험 자체를 엄청난 결과라고 생각하지 않는다. 왜? 그 행동은 충분히 칭찬할 만하지만 이런 활동과 실제 회사 업무는 다르다는 것을 이미 경험해 보았기 때문이다.

④ 대외활동과 공모전 최우수상 역시 뛰어난 인재라고 생각은 하지만 지금 내 일을 이 친구가 바로 할 정도라고는 전혀 생각하지 않는다.

물론, 여기서 진짜냐고 생각하는 생존이들이 있을 수 있다. 만약 의심된다면 여러분들의 주변 지인분 중 대략 10년 차 정도 되는 분들에게 이러한 상황을 전달하고 답을 어떻게 하시는지 보면 알 수 있다.

이것이 바로 "관점의 차이"이다. 면접에서 우리는 누구라도 그 기회를 잡으려고 한다. 간절함으로 1승을 하고 싶기에 내가 갖고 있는 강점을 모두 어필하게 되는데 그 어필을 "전문가로서만" 하지 말라는 이야기를 해주는 것이다.

관련 경험과 자격증 등이 있는 것은 너무나 좋으나 방금 사례에서 보았 듯이 지금 생존이들이 아무리 많은 경험이 있더라도 선배들과 임원분들 눈에는 그저 귀여운 후배일 뿐이다.

하지만 우리는 면접장에서 "마치 그 분야의 전문가처럼" 자신을 포장하 고 있다. 그렇게 해서 합격을 하는 상위 10%인 생존이들도 있지만, 그렇 게 면접을 준비하면 너무 힘든 과정들을 거쳐야 한다. 굳이 어려운 게임 을 하지 말고, 이기는 게임을 하는 방법을 알아야 한다.

그 방법은 바로 5번의 전략으로 가는 것이다. 결국, 대부분의 선배들은 생존이들이 아무리 똑똑해도 후배일 뿐이라고 생각한다. 물론 생존이들 의 지식이 더 많을 수도 있지만, 지식만으로 누군가와 겨루려고 한다면, 치명적인 패배를 할 수 있다는 사실을 알아야 한다.

즉, 지금은 선배들의 말을 잘 듣고, 시키는 것을 잘하면서 산업과 직무 에 대한 관심을 보이는 직원으로 포지셔닝 하는 것이 가장 사랑받는 전략 이 될 수 있다. 이것을 조금 면접의 용어로 표현하자면 조직적인 관점에 서 협업을 잘하고, 배려하는 모습으로 비춰지는 가운데, 관련 산업과 직 무, 회사에 대한 관심을 어느 정도 표현하면 좋다는 것이다. 즉, 면접에서 이기는 게임을 하기 위해서는 상대방이 무엇을 원하는지 알면 된다.

상대방은 우리에게 "전문가"로서의 역할을 지금 원하지 않는다. 이 한 가지만 정확히 알아도 면접에서 흔들리지 않는 나를 어필할 수 있다.

즉, 전문성을 갖추지 말라는 것이 아니다. 평소에 노력하고 경험한 것들은 내 스토리와 경력에 모두 남아있다. 지금 말하는 전문성에 대한 이야기는 "면접"에서 너무 무리하게 전문가 포지셔닝을 해서 정말 중요한 기회를 놓치거나 어렵게 면접을 이어가는 생존이들의 실제 경험을 너무나 많이 보았기 때문이다.

전문성 또한 그 회사의 일원이 되었을 때 보일 수 있는 것이다. 지금 우리에게 가장 중요한 것은 어떠한 방법으로 지원하는 기업에 대한 관심을 표현하는가이다.

(4) 단점을 모두 보완하는 것보다 장점을 극대화하는 게 훨씬 좋다

대부분 면접을 준비하게 되면, 단점에 대한 걱정을 많이 하게 된다. 준비가 되지 않은 상황에서 면접을 진행하게 되는 경우가 많은데 이때 심리적으로 우리는 스스로 위축될 수밖에 없다.

그렇기 때문에, 이 짧은 순간에 내가 갖고 있는 단점들을 빠르게 파악하고, 그 단점을 보완하는 방법으로 면접 준비를 하게 되는 경우가 대부분이다. 물론 이 전략이 잘못된 것은 아니다. 하지만 이 책 제목처럼(생존면접 바이블) 생존하기 위한 면접 준비를 해야 한다. 즉, 우리들 누구나 장점도 있고, 단점도 있고, 또 잘한 것도 있고 부족한 부분도 있을 것이다.

우리가 진짜 생존하기 위해서는 좋고, 잘하는 것만 어필하는 것이 아니라 다양한 경험에서 보고, 듣고, 느끼고, 배운 것을 통해 나라는 사람이 어떠한 사람인지를 보여주어야 한다.

면접 또한 이러한 상황으로 이해를 해보면 지금 우리 생존이들이 어떤 것에 집중을 해야 하는지 알 수 있다. 결국, 우리는 누군가에게 선발되어야 하고, 좋은 평가를 받아야 하는 상황들을 인생을 살면서 계속해서 맞이하게 된다.

이러한 상황에서 누군가는 내가 갖고 있는 단점을 극복하는데 100% 에너지를 쏟으며 문제를 해결한다. 하지만 내가 생존이들에게 제시하는 방법은 정반대의 문제 해결 방법이다.

나는 오히려 이러한 상황에서 "너무나 올곧은 자기 객관화"를 할 필요가 없다고 생각한다. 물론 그 전부터 자기 객관화되어 있다면 문제가 되지 않는다. 하지만 우리는 스스로 이러한 평가에서 생존하기 위해서 나를 표현하고 드러내서 좋은 평가를 받아야 하기에, 그 짧은 시간동안 단점을 보완하는 방법 자체가 스스로 면접을 준비하는 과정에서 멘탈을 힘들게 만들고 더 불안하게 상황을 조성하게 된다는 이야기다.

그래서 나는 항상 많은 프로그램들을 통하여 "생존이들의 강점"에 집중한다. 면접일자가 한 달이 남았든 일주일이 남았든, 2일 남았든 우리들이 갖고 있는 공통적인 생각은 "한 번의 면접 기회에서 꼭 좋은 소식"을 받고 싶다는 욕망이 있는 것이다.

면접전문가라고, 또 경험이 많다고 무조건 함께하는 생존이들이 좋은 소식을 들려주는 것이 아니다. 하지만 남은 시간 단점을 준비하는 것보다는 생존이들의 스토리를 집중하고(경험 정리 클래스를 통하여) 그 스토리를 연계하여 나만의 스토리를 통한 "와이나(WHY+ME)"로 내 이야기를 하게끔 하는 것이 어리를체인지의 방식이다.

물론, 사람별로 기간별로, 굉장한 다양한 케이스들이 존재하지만, 남은 기간 어떻게 준비과정을 거쳤는지에 따라서, 다음 면접에서 또 한 번의 기회를 잡을 수 있을지, 또 인생의 터닝포인트를 어떻게 연결할 수 있을지가 결정된다.

의외로 우리는 우리의 강점을 잘 활용하지 못한다. 대부분 그냥 면접에서 유창한 회사 소개와 지식을 나열하는 데 집중하고 있으며, 나의 장점보다는 단점을 보완하는 그 과정만 설명하려고 한다. 지금부터 면접에 대한 생각을 바꿔야 한다.

진짜 생존하기 위해서는 내가 주도하는 방향으로 면접관이 이야기를 들을 수밖에 없는 상황으로 포지셔닝 해야 한다. 무작정 "저 잘해요" 이런 전략이 아닌, 내 강점과 장점을 통해 회사, 학교에 티포인트(기여포인트)와 로열티를 보여준다면, 지금껏 준비해온 수동적인 준비가 아닌, 주도권을 갖고 면접에 임할 수 있다.

치명적인 단점은 분명 보완해야 하지만 마인드 자체를 내 강점에 두고 남은 기간 꼭 준비해야 한다. 그래야 원하는 결과를 조금이라도 받을 확률이 높아지고, 만약 이번에 결과가 나지 않더라도 이 과정에서 자존감을 회복하며 점점 스스로에 대한 확신을 가질 수 있다.

이러한 전략으로 생존할 수 있었던 실제 생존이들의 사례는 챕터 2를 시작으로 계속 공유된 사례와 영상 등을 확인하면서 나는 어떠한 강점이 있는지부터 꼭 확인해보는 것을 추천한다.

(5) 엄청난 경험보다 사소한 경험이라도 잘 표현하는 것이 더 중요하다

자신감 있는 면접이 되기 위해서는 자신에 대한 경험요소가 많으면 그만큼 도움이 되는 것은 사실이다. 하지만 수많은 사례들을 경험하면서 경험의 양과 크기보다 더 중요한 것이 있다는 것을 알게 되었다.

10명 중 8명 이상은 면접장에서(평가를 받아야 하는 상황에서) 내 경험이 이렇게 많다는 것, 그리고 특정 A라는 경험을 해 봤다는 것을 강조하는 데 그친다. 경험이 많은 것은 향후 직장 생활을 할 때나, 어떠한 일을 할 때 당연히 도움이 되는 부분이 많지만, 결국 우리는 지금 면접이라는 특수한 상황(평가를 받아야 하는 상황)에서 나를 선발해야 하는 당위성을 보여주어야 한다.

즉, 경험의 크기와 양보다 중요한 것은 내가 그 경험을 통해서 무엇을 배우고 느꼈는지, 그리고 이러한 경험을 통하여 지원하는 학교, 회사, 프로젝트에 어떠한 기여를 할 수 있는지(티포인트)를 전달하는 것이다.

하지만 많은 대학생, 취준생들은 면접에서 불합격을 하게 되면, 내 경험의 크기 때문인 줄 알고 스펙 한 줄을 위한 경험을 쌓는 데 많은 시간을 낭비한다.

물론 이 또한 의식적으로 스스로 부족한 부분을 인지하고 노력하는 부분은 너무나 좋은 현상이지만, 왜 그 경험이 필요한지 진지한 고민을 하지 못한 채 행동을 지속한다면 다음에도 결과가 달라지지 않을 확률이 높다.

지금부터 생존이들은 그 생각을 변화시켜야 한다. 경험이 필요한 것은 맞지만, 누구는 같은 A 경험을 그냥 스펙 한 줄로써만 어필하고, B는 그 경험을 이쁘게 포장하여 상대방으로 하여금, 인사이트를 느끼게 만든다. 생존이들이라면 A와 B 둘 중 누가 되고 싶은가?

당연히 우리는 B가 되어야 한다. 원하는 목표(입시, 취업, 프로젝트, 이직)를 달성하기 위해서 우리는 그동안 해온 경험들을 포장하는 연습들을 해야 한다. 이 방법 하나만으로 똑같은 상황이지만 전혀 다른 결과를 낸 생존이들이 많다.

결국, 경험 정리 클래스(이츠미)를 통하여 많은 생존이들의 사례를 함께하다 보면, 정말 너무나 안타까운 사연들을 알게 된다. 우리는 지금도 알게 모르게 불안하기 때문에 채우는 경험들을 어딘가에서 하고 있다.

지금 당장, 종이를 들고 스스로의 경험을 정리해보며 그 경험의 해석에 집중해야 한다. 『생존면접 바이블』의 많은 스토리 중 대부분의 생존이들은 이러한 경험 포장을 통하여 스스로의 인생을 변화시켰다.

대학생, 취준생, 직장인들이 해온 경험의 종류는 사실 비슷비슷하다. 누군가 나보다 좋은 평가를 받고 합격을 한 이유가, 경험의 크기 때문만이 아니라는 사실을 꼭 알아두었으면 한다.

지금부터 생존이들은 경험도 중요하지만, 그 경험의 표현방법을 지금부터 부단히 연습하고 또 연습해야 한다. 그것을 우리는 "경험 포장"이라고 이야기하고 챕터 8에서 자세한 사례를 확인해보면서 연습을 해본다면 확실히 차별화할 수 있다.

(6) 스펙이 아니라 언제 올지 모르는 기회를 지금부터 준비해야 한다

대부분의 대학생, 취준생들이 면접 준비를 할 때 생각하는 오류이다. 입시를 준비하고, 또 취업을 준비하는 입장에서 면접이 중요한 것은 알지만, 사실 면접에 투자하는 시간은 대부분 부족하다.

자소서를 열심히 작성하고, 필기와 인적성 공부시간은 반드시 확보하고, 토익과 자격증 점수와 합격을 위해 매일 5-6시간 이상 공부는 하지만 이상하게도 가장 중요한 면접은 준비시간을 할애하지 않는다.

물론 왜 이러한 현상이 벌어지는지 너무나 잘 이해하고 있지만, 지금부터라도 이러한 준비방법을 바꾸어야 한다. 우리는 대부분 극적인 결과를 꿈꾼다. 그리고 상황이 아무리 좋지 않더라도 나는 예외일 거라는 생각을 하게 된다.

생각해보지 못한 불합격, 길어지는 준비로 점점 초조함을 느낀 채, 지금 눈앞에 있는 산들을 넘기 위해 집중하게 된다. 이렇게 준비를 하다가 정말 뜻하지 않는 면접기회가 오게 되면 10명 중 9명은 불안해하고, 그때부터 온갖 기출문제를 정리하고, 정리되지 않은 스크립트를 달달 외우며, 정말 인생을 변화시킬 수도 있는 그 중요한 면접 준비를 제대로 하지 않은 채 면접장으로 가게 된다.

그렇게 면접장에서 돌아오며 "조금만 빨리, 그리고 미리 면접 준비를 할 걸…"이라는 후회를 남긴다. 아마도 이와 같은 경험을 직접 한 생존이들이 있을 수도 있다. 이들이 처음에 갖고 있던 생각 대부분은 이랬을 것이다.

"어떻게든 상황이 닥치면 되겠지."
"나보다 스펙이 좋지 않았던 애들도 해냈으니까…."
"남은 기간 열심히 준비하면 될 거야."

이런 안일한 생각과 준비로 인생의 터닝포인트를 날려버린 것이다. 지금 이 글을 읽고 있는 생존이들은 절대로 이런 실수를 경험하지 않았으면 한다.

물론 면접에서 결과가 좋지 않을 수 있다. 하지만 제발 자소서를 합격하고 면접 준비를 하고 필기와 인적성 시험을 모두 준비하고 면접 준비를 해야 한다는 이 스텝바이스텝 구조에서 빠져나와야 한다.

지금 생존이들이 읽는 책은 그냥 "면접 기술서"가 아니다. 적어도 이 책을 읽고 있는 생존이들이라면 우리들의 미래에 대한 고민을 갖고 있고, 준비하는 이 과정들이 앞으로 인생에 있어서 작은 도움이라도 된다는 생각을 갖고 이 글을 읽고 있는 사람들이 확률이 높다.

그렇다고 한다면 면접에 대한 생각들을 지금부터 반드시 변화시켜야 한다. 우리는 입시에 성공해도, 또 취업을 위한 면접에 합격해도 말하기를 계속해야 하고, 상대방의 관점에서 이해하고 의도를 갖는 말하기를 앞으로도 지속해야 한다.

그런 말하기와 표현을 하는 과정을 우리는 지금부터 준비하는 것뿐이고 그 시작이 지금의 면접일 뿐인 것이다. 아직도 무엇인가를 다 채우고 내 생각을 말해야 한다는 생각을 갖고 있다면, 그 생각부터 변화시켜야 한다.

챕터 1과 2를 통하여 앞으로 우리가 면접장에서 어떠한 마인드와 태도로 임해야 하는지 다양한 사례와 함께 지금 우리 생존이들이 갖고 있는 면접에 대한 편견에 대해서 알아보았다.

그럼 본격적으로 나만의 스토리로 진짜 생존할 수 있는 면접에 대한 구체적인 방법과 필살기에 대한 내용들을 챕터 3부터 알아보도록 하겠다.

Chapter 3

합격을 위한
1가지 생존 비법,
5가지 필살기
(1/5 전략)

1) 필수 생존 전략, 관점 전환과 반박 예측

수천 명의 사람들과 직접 만나고, 평가를 주고받으며 "상대방의 입장에서" 생각하는 것이 얼마나 중요한지를 알게 되었다.

취업을 준비하든, 인생을 살아가든 우리는 "상대방"을 굉장히 중요하게 생각한다. 수많은 청년들과 함께 모의면접을 진행하면서, 또 유튜브 채널을 통하여 댓글을 남긴 수많은 생존이들의 사례를 함께하며 면접에서 이 2가지만 잘해도 스펙과 경험에 상관없이 소중한 기회를 잡을 수 있음을 많은 사례들을 통하여 확신을 갖게 되었다.

사실, 수많은 권위자들이 면접을 소개팅에 비유한다. 하지만 나는 그 생각과는 조금 다르다. 소개팅은 서로의 목적이 처음부터 맞는 상황에서 두 명의 남녀가 만나는 자리다. 하지만 면접은 그 시작부터 같지 않다. 면접관은 좋은 지원자를 선발해야 하는 포지션이며, 면접을 보는 우리 생존이들은 어떻게든 잘 보이고, 또 자기 능력을 보여주며 선택되기를 바랄 뿐이다.

즉, 서로의 포지션이 달라도 너무 다르다. 그렇기 때문에 면접을 이야기하며 소개팅을 비유하는 것은 나로서는 큰 공감은 되지 않는다. 그렇다면 우리는 면접장에서 과연 어떠한 전략으로 면접관분들에게 우리의 매력을 어필해야 할까?

진심으로 이 상황을 머릿속으로 그려보면 너무나 쉽게 상황이 해결될 수 있다. 우리는 아직도 면접을 책으로 읽고, 학습을 하려고 한다. 여태껏 그렇게 준비해왔던 면접이지만 이번 한 번만큼은 면접중대장의 이야기를 속는 셈치고 믿고 따라 해 보았으면 하는 바람이다.

아무리 면접이 소개팅이라고 하더라도 우리들 대부분은 그렇게 진심으로 느끼지 못하기 때문에 이론과 실전이 다르다고 생각하는 것이다. 그래서 지금부터는 철저하게 우리들의 생존을 위해서 1가지 생존 필살기 전략과(관점 전환, 반박 예측), 5가지 생존 필살기에 대한 이야기를 해볼 것이다.

생존 필살기를 바로 소개해도 되지만, 이전에 큰 뼈대를 이해하고 필살기를 적용하는 것이 훨씬 더 우리의 생존에 도움이 되기 때문에 지금부터 "생존 필살기 전략"인 관점 전환과 반박 예측에 대해 알아보겠다.

먼저 이 2가지만 잘한다면, 적어도 취업 준비의 기간을 6개월에서 1년을 줄일 수 있다. 그만큼 강력한 생존 전략이기 때문에 이것이 왜 필요한지부터 알아보겠다.

먼저, 관점 전환이란?

우리가 갖고 있는 생각의 프레임을 뒤집는 것이다. 지금 우리는 대학생, 취준생, 직장인으로서 학교, 기업의 면접을 잘 준비하기 위해 이 책을 읽고 있을 것이다. 즉, 우리들 대부분의 심리상태는 "면접에 꼭 합격할 거야", "면접관들이 좋아할 만한 행동을 어떻게 하지?" 등 철저하게 자기중심적인 사고와 행동을 하며 면접을 준비하는 것이 대부분이다.

이론적으로는 "면접관"의 의도를 파악하기 위한 학습을 하지만 실제 현장에서는 "지극히 자기중심적인 면접 준비"를 하고 있다. 그렇기 때문에 면접관이 궁금해하지 않는 부분까지 말을 빠르게 하며 경험을 나열하고 있는 것이고, 그렇기 때문에 면접관이 정말 궁금해하는 내용이 아닌 작은 디테일을 살리려는 노력들을 하고 있다.

우리가 진짜 생존을 하기 위해서는 단 한 번이라도 진심으로 면접관의 입장이 되어 보아야 한다. 관점 전환이 중요한 이유는 기업에서는 좋은 인재를 선발해야 하는 것이 너무나 당연하지만 이 짧은 면접 현장에서 사실 그 사람의 본성과 깊은 속마음까지 확인하면서 인재를 선발하는 것이 제한되기 때문이다.

그렇기 때문에, 단시간 내에 면접관분들이 어떠한 것들을 나에게 궁금해하는지, 내가 이 기업에 왜 필요한 사람인지, 어떤 노력들을 하였는지 등을 핵심적으로 보여주는 것이 중요하다.

하지만 대부분의 생존이들은 간절하고, 또 이 기회를 놓치고 싶지 않기 때문에 내가 준비한 이 과정과 노력에 대해서만 생각한 채로 면접 답변을 이어간다.

10명 중 8명 이상은 이러한 심리상태로 면접을 준비한다. 그렇기 때문에 적어도 이 책을 읽는 생존이들은 반대의 포지션인 면접관의 입장에서 생각하고 준비해야 한다.

취업 준비를 오래 하다 보면 누구나 한 번쯤 이런 체험을 한다.
"교과서대로 했는데, 왜 나는 떨어질까?"
우리는 정답을 외워 주입식 시험을 통과하며 자랐다. 그러나 면접은 '정답이 없는 시험'이다.
정답이 없다는 사실을 받아들이는 순간, 게임의 법칙이 뒤집힌다.

지금부터 정말 편안하게 이 『생존면접 바이블』이 "소설책"이라고 생각하고 잠시 상상을 해보자. 그리고 "지금부터 내가 면접관이라는 생각으로" 하루를 그려보자.

아침부터 보고서와 내부 메일이 쏟아진다.
점심도 채 끝내지 못한 채 회의에 달려가고,
오후에는 현업 이슈 때문에 전화를 붙잡는다.
그 바쁜 와중에 면접실에 들어와
낯선 지원자들의 자기소개서를 주르륵 펼친다.

우리 회사의 신입사원을 뽑는 중요한 자리이지만
이런저런 생각들이 많아진다. 급하게 이력서를
보고 질문을 하면서 열정 있는 신입사원을 찾는다.
그리고 면접을 마치면 다시 해야 할 일들을 한다.

생존이들이 선배가 되어서 면접관으로서의 역할을 할 그날이 올 수 있다. 만약 그 시기가 되었다고 생각하고 이 내용을 읽어본다면, 면접관의 현실과 역할이 어떠한지 대략 짐작할 수 있을 것이다.

물론 모두가 그런 것은 아니다. 하지만 확실한 것은 면접관은 한 회사의 직원일 뿐이라는 것이다. 그리고 수많은 지원자들이 비슷한 내용과 준비 과정을 이야기하는 것을 들으며 그리 재미있거나 엄청난 공감을 하지는 않는다는 것이다.

이러한 상황들만 우리가 진심으로 이해하게 된다면,
지금 면접을 준비하는 것과 조금은 다른 방식으로 준비할 수 있다.

면접을 준비할 때 "두괄식"으로 이야기하고 "핵심"만 이야기하라는 말을 많이 들어보았을 것이다. 그 이유가 바로 이런 상황들이기 때문에 이런 구조와 형태로 나의 메시지를 전달하라는 것이다.

면접관에게 필요한 건 자세한 설명이 아니다. 몇 마디 안에 '이 친구를 왜 기억해야 하는지'를 보여 주는 것이며 이 지원자가 궁금해지고, 호기심을 갖게 만드는 것이다.

면접장에서 우리들 대부분은 지식, 활동에 대해 많은 이야기를 하려고
한다. 분명 면접관과 마주 보고 앉아있는 상황이지만 한쪽은 "나만의 어
떤 필살기를 던질까?" 생각하고, 반대의 한쪽은 그런 내용들을 말하는 지
원자를 보면서 답답해한다.

생존 면접관:　혹시, 저희 회사에 오기 위해 노력한 것이 무엇이
　　　　　　　있나요?
생존이(면접자): 네, 면접관님! 답변드리겠습니다. 저는 ○○기업에
　　　　　　　입사하기 위해서 대학교 때 정말 공부를 열심히 해
　　　　　　　서 학점을 4.2를 받았으며, 또한 A 자격증을 취득
　　　　　　　했고, ○○ 대외활동을 경험했습니다.

만약 이러한 상황이라면 우리 생존이들은 어떤 생각을 해야 할까? 물론
이 답변을 읽으면서 "괜찮네"라고 생각하는 생존이들도 있을 것이다. 만
약 그렇게 생각하는 생존이들이 있다면 적어도 『생존면접 바이블』을 3회
독 해 볼 것을 추천한다.

면접에 정답은 없지만 "관점 전환"을 해보면 면접관 입장에서 이 답변이
얼마나 지루하고 동기부여가 되지 않는 답변인지 알 수 있다. 지금 면접
관은 엄청나게 바쁜 상황에서 면접관으로서 참석을 하였고, 정말 이쁘고
멋있는 신입사원들을 평가하기 위해 이 자리에 앉아있다.

그런데 질문을 물어볼 때마다 이전 지원자도, 지금 지원자도 모두 비슷한 방식으로 이야기를 하고 있다. 물론 우리 ○○기업을 위해서 대학교 때부터 학점 관리도 잘하고, 자격증도 취득하고, 대외활동도 했다는 것은 노력을 한 것이 맞다.

하지만 실제 면접관의 입장에서 그렇게 생각을 할지 상대방의 "관점으로 전환"해서 생각해 보아야 한다. 나의 대답은 'NO'이다. 내가 면접관이라면 이 생존이는 우리 기업을 위해 특별히 준비한 게 없다고 생각할 것이다. 그럼 왜 그럴까? 생존이의 답변은 사실, 우리 기업이 아니더라도 어디에서도 활용할 수 있는 내용이며, 입사를 하겠다는 관심이 사실 전혀 느껴지지 않는다.

노력의 범위를 정확히 이야기할 수 없지만 적어도 면접장까지 왔다면 내가 그 기업을 위해서 세부적으로 노력한 행동들(예를 들면 FA5050 등)을 통한 로열티 어필을 하는 것이 지금의 답변보다는 훨씬 관심이 있어 보일 수밖에 없다.

입사를 위해서 노력을 한 것을 이야기해 보라고 했다면, 우리 회사의 상품을 사용해본 경험, 우리 회사의 서비스를 이용해보며 알게 된 것들 등 사소한 것이지만 지원하는 산업과 기업에 대한 관심이 느껴지는 애정이 보이는 그런 생각과 답변을 하는 것이 좋다.

그럼 왜 이런 답변이 면접관의 입장에서 관심이 더 갈 수밖에 없을까?

스펙이 좋은 것은 분명히 강점이 될 수 있다. 하지만 회사 입장에선 단지 스펙뿐 아니라 정말 우리와 함께 일을 잘해서 성과를 낼 수 있는 사람인 지가 중요하다.

일을 잘한다는 기준은 굉장히 많지만 적어도 어떤 일을 할 때 사소한 관심, 그리고 열정, 행동을 하는 사람들이 일을 잘할 확률이 높다는 것을 알고 있다. 지금껏 갖춰놓은 스펙과 경험들도 물론 중요하지만, 앞으로 진짜 일을 시작하는 이 시점에서 우리 기업을 위해 발로 뛴 노력의 경험, 흔적, 그리고 고객과 서비스를 직접 활용해보며 그 티포인트를 연결하는 그 마인드는 먼저 생각하고 행동하지 않으면 절대 나오지 않는다는 것을 알고 있기 때문이다.

즉, 지금은 단편적인 예시 하나이지만 이러한 "관점 전환"의 효과는 면접에서 수 없이 많은 성공케이스들을 가져다주었다. 지금 우리는 입시생, 취준생이지만 생각만큼은 지금부터 면접관의 생각으로 해야 한다. 그래야 취준의 프레임에서 빠져나와 상대방이 원하는 것이 무엇인지를 알 수 있고, 단시간 내에 내가 무엇을 강조해야 하는지 알 수 있다.

오늘부터 우리는 "생존 면접관"이 스스로 되어 모든 것들을 생각하고 행동해야 한다.

우리가 면접을 준비하기 위해 지금부터 생존 전략으로 삼아야 하는 두 번째는 바로 "반박 예측"이다. 사실, 첫 번째인 "관점 전환"의 연장선이라고 생각하면 된다.

면접을 준비하는 10명 중 8명 이상은 면접을 생각하면 굉장한 압박감을 느끼는 것이 현실이다. 그렇기 때문에 더 열심히 준비하고, 혹시 모를 1%의 가능성을 염두하며 모든 질문에 대한 준비를 하는 것이 대부분의 현실이다. 하지만 이러한 면접 준비 방법은 반드시 지금 이 순간부터 바꿔야 한다.

뒤 챕터에서 이어지겠지만 면접을 스크립트로 준비하고, 또 기출문제에 모든 답을 달아서 암기하는 행위는 엄청나게 위험한 행위이다. 지금 내가 이러한 행동을 하고 있다면 "관점 전환"을 올바르게 하고 있지 못할 가능성이 높다.

이렇게 면접을 준비하게 되면 준비기간 동안 심적으로 내 마음은 편해진다. 하지만 모든 기출문제에 답을 작성하다 보면 정말 중요한 것과 중요하지 않은 것의 구분이 없어지고, 내 마음이 편한 면접 준비를 하게 되는 경우가 많다.

이러한 현상은 제대로 된 "관점 전환"을 하지 못해서 그러는 경우가 많으며, 관점 전환이 되지 않으면 자연스럽게 면접관이 물어볼 질문을 예측하지 못하고, 내가 불안하고 준비하고 싶은 것만 준비하게 되는 것이다.

이 짧은 기간에 나라는 사람의 매력을 보여줘야 하는데, 이때 우선순위가 정말 중요하다. 하지만 이와 같이 "면접관이 무엇을 물어볼지"를 예측하지 못한다면 우리의 에너지를 잘못 사용하고 있는 것이다.

반박 예측이란, 면접관의 입장이 되어서 나에게 물어볼 수 있는 질문들을 미리 모두 찾는 것이다. 예를 들어 내가 작성한 이력서(자소서)를 읽고, 면접관의 입장에서 어떤 질문이 나올 수 있을지를 생각하고 미리 "핵키픽(핵심키워드pick)"을 통하여 이미지 트레이닝을 해야 한다.

하지만 많은 생존이들이 이러한 과정에서 치명적인 실수를 경험헌다. 예상 질문과 기출문제를 분명 확인하고 답변을 기록하는 연습은 하지만 면접관 입장이 아닌 "어려운 꼬리질문" 등에 대해 집착하며 방향성을 잘못 잡는 경우가 많다.

쉬운 예시를 함께 보면 이해가 빠를 것이다.
예를 들어, 내가 작성한 자소서의 한 문항이 이렇다고 가정을 해보자.

3. 팀 활동에서 협업했던 사람 중 **본인과 '잘 맞는 사람'**은 어떤 유형의 사람인지 경험을 바탕으로 작성해 주십시오. (400자)

[적극적 팀워크로 이끌어낸 성공적인 축제]
적극적이고 능동적으로 행동하는 팀원들과 협업 시, 팀 활동이 원활하게 이루어졌습니다. 당시 저는 단과대학 학생회장으로서 단과대학 내 학과 통합 축제를 기획하며, 방역 지침과 한정된 예산에 따른 어려움을 겪었습니다. 이에 팀

원들과 실현 가능한 방안 위주로 기획안을 작성했으며, 각 팀은 능동적으로 세부안을 확정했습니다.

예를 들어, 기획팀은 예산상 불가능한 연예인 공연 교내 동아리 공연으로 대체하였고, 저는 총무팀과 함께 학장님과 논의하며 추가 지원을 받았습니다. 모든 팀원이 적극적으로 행사 기획에 몰입한 결과, 목표로 했던 100명의 참여 인원을 달성했습니다. 이를 통해, 적극적으로 협력하는 팀원들과 함께할 때 팀워크가 극대화된다는 것을 깨달았습니다.

이 자소서를 읽으면서 생존이들이 면접관이라면 어떤 질문을 지원자에게 할 것인가?

잠시 자소서 본문을 확인하면서 가상 면접관이 되어서 질문을 도출해 보자. 내가 작성한 자소서이고 우리는 면접에서 이 자소서를 바탕으로 면접 질문을 받게 된다.

물론 자소서 기반으로 모든 질문들을 받는 것은 아니지만 자소서는 면접에서 굉장히 중요하기에 이 내용을 바탕으로 "반박 예측"의 예시를 알아보겠다.

이 자소서를 면접관이 읽는다면 어떤 반박을 하게 될까? 여기서 이야기하는 반박이란 무조건 내 글과 말에 반대로 이야기한다는 것이 아니다. 정말 궁금해서 물어보는 것도, 또 이해가 안 돼서 질문을 하는 것도, 또 압박을 하는 것도 모두 "반박"이라고 가정하고 내용을 확인해 본다면 이해가 쉬울 것이다.

즉, 면접관의 입장에서(관점 전환) 이 자소서를 읽고 어떠한 질문이 들어올지를 우리는 미리 예측을 해서 면접 준비를 해야 한다는 것이다. 그런데 정말 놀라운 것은 내가 작성한 자소서이고 이 자소서를 몇 번이고 확인하지만 내가 준비한 질문들과 면접관분들이 질문하는 질문이 많이 다른 경우가 있다. 우리는 이 연습을 지금부터 반드시 수없이 많이 해야 한다.

즉, 내가 단점이라고 생각하고, 또 준비가 안 된 부분에만 온통 신경을 쓰고 준비를 하는 것이 아니라 정말 기본적인 것들을 확인하면서 면접관의 입장에서 물어볼 수 있는 지극히 상식적인 질문들부터 도출하는 연습을 해야 한다.

만약 면접중대장이라면 이 자소서를 읽고 이 지원자에게 이런 것들이 궁금해졌을 것이다.

① 그렇다면 본인과 잘 맞지 않는 사람은 어떤 사람이죠?
② 학생회장을 했다고 하셨는데 회장을 하며 실패했던 경험은?
③ 모든 조직원들이 능동적이지는 않을 텐데 그럴 때 본인의 역할?
④ 커뮤니케이션이 잘되지 않았던 사례?
⑤ 왜 행사인원을 100명을 목표로 잡았나요?
⑥ 만약 팀에 팀워크를 저해하는 동료가 있다면?

⑦ 지원자가 생각하는 팀워크란?

예를 들어서 간단하게 몇 가지만 보아도 이 정도의 질문을 지원자에게 할 것 같다. 이 질문들이 사실 엄청나게 어려운 질문은 아니지만, 이런 질문을 실제 면접장에서 하게 된다면 아마도 많은 생존이들이 흠칫하게 될 것이다. 왜일까? 너무나 평범한 질문이지만 우리는 대부분 어렵고, 더 고차원적인 것을 생각하기 때문이다.

이것이 바로 "관점 전환"의 중요성이고, 우리가 이렇게 변화해야 하는 이유이다. 반박 예측만 잘하더라도 면접에서는 내가 무엇을 어떻게 준비해야 할지를 알 수 있다. 예를 들어 1분 자기소개 역시 면접에서 가장 먼저 나 자신을 알리는 신호탄인데 10명 중 7-8명은 비슷하게만 준비한다.

아주 좋은 기회이지만 많은 생존이들이 활용을 잘하지 못하는 경우가 많다는 것이다. 이러한 상황에서 내가 원하는 의도대로 키워드를 배치해서 면접관을 내 페이스로 끌고 와야 면접의 주도권을 잡을 수 있다. 그리고 이렇게 해야 "반박 예측"을 편하게 할 수 있다. 뒤 챕터에서 세부적인 생존 필살기를 비롯한 사례들을 활용한다면 이해가 금방 될 것이다.

지금 이야기한 ① 관점 전환 ② 반박 예측은 면접뿐 아니라 우리가 취업 준비를 할 때 모든 것에 적용을 해야 할 수 있는 것들이다. 아무리 좋은 면접 스킬을 갖고 있어도 결국 평소 내 마인드가 그렇지 않으면 면접관은 그 지원자가 어떠한 사람인지 대략 유추할 수 없다.

첨부한 QR코드에서 영상을 확인해본다면 조금 더 쉽게 이해가 될 것이다.

즉, 우리가 진짜 생존하기 위해서는 답변의 기술도 중요하지만 A라는 질문에 대해, 내가 어떻게 생각하고, 그 질문에 대한 나만의 WHY+ME(와이나)를 전달하는 것이 훨씬 중요하다. 이 2가지를 취업 준비를 하면서 꼭 잊지 않았으면 하는 바람이다.

지금부터는 면접을 준비하며 반드시 적용해야 하는 "생존 필살기 5가지"에 대한 이야기를 해보려고 한다. 먼저 이 5가지 생존 필살기는 나에게 굉장히 의미가 있는 필살기들이다. 수많은 청년들의 실패를 현장에서 지켜보며, 나 역시 처음에는 굉장히 많은 혼란스러움이 있었다.

"분명 내가 경험한 면접은 이런 것이 아니었는데…"라고 하는 상황들이 많이 생기기 시작했다. 나 역시 면접 준비를 할 때, 혼자서만 하다가 첫 번째 원했던 기업에 불합격을 한 후, 학원에서 알려주는 공식에 대입해 보았던 적도 있다.

지금도 면접을 잘 보기 위한 수많은 공식들이 있다. 두괄식, 성공경험, 이럴 때는 A처럼 이야기해야 한다 등 너무나 많은 답정면(답을 정한 면접 공식)들이 있다. 수많은 청년들의 현실을 눈앞에서 지켜보며 그동안 내가 갖고 있었던 면접에 대한 생각을 송두리째 바꿨다.

나 역시 초창기에는 평범한 공식들을 알려주고, 그것들을 적용하는 방식으로 수업과 코칭을 진행하였다. 이렇게만 하더라도 합격하는 생존이들이 생겼고 마치 그 방법이 전부인 것마냥 큰 착각을 하였다.

하지만 면접은 너무나 많은 개별적인 요소들이 포함되어 있었다. 일정 시간이 지나니 똑같이 알려줬는데도 누군가는 그 공식에 대입해서 합격을 하고, 누군가는 실패를 하였다. 이러한 경험을 반복하다 보니 내가 전달하고 공유하는 이 공식들이 지금 2030들을 오히려 프레임에 더 갇히게 한다는 생각을 갖게 되었다.

이 또한 면접을 주입식 교육, 학습의 영역으로만 생각하고 진행한 결과라고 생각한다. 이 생각 자체가 바뀌지 않았기 때문에 수십 년 동안 면접을 책으로만 이해하고 공식암기를 통해서 한 번만 잘 보면 되는 테스트로만 생각하고 준비를 했던 것이었다.

그 시간 이후, 나는 모든 프레임을 바꾸기로 하였고, 개별적인 요소를 최대한 반영하여 생존이들의 이야기에 집중하고 그들의 강점을 도출하는 데 집중하였다. 누군가는 스펙으로 불안해하고, 누군가는 경험이 없어서 불안해하고, 누군가는 면접이라는 그 상황 자체를 불안해한다.

각자의 이유는 모두 다르지만 불안해하는 것은 동일했다. 이 불안한 상황에서 억지로 공식을 암기하고 그 공식대로 답을 테트리스처럼 끼워넣으면 합격할 수 있다는 생각을 갖게 하는 것이 얼마나 위험한 일이라는 것을 느꼈다.

그래서 최대한 많은 사례를 경험하며 우리 생존이들이 진짜 자신만의 이야기를 할 수 있는 방법들을 찾았고 다양한 케이스들을 직접 현장에서 보고 듣고, 그 과정을 지켜보며 다음에 나오는 5가지 생존 필살기를 만들 수 있었다.

지금부터 소개할 "생존 필살기 5가지"는 공식이 아니다. 우리가 면접장에서 어떠한 관점과 방향으로 면접을 준비해야 하는지에 대한 WHY이다. 이 5가지 모두를 퍼펙트하게 연습할 수는 없다. 하지만 적어도 2가지 이상을 결합하여 면접장에서 전달한다면 그 어떤 성공경험보다 훨씬 더 나은 가치를 전달하는 지원자로 평가받을 수 있다.

2) 생존 필살기 5가지

(1) 와이나(WHY+ME)

나 역시 취업 준비할 때 너무 힘들었던 기억이 있다. 물론 언제 취업이 될지 모른다는 것도 나를 힘들게 했지만, 너무나 많은 다양한 방법들이 있었기에 대체 어떠한 방법을 믿고 실행하면 되는지 그 부분이 너무 나 스스로를 힘들게 하였다.

한 번에 취업이 되면 상관이 없는데…. 어느 누구도 그 답을 주지 못했기에 이 책 봤다가 또 저 책 봤다가 A 강의 들었다가 B 강의 들었다가를 반복하는 준비를 할 수밖에 없었다.

그래서 지금『생존면접 바이블』을 읽고 있는 생존이들에게는 그러한 혼란을 줄여주기 위해서 철저하게 어리를체인지에서 수많은 생존이들에게 적용하고 함께하며 과정에서 결과로 증명했던 5가지 필살기들을 공유하려고 한다.

결국 자소서든 면접이든 내 이야기를 할 수 있는 힘이 있어야 한다는 것이다.

내가 말하는 필살기는 사실 인생에서도 고스란히 적용되는 것들이다. 즉, 우리가 진짜 생존을 하기 위해서 인생의 1차 관문인 면접을 통과해야 하지만, 이 5가지 필살기는 즉, 사고의 구조, 관점 전환이 되어야 적용이 될 수 있는 것들이기 때문에 취업을 하고 난 후, 직장에 입사해서도 많은 도움이 될 것이다.

그렇기 때문에 지금까지 알고 적용했던 면접의 관점에서 공식을 외운다고 생각하지 않고, 내 인생의 생존 필살기를 익히고 미리 준비한다는 생각으로 하나씩 적용해 보았으면 한다.

필살기란 언제, 어떤 상황에서라도 사용할 수 있어야 한다. (지금 대부분은 그냥 필살기를 외우려고만 하는 경우가 많다) 내가 생각하는 진짜 필살기는 군더더기 없이 간편하게 면접장에서 적용되어야 하는 것이다.

그래서 우리는 이 두 단어만 기억하면 된다.

① 와이(WHY): 와이는 그 질문에 대한 "내 솔직한 생각"이라고 생각하면 된다. 나의 해석.
② 나(ME): "나"는 WHY에 대한 근거라고 생각하면 된다. 내 생각, 내 행동 경험.

즉, 어떠한 질문이 들어왔을 때 WHY에 대한 의문을 먼저 해소해주면 된다. 하지만 면접을 준비하는 많은 대학생, 취준생, 중고신입들은 너무나 고차원적인 답변과 공식들을 이 짧은 시간에 생각하고 멋있어 보이는 말을 하려고 한다. (두괄식, 나만의 필살기, 면접 공식 등)

하지만 실제 면접장에서는 연습했던 것과는 달리, 한 번도 생각해보지 않았던 질문들을 받으며 두괄식은 물론이고, 질문에 대한 WHY를 대답하지 못하고 "멍하니" 있거나 소극적으로 "죄송합니다"를 연발하는 생존이들이 너무나 많다.

즉, 우리는 멋진 공식들과 현란한 두괄식 답변을 연습해 가지만 내가 준비하지 않은 질문들을 받으며 그 상황 자체를 대응하지 못하는 경우가 일반적이다. 그리고 그때부터 스스로 멘탈을 무너뜨리며 다음을 준비하게 되는 경우가 많다.

예를 들어서 "최근 성취감을 느낀 적은 언제예요?" 이런 질문이 들어온다면 면접관 입장에서는 어떤 사람의 이야기를 들을까?

물론 면접관의 성향, 기업(학교)의 인재상과 조금이라도 연계되는 지원자를 선발하겠지만 지극히 상식적인 상황으로 판단해보았을 때 자신만의 WHY가 있는 사람이 궁금해질 수밖에 없다.

그럼 왜 그런지 다음 예시를 통하여 살펴보자.

면접관:　최근 성취감을 느낀 적은 언제예요?

A 지원자: 네, 저는 이번에 자격증 시험에서 합격을 받았을 때 성취감을 느꼈습니다.

B 지원자: 네, 저는 최근부터 러닝을 시작했습니다. 정말 러닝을 좋아하지 않았는데, 우연한 계기로 함께 많은 사람들과 러닝을 시작하면서 러닝은 혼자 하는 운동이라는 편견을 깰 수 있었고(ME: 내 행동기반) 비록 지금도 많이 뛰지는 못하지만 1주 차에는 1km를 10분이나 걸렸던 제가 지금은 6분 안에 완주하며 작은 성취감을 느낄 수 있었습니다.(WHY)

만약 이렇게 이야기했다면? 이 답변이 유창하지는 않았더라도 면접관들은 분명 B의 답변이 끌릴 수밖에 없다. 만약 A라는 지원자가 고스펙이라 하더라도 결국 자신만의 관점으로 생각하고 전달한 B는 충분히 매력적인 지원자가 될 수밖에 없다.

결국, 면접은 우리 회사에서 같이 일하고 싶은 사람을 선발하는 과정이다. 두괄식 답변도 중요하고, 자격증도 중요하고, 경험요소도 물론 중요하지만 결국 그 회사, 산업, 직무를 위해서 무엇을 할 수 있는지에 대한 자신만의 생각을 갖고 있는 지원자가 매력적으로 생각될 수밖에 없다.

하지만 우리 생존이들은 대부분은?

① WHY에 대한 나의 생각이 없는 경우가 대부분이다.

② ME(나)에 대한 경험을 "나열하기"에 급급한 경우가 많다.

즉, 면접관 입장에서는 어떤 A라는 질문에 대한 지원자의 생각(WHY)을 듣고 싶은 것인데, 우리는 우리가 준비한 대로 내가 말하고 싶은 경험들을 계속 나열하고 있는 것이다.

WHY가 먼저 해소되어야 그다음 지원자의 경험이 궁금해지는 것이 순서이다. 하지만 대부분 지원자들은 면접 답변 한 번이 소중하기 때문에 그 질문 하나에 모든 경험들을 많이 이야기하려고 한다.

면접에 대한 생각을 바꾸어야 한다. 말을 무조건 많이 하고, 성공경험을 말한다고 좋은 것이 아니라 생존이들을 궁금하게 만들고, 호기심을 갖게 만들면, 분명 한 번의 기회는 온다.

그 작은 기회를 만드는 첫 번째 방법이 바로 "와이나(WHY+ME)"이다.

너무 어렵게 생각하지 말자. 스킬이 점점 높아진다면 다른 좋은 방식들을 활용해도 되지만, 일단 면접관이 궁금한 것에 대한 답변을 하는 것이 먼저이다. 그렇기 때문에 우리는 단 두 가지에 집중하고, 적용하면 된다.

① 질문에 대한 WHY를 나만의 이유로 설명하고

② 그에 대한 나의 생각 OR 행동경험(ME)을 이야기하면 된다.

일단 이 2가지만 제대로 해도, 그 답변 안에 나만의 생각과 근거들이 묻어 있다면 면접관은 궁금해할 것이다.

자, 이제 'WHY+ME'를 활용한 면접 생존 사례를 살펴보자.

Q) 최근 1년 동안 면접이나 취업을 위한 것 말고 가장 성취를 느낀 일?
A) 사실 취업 준비를 하면서 몸도 마음도 힘든 시간들이 많았습니다.(공감의 법칙) 하지만 이 또한 누구에게나 벌어지는 일이고 이 시간을 어떻게 활용하느냐에 따라 제 인생이 달라질 수 있다는 생각을 갖게 되었습니다.(나만의 WHY)

→ 질문에 대한 답을 바로 하는 것도 좋지만 결국 답변의 주체는 내가 되어야 하기 때문에 질문에 대한 라포 형성이나 나만의 WHY를 조금이라도 이야기한다면 생존이들의 이야기에 집중을 더할 수 있다.

그래서 스스로와의 작은 도전을 위해 시작했던 러닝은 제 삶의 터닝포인트가 되었으며, 최근 가장 성취감을 느꼈던 적은 "작심5일 매십운(매일십분운동)"을 하면서, 처음 시작에는 1Km를 8분에 들어오던 것도 버거웠던 제가 1개월간 지속하면서 한 달 후 4분 만에 힘듦 없이 웃으며 들어왔던 경험입니다.(ME)

이 작은 경험을 통하여 작은 성취가 주는 힘을 알게 되었고, 인생에서 이런 작은 성취들을 어떻게 연결하느냐에 따라 삶의 방향이 변화된다는 생각을 갖게 되었습니다.

○○기업에서도 하루하루 작은 성취를 이루어가는 직원이 되겠습니다.

이 질문은 많은 기업들이 지원자들에게 많이 묻는 질문 중 하나이다. 예를 들어서, 이러한 질문에도 엄청나게 멋있는 경험을 생각하려고만 하는 것보다 평범한 소재라도 나만의 WHY+ME(와이나)를 적용해서 전달한다면 나만의 스토리를 궁금하게 만들 수 있다.

만약 이렇게 답변을 했을 때, 면접관의 입장이라면 다음과 같은 궁금증을 가질 수도 있다. 물론 면접에서 모두 이러한 질문들이 출제되는 것은 아니지만, WHY+ME(와이나)의 구조로 이야기를 전달하면, 심리적으로 그 부분에 대한 궁금증을 갖게 되며, 이러한 것을 우리는 "예상질문"이라는 어려운 단어로 표현하고 있다.

- 이 사례 말고 또 혹시 성취감 느꼈던 사례가 있는지?
- 러닝 얼마나 했는지?
- 가장 많이 뛰어본 게 몇 Km인지?
- 매주 얼마나 연습하는지?
- 포기하고 싶을 때가 언제인지?

(2) 티포인트(미래지향적 생각)

첫 번째 "와이나" 필살기에 이어서 생존이들을 더욱 차별화할 수 있는 두 번째 필살기는 바로 "티포인트"이다. 티포인트(기여포인트)란 Contribution(기여)의 약자로서 약 5년 전부터 이 용어를 사용하기 시작하였다.

즉, 면접에 임할 때 무엇보다 중요한 것이 바로 "지원기업, 산업"에서 내가 무엇을 기여할 수 있는지를 미리 고민하는 것이다.

그럼 이 생존 필살기는 어떻게 만들어졌고, 왜, 중요한 것인가?

커리어 시장에 있다 보면 굉장히 다양한 고충을 갖고 있는 2030들을 만나게 된다. 많은 고민 중 하나가 바로 "스펙"에 대한 고민이다. 하지만 누구나 한 번쯤 하는 이 스펙에 대한 고민을 어느 누구도 속 시원히 해결해 줄 수가 없다.

왜냐하면 그 어떤 기업도 지원자의 불합격 이유를 공개하지 않기 때문이다. 함께한 수많은 생존이들 역시 합격을 하게 되면 너무나 좋아하지만 예상과 다르게 불합격을 하게 되면, 없는 이유도 만들어서 원인을 찾고 분석하려고 한다.

사실, 불합격의 정확한 이유는 아무도 알 수 없다. 단, 유추를 할 뿐이다. 이러한 과정을 경험하고 또 항상 부족한 스펙에 대한 고민을 갖고 있는 생존이들을 만나며 그때부터 연습을 지속적으로 하게 한 것이 바로 "오피니언"이었다.

오피니언은 "경제신문"을 매일 읽고, 하나의 주제를 글로써 작성하는 연습을 매일 하는 과정인데 현재는 "작심5일 매십경(매일십분경제)"라는 성장프로그램으로 진행되고 있다. 이렇게 오피니언을 지속적으로 작성해보면서 생존이들의 눈에 띄는 변화가 생기게 되었다.

분명히 한 달 전에는 A라는 주제에 대해서 자신의 생각을 전혀 전달하지 못했는데 1달 동안 매일 경제신문을 읽고, 내 생각을 글로써 표현하는 연습을 해보니 전혀 알지 못했던 분야의 내용도 조금씩 자기 생각을 표현할 수 있게 된 것이다. 이러한 과정을 현장에서 경험하며 조금씩 업그레이드를 하였고, 이렇게 준비를 하면서 면접장에 다녀온 생존이들은 자신감을 많이 갖게 되었다.

이 당시에는 이러한 행동이 티포인트라고 생각하지 못했지만 티포인트의 시작은 오피니언이었다. 처음에는 신문을 읽는 행동이었지만, 시간이 지나면서 내 생각을 조금씩 전달하는 힘을 기를 수 있었고, 또 지속적으로 학습을 하다 보니 어떤 산업, 어떤 기업, 어떤 이슈라도 내가 관심 갖고 있는 것에 대해 "적용할 수 있는 힘"이 생기게 된 것이다.

이것이 바로 "티포인트"로 탄생이 된 것이다. 즉, 우리가 지원하는 기업들은 우리의 스펙을 원할 수도 있지만 면접장에 가면 동일하다고 생각을 가져야 한다. 물론 기업들 내부의 평가기준은 어느 누구도 알 수 없지만 일단 면접장에 간다면 우리는 그 기업, 산업에 로열티를 반드시 표현해야 한다.

그 로열티를 표현하는 것 중 하나가 바로 "티포인트"라는 것이다. 내가 만약 현대자동차 면접장에 간다면 신문기사를 읽건, 책을 보건 자동차에 대한 기사와 내용들을 확인하고 또 고객들의 트렌드와 소비자 반응 등을 확인하며 "어떻게 하면 지금 내가 읽고 있는 내용들을 바탕으로 현대자동차의 차를 마케팅하고 세일즈할 수 있을까?"를 지속해서 고민하는 행위를 해야 한다.

이러한 사고구조는 단지 면접 준비만을 위한 것이 아니라 정말 내가 자동차 산업에서 일을 하고 싶다는 생각이 있고, 간절하다면 알아서 하게 되는 행동들이다. 하지만 우리는 여태껏 주입식 교육을 받으며 자라왔기 때문에 이러한 티포인트적 사고가 낯설고 어렵다.

하지만 어리를체인지에서 함께한 수많은 생존이들 중 "티포인트" 트레이닝을 통하여 낮은 스펙과 경험을 갖고 있지만 누구나 원하는 대기업, 금융권에서 또 다른 생존을 시작한 생존이들의 스토리가 많다.

즉, 면접장에서 분명히 1-2번의 기회는 온다. 일반 인성질문이 아닌 조직의 로열티, 기업의 로열티를 검증하는 질문이 들어왔을 때 충분히 내가 고민하고 노력한 흔적의 티포인트를 보여준다면 진짜 생존을 할 수 있다.

하지만 이러한 생각의 전환은 절대 한 번에 되지 않는다. 하지만 지금부터 시작하면 누구나 가능한 것은 확실하다. 티포인트적 사고를 하기 위해 필요한 한 가지가 있다. 바로 우리의 생각과 뇌구조를 과거와 현재가 아닌 "미래지향적"인 관점으로 변화시켜야 한다는 것이다.

많은 사람들이 과거의 경험으로 내 인생이 결정된다고 생각한다. 물론 이 이야기가 맞는 이야기일 수도 있다. 하지만 우리는 누구나 완벽한 과거를 살아오지 않았다. 가끔은 실수도 하고, 실패도 하면서 우리들만의 스토리로 차곡차곡 우리들의 경험을 쌓아왔다.

하지만 그 작은 경험들을 어떻게 해석하는지에 따라서 우리의 인생을 변하게 만든다. 즉, 지금 우리는 면접이라는 일종의 취업게임에 승리하기 위한 "뇌구조"를 가져야 한다. 과거의 성공경험만 있는 사람은 그 누구도 없기 때문에 과거의 성공경험만을 좇는 게임이 아닌, 그 어떤 경험이라도 내 인생에서 유의미한 의미를 발견하는 그 연습을 해야 한다.

즉, 억지로 MSG를 많이 넣어서 글짓기를 하라는 것이 아니라, 우리들의 과거의 경험이 비슷비슷하기에 그 경험들을 의미 있게 해석하는 힘을 갖추어야, 그 경험을 통해 내가 무엇을 할 수 있는지, 어떠한 미래를 그리는지에 대한 생각을 면접관에게 표현할 수 있다.

결국, 자소서든 면접이든 우리 스스로를 세일즈해야 하는 자리이다. 하지만 우리들 대부분은 아직도 면접장에서(평가받는 자리에서) 미래에 대한 표현보다는 과거를 증명하려고만 애쓰는 경우가 많다. 티포인트를 잘 전달하면 확실히 합격률이 높아질 수밖에 없다.

하지만 티포인트를 잘하기 위해서는 관점을 미래로 변화시켜야 한다. 한 가지 예시상황을 보면서 우리들은 A, B 지원자 중 누가 되어야 할지 생각해보면 된다.

면접관: 지원자 혹시 ○○에 대해서 알고 있어요?
A 지원자: 네, 알고 있습니다. 그것은 (이러한) 상품/제도입니다.

만약 면접장에서 이러한 질문을 받게 된다면 10명 중 7명 이상은 이러한 식으로 "알고 있다는 것"에 집중한다. 물론 질문에 답변을 알고 있는 것만으로도 너무나 훌륭하지만 여기에 조금 더 다른 한 끝을 추가한다면 완벽한 차별화를 이룰 수 있다.

면접관: 지원자 혹시 ○○에 대해서 알고 있어요?
B 지원자: 네, 알고 있습니다. 그 내용은 (이러한) 내용으로 알고 있습니다. 또한 현재 (이러한) 이슈들이 있으며, 이 이슈들이 저희 △△기업에서 (이렇게) 적용된다면 (이런) 효과가 예상됩니다.

이런 식의 답변을(티포인트) 우리 생존이들이 하게 된다면 그때부터 면접의 주도권을 가져올 수 있다. 즉, 짧은 답변 하나에 로열티가 들어가게 된 것이다.

어떠한 질문을 던졌을 때, "알고 있다"까지만 이야기하는 경우는 약간의 관심 표현으로 보일 수 있다. 하지만 워낙 쟁쟁한 경쟁자들이 많기에 면접관 입장에서는 그 이상도 그 이하도 아닌 평범한 답변으로 생각할 수 있다.

하지만 여기에 "미래지향적 관점"의 티포인트를 적용한다면 누가 보더라도 아는 것에 그치지 않고 향후 산업, 기업, 직무의 미래를 스스로 예측하고 적용하고 효과까지 이야기하였기에 면접관 입장에서는 그 지원자가 관심이 있어 보일 수밖에 없는 것이다.

지금부터 우리는 티포인트적 사고를 하는 연습을 해야 한다. 자소서에서도 면접장에서도 그냥 묻는 것에만 답하는 것이 아니라 항상 지원하는 산업, 기업, 직무의 미래를 고민해보고, 그것에 대한 나의 생각을 직간접적으로 어필해보라는 것이다.

이러한 면접 준비를 한다면 스펙이 조금 부족하고 경험이 조금 부족하더라도 면접관분들은 우리의 노력과 진심을 알아줄 확률이 높아진다.

다음의 사례를 통하여 "미래지향적인 생각"을 안 하게 되었을 때 상황을 꼭 상상해보기를 바란다.

　　면접관: "공무원을 하셨다고 했는데 왜 그만둔 거죠?"

　아마도 현재 직장을 다니면서 이직을 준비하는 생존이들은 한 번쯤은 면접장에서 받아 본 질문이거나 받기 싫은 질문일 것이다.

　　A 지원자: (긴장, 혼란) 아… 네… 제가… 처음에는… 직업의 안정성
　　　　　　때문에… 많은 고민을 하다가… 하… 죄송합니다.

　안타깝지만 이렇게 답변을 하는 지원자들이 너무나 많다. 물론 이런 지원자들이 이 질문에 대한 답변 준비를 하지 않은 것이 절대 아니다. 나름대로 고민도 많이 하고, 연습도 했지만 정작 면접장에서 이 뻔한 질문 하나에 무너지게 된다.

　반대로 B 지원자의 상황을 함께 보겠다.

　　면접관:　　"공무원을 하셨다고 했는데 왜 그만둔 거죠?"
　　B 지원자: 네. 면접관 님 말씀대로 저의 첫 직업은 공무원이었습니다.
　　　　　　어릴 적부터 남들 하는 대로 사는 게 당연한 줄 알았고 대
　　　　　　학교를 졸업하고 역시 남들이 선택하는 대로 안정적인 직
　　　　　　업이라는 생각으로 공무원을 선택했습니다. 저에게는 너
　　　　　　무 감사한 기회였고 좋은 분들을 만나며 일을 했습니다.

하지만 다양한 분들을 만나면서, 또 관공서 일을 하면서 자주 은행을 찾아가며, 자금을 관리하고, 또 필요한 누군 가를 금융을 활용하여 돕는 일이 얼마나 가치 있는 일인 지를 배웠습니다.

비록 첫 단추는 잘못 꿰었을 수 있지만 처음으로 살면서 능동적인 목표를 갖게 되었고, 앞으로 ○○은행에서 (어 떠한) 분들에게 (이러한) 도움을 드리는 행원이 꼭 되고 싶습니다.

만약에 B 지원자가 이렇게 답을 했다면 면접관들의 반응을 어땠을까?

두괄식이 아니니까, 시간을 초과했으니까, 스펙이 별로니까… 그냥 불합격일까?

그건 면접관의 성향과 기업의 상황에 따라 다르겠지만 아마도 대부분의 사람들은 B 지원자의 이야기를 들었을 가능성이 크다. 왜일까? B 지원자의 진솔한 자신만의 스토리로 이야기를 하며 미래에 대한 생각을 전달했기 때문이다.

여기서 우리 생존이들이 꼭 확인해야 하는 것은 분명 검증을 하려고 했던 질문이었다. 이전의 직장에서 그만둔 이유가 정말 궁금해서였을 수도 있고, 한번 그만둔 지원자는 또 금방 그만둘 수도 있기 때문에 검증을 하기 위한 질문이었을 수도 있다. (이 정확한 의도는 아무도 알 수 없고, 사실

군이 알 필요도 없다. 이 정도까지만 알고 우리는 우리들의 답변을 준비하면 된다)

왜 그만뒀냐는 질문을 받았을 때, A 지원자는 그 상황을 모면하고 싶고, 왠지 내가 죄를 지은 그 느낌이 있었기 때문에 그 질문을 빠르게 회피해서 넘기고 막는 데 급급했다.

하지만 B 지원자는 놀랍게도 아예 면접관과 싸움조차 하지 않았다.

즉, **미래지향적인 생각**으로 이 답변을 잘 피해 가면서 본인의 로열티를 나타낸 것이다.
(즉, "왜 그만뒀어?"라고 했을 때 "이래서 그만뒀어요!"가 아니라, "내가 어떠한 목표로 무엇을 하고 싶은지"를 드러냈기 때문에(미래지향적 관점) 의심을 갖고 있었던 면접관일지라도 그 스토리를 들을 수밖에 없었던 것이다)

면접이라는 상황은 어느 누가 그 상황에 있다고 하더라도 심장이 뛰고, 긴장이 될 수밖에 없다. 하지만 그 상황에서 누군가는 수동적으로 외운 답을 말하고, 과거의 경험만을 증명하는 답변을 하게 된다.

하지만 또 누군가는 똑같은 상황에서도 나의 의지와 노력, 근거들을 미래지향적인 생각과 표현으로 지원자가 기업에 입사했을 때의 가치를 상상하게끔 만들어준다.

결국, 면접의 모든 답변의 뇌구조를 이러한 "미래지향적인 관점"으로 전환하게 되면 자연스럽게 티포인트로 연결될 수 있다.

지금껏 우리가 준비한 면접 준비는 면접기출답변을 달달 암기해서 외운 것을 까먹지 않게 빠르게 말을 하는 것이었다. 하지만 『생존면접 바이블』을 함께하며 우리들의 면접 준비 방식으로 변화해야 한다.

즉, 우리에게 지금 가장 중요한 것은 진짜 생존이다. 있어 보이고 멋져 보이는 말과 글의 구조, 아나운서 같은 말하기보다 정말 그 기업, 직무, 학교, 산업에서 내가 일을 해야 하는 이유를 나만의 스토리로 전달하는 것이다. 그러기 위해서는 과거의 경험만을 증명하려고 하는 것보다 "미래를 위한 고민의 흔적"을 전달하는 것이 효과적이다.

우리의 인생 또한 마찬가지이다. 이 면접이 통과된 후, 우리는 계속해서 대학 생활, 직장 생활에서 상사와 조직, 고객들에게 항상 평가를 받으며 살게 된다. 그때, 또 누군가는 내가 현재 해온 경험들의 성과로만 나를 증명할 것이고, 또 누군가는 그 경험과 성과들을 통해 내가 앞으로 무엇을 할 수 있는지, 어떻게 기여할 수 있는지에 대한 것들을 이야기할 수도 있다.

어떠한 것을 선택하는 선택은 우리들의 자유다. 하지만 적어도 이 책을 지금까지 읽고 있다면, 꼭 두 번째 필살기를 지금 내 인생에서 어떻게든 적용을 해본다면 분명 인생의 변화를 생기게 될 것이다.

QR코드의 영상을 시청하면서 예시를 확인해본다면 이해가 훨씬 빠를 것이다.

생존 필살기: 티포인트

다음 3번째 필살기는 『생존면접 바이블』에서 스스로의 미래를 위한 자발적 노력을 통하여 가장 큰 성과를 보일 수 있는 필살기인 FA5050(현장 방문)이다.

(3) FA5050(Future Action, 현장 방문)

면접에서 꼭 합격을 해야 하는 상황이라면 나는 더 이상 고민 해볼 필요도 없이 이 3번째 필살기를 지금 당장 해 보라고 이야기해 주고 싶다. 취준 게임에서 면접은 사실 굉장히 어렵고 또 주관적인 게임이다. 그렇기 때문에 내가 갖고 있는 역량과 필살기들을 단시간 내에 집중해서 보여주어야 한다.

하지만 수많은 지원자들은 지원하는 학교, 기업을 위해 딱히 해 본 것들이 많지 않다. 이는 노력이 부족해서라기보다 여태껏 이렇게 능동적으로 생각하고 행동한 경험이 대부분 없기 때문이다. 우리들 대부분 입시, 취업을 준비할 때 많은 사람들이 필요하다고 이야기하는 자격증과 대외활동, 영어 점수, 관련 경험들만 생각하고 그렇게 준비를 한다.

하지만 지금 『생존면접 바이블』을 읽고 있는 생존이들이라면 지금부터

이 생각부터 변화시켜야 한다. 그렇지 않으면 남들과 똑같은 생각과 준비 방법으로 차별화를 하기 어렵다.

약 10년 전에도 취업 준비 방법은 지금과 크게 다르지 않았다. 하지만 지금 시대는 너무나 빠르게 변화하고 있다. 대기업들 역시 생존을 위해 버티고 있는 상황이며, 이러한 상황이 지속되다 보니 채용의 규모가 줄어들 수밖에 없다.

단지 면접에서 합격을 할 거라는 생각보다, 우리들의 진짜 생존, 그리고 먹고사니즘을 위해 관점을 전환해야 한다.

물론, 채용이 줄어들고 있는 현실이지만 그래도 찾아보면 아직도 많은 기회들이 있기 때문에 한 번의 기회가 주어졌을 때 나를 선발할 수밖에 없게끔 만드는 차별화 전략이 필요하다.

FA5050(현장 방문)은 스펙이 낮고 경험이 부족한 생존이들이 현실을 부정적으로 인식하지 않고, 조금이라도 경쟁력을 갖추었으면 하는 바람으로 생각하고 시작한 필살기이다.

FA5050이란 "Future Action 5050"의 약자로서 미래를 위한 액션(행동)을 의미한다. 면접의 관점에서는 지원하는 기업의 현장을 방문하거나 현직자 인터뷰를 하는 것을 의미한다.

그럼 왜 이런 용어를 만들고 실행하게 하였을까? 답은 간단하다. 우리는 지금 힘들게 입시, 취업, 이직 준비를 한다. 그런데 가만히 생각해보면 앞에서 이야기하였듯이 남들과 비슷한 생각, 행동을 하고 면접장에서 나의 과거 경험을 나열하기에 급급하다.

즉, 생존 전략이었던 관점 전환의 관점에서 보면 6개월-1년 대외활동을 경험하고, 6개월-1년을 투자하여 자격증을 취득했음에도 면접장에서 자신만의 WHY+ME(와이나)를 전달하지 못하고 면접관의 질문에 끌려다니며 스스로의 이야기를 전하지 못하는 경우가 많다.

하지만 이러한 경험조차 없는 생존이들도 많다. 취업 준비에 대한 정보도 부족하고 관심이 늦게 생긴 경우도 있다. 그런데 이런 상황에서 다양한 경험과 자격증을 보유한 친구들과 경쟁을 한다고 생각하면 심리적인 불안감을 가질 수밖에 없다.

그래서 대부분 청년들은 취업 준비를 하면서 남들과 비슷한 경험을 또 6개월-1년을 쌓고 자격증을 6개월-1년이라는 시간을 투자하여 취득하지만 마찬가지로 면접에서 무너지는 경우가 많다. 왜일까? 본질적인 생각을 제대로 해본 적이 없기 때문이다.

즉, 내가 왜 이 기업을 지원하는지(지원동기), 무엇을 해보고 싶은지(입사 후 포부)를 진짜 생각해보지 않고, 면접 답변으로만 준비하고 연습하며 관련 경험들과 스펙들을 면접에서 늘어놓는 경우가 대부분이다.

이런 안타까운 현실을 지켜보며 우리 생존이들의 시간과 불필요한 에너지를 줄여줘야 하겠다는 생각이 들었다. 대외활동, 인턴, 심지어 면접 스터디도 자체적으로 평가를 해서 들어가야 하는 이 힘든 취준의 현실을 작게나마 바꿔보고 싶었다.

지금 우리가 해야 하고, 하고 있는 FA5050은 단지 면접만을 위한 행동이 아닌, 우리 생존이들의 꿈과 목표이다. 하지만 한 번도 진정성 있게 이런 생각과 경험들을 해보지 않았기 때문에 FA5050을 하며 내 진짜 미래를 그려보는 것이 목적이다.

즉, 미래를 위한 액션(현장 방문, 현직자 인터뷰)을 50번을 하면 취업에서 가장 고민인 지원동기가 생길 것이고, 만약 50번을 더 추가해서 100번을 한다면 지원동기뿐 아니라 커리어와 마래를 진정성 있게 그릴 수밖에 없으며, 그러한 경험들을 통하여 나만의 인사이트가 생기게 된다는 뜻이다.

사실, 한 번도 100번을 달성하는 것을 본 적은 없다. 하지만 30-50번을 실행하는 간절함을 갖고 있는 생존이들을 많이 보았다. 결국, 면접이라는 특수한 상황에서 산업, 기업, 직무에 대한 관심과 로열티를 보이는 가장 중요한 필살기로 사용되었고, 이 방법을 적극적으로 활용하여 인생을 변화시킨 수많은 생존이들이 자신만의 스토리로 합격하는 것은 물론, 그 이상의 결과를 얻어낼 수 있었다.

FA5050의 진정한 의미를 모르면 면접 전에 누구나 하듯이, 지원한 기업의 현장을 1-2번쯤은 방문해본다. 하지만 면접장에서 그 이상 그 이하도 아닌 지극히 평범한 답변을 하게 되며, FA5050의 필요성을 느끼지 못하게 된다.

챕터 1, 2를 통하여 우리는 면접에 대한 준비자세와 더불어 마인드에 대해서 알아보았다. 이제 본격적으로 3번째 필살기를 통하여 나 스스로를 드러내는 방법을 익혀야 한다.

단지 그냥 누군가 가보라고 했기 때문에 현장에 나가서 인터뷰를 해보고, 현장 방문을 하는 것이 아니라, 내가 일하게 될 산업과 기업, 직무에 대해서 직접 알아보고 그 현장에서 느끼는 나만의 감정과 경험들을 통하여 내 미래를 생각하고 고객을 분석하며, 산업을 이해할 수 있는 힘을 기를 수 있다.

아마도 이 책을 읽고 있는 생존이들 대부분은 아직도 지원동기와 입사 후 포부가 구체적이지 않을 확률이 높다. 너무나 당연한 현상이지만, 우리는 너무나 뻔한 이 질문에 시간이 지나도 답을 못 하는 경우가 많다.

왜 FA5050이 3번째 필살기인지 이야기를 해보겠다. 결국, 우리의 경험 요소는 거의 비슷비슷하다. 첫 번째 필살기인 "와이나(WHY+ME)"에서 나의 경험에(ME) FA5050(산업, 기업에 대한 관심)이 들어간다면 면접관 입장에서는 조금이라도 더 신뢰를 할 수밖에 없다.

또 FA5050을 하다 보면 당연히 현장을 이용하고 있는 고객들이 불편해하는 문제, 좋아하는 것들을 눈앞에서 확인하며 지원하는 기업의 고객에 대한 관심을 자연스럽게 가질 수 있고, 직원들과 마주하면서 직원의 입장에서 생각하고 작은 아이디어들을 생각하게 된다.

이러한 활동을 지속하면 자연스럽게 2번째 필살기인 "티포인트"로 연결되어 차별화 답변을 가능하게 하는 것이다.

이렇게 "생존 필살기"는 모두 연결이 된다. 즉, 면접 답변 하나하나에 신경을 쓰고 답변을 준비하는 것이 아닌, 이러한 관점과 생각들이 촘촘하게 모여 하나하나의 질문에 대한 답변을 구성하게 해줄 것이다.

만약 FA5050을 하고 싶지만 무엇부터 어떻게 시작해야 하는지 겁이 나는 생존이들이 있다면 다음의 사례를 통해서 반드시 도전을 해보는 것을 추천한다. 절대 그냥 맹목적으로 가지 말고, 사전에 목적을 생각하고 그 목적에 맞는 질문을 정해서 실행해본다면 단시간이라도 좋은 결과를 얻을 수 있을 것이다.

FA5050 사례

A 생존이가 올리브영 FA5050을 시작했다. (처음부터 긴장, 목적의식 없음)

- 근데 매장도 바쁘고, 뭘 물어봐야 할지도 모르겠고
- 질문을 하나 해봤는데 직원이 바쁘니 대충 답변을 하게 되고, 그게 상처가 돼서 다음부터는 절대 가지 않음

반면에 B 생존이의 FA5050를 보자. (사전에 배운 대로 뒤에서 나오는 영상을 미리 시청하고 질문을 만들고 떨리는 마음으로 입장)

- 올리브영은 화장품을 파는 곳인데 사람이 정말 많네? 오~ 생각보다 수요가 많구나. (성장성)
- 주로 이용하는 고객들 나이대가 어떻게 되지? 우리 회사의 핵심고객들이구나. (타겟고객)
- 이 사람들은 어떤 상품을 많이 찾을까? 직원들도 생각하지 않는 마인드, 관심. (상품)
- 나이 드신 분들은 거의 없는데 50대 이상 고객들을 어떻게 유입시키면 좋을까? (티포인트)

이러한 생각과 사고의 전환은 절대 한 번 방문한다고 생각나지 않는다. 그렇기 때문에 자주 습관적으로 가보는 것이 좋으며, 만약 이러한 방법을 몰랐다면 지금이라도 당장 몇 번을 가볼 것을 추천한다.

누군가는 이렇게 이야기할 수 있다. 내가 지금 입시, 취업을 위해서 지금 토익 점수를 만들고, 관련 자격증을 취득하고 열심히 공부하는 것도 바쁜데 굳이 이러한 행동까지 해야 하나 생각할 수 있다.

하지만 나의 관점은 정반대이다. 이 행동을 통하여 관점이 전환되고, 스스로의 진로에 대한 확실성을 갖고 몰입하여 인생을 변화시킨 수많은 생존이들을 보았다. 언제나 나는 같은 방법을 전해주었다. 하지만 누군가는 그것에 대한 WHY를 진심으로 느끼고 행동으로 실천하였고, 누군가는 진심으로 WHY를 느끼지 못하고 형식적으로 몇 번 하다 포기하였다.

맞고, 틀리고의 문제가 아니다. FA5050(현장 방문)을 하지 않아도 사실 충분히 합격할 수 있다. 하지만 이 과정에서 우리가 배우고 얻을 수 있는 것은 대학생, 취준생일 때부터 이러한 행동을 하면서 우리의 생각과 뇌구조는 "미래지향적" 관점에서 미리 생각하고 적용하는 티포인트적 사고를 하며, 정체성을 변화시키는 과정을 경험했다는 것이다. 결국, 우리가 합격을 해서 직장에 입사한다면 다시 또 누군가의 평가를 받아야 한다. 면접에 합격만 할 것인가, 인정받는 직장인으로서 내 가치를 높일 것인가 생각해보면 어떠한 면접 준비를 해야 하는지 알 수 있다.

우리는 과거에도, 현재도 그리고 미래에도 계속해서 인생 면접을 이어가는 중이다. 다만 우리 스스로 인지하지 못하고 형식적인 면접의 상황만 면접으로 인지하면 살아가고 있다. 그렇기 때문에 지금부터라도 반드시 이러한 생각으로 준비를 해야 한다.

FA5050을 통하여 기적 같은 변화를 이룬 수많은 생존이들이 "면접중대장" 채널에 소개되어 있으니 다음 QR 영상을 시작으로 시청해본다면 인생의 작은 변화에 도움이 될 수 있다.

생존 필살기: FA5050   FA5050(현장 방문) 실제 현장

(4) 배느알 법칙

4번째 생존 필살기는 "배느알 법칙"이다. 우리는 면접에서 원하는 결과를 얻기 위해서 "성공경험"과 "유사경험"에 대해서 오래전부터 들어왔고, 어떻게든 이러한 경험들을 면접장에서 어필하려고 노력을 하였을 것이다.

물론 나를 평가하는 이 면접장에서 "성공경험"과 관련 "유사경험"이 있다는 것은 너무나 중요하다. 하지만 이러한 경험들이 있다고 해서 면접에서 무조건 좋은 결과를 받는 것이 아니라는 사실을 생존이들도 주변을 보면 알 수 있을 것이다.

누군가는 학점도 좋고, 대외활동도 많이 했고, 인턴에 공모전수상, 유사경험이 많음에도 면접에서 좋지 않은 결과를 보이곤 한다. 하지만 이와는 반대로 챕터 1에서 소개했던 생존이들처럼 "엄청난 성공경험", "유사경험"이 없이도 "WHY+ME(와이나)"와 "경험 포장"으로 합격을 이뤄낸 수많은 청년들이 있다.

그럼 왜 성공경험과 유사경험이 있어도 불합격을 하고, 없어도 합격을 하는 것일까? 수많은 생존이들과 함께하며 알게 된 놀라운 사실은 바로 "경험을 포장"하는 능력에서 결과는 달라질 수 있다는 것이었다. 즉, 우리가 취업 준비를 하면서 형식적으로 시작하는 경험 정리에서 나름대로 "성공경험"과 "유사경험"들을 정리하는 것부터 시작한다.

공모전에서 수상을 했다고 그 경험이 꼭 성공경험도 아니고, 수상을 하지 못했다고 해서 실패경험도 아니다. 하지만 경험 정리 클래스를 진행하며 만난 수많은 생존이들은 이러한 결과로 스스로의 경험의 성공과 실패를 나누고, 관련 산업, 직무의 경험만을 유사경험이라고 생각하는 경우가 많다.

이 생각을 반드시 지금부터 변화시켜야 한다. "성공경험"과 "실패경험"은 어떠한 결과만을 의미하지 않는다. 내가 그 경험의 어떠한 부분에 WHY를 중점으로 두었느냐에 따라서 그 경험이 성공경험이 될 수도 있고, 실패경험이 될 수도 있는 것이다.

수많은 권위자분들의 글과 영상을 학습하며 생존이들은 "성공경험"과 "유사경험"을 수치적으로 결과론적으로만 전달하려고 한다. 물론 내가 지원하는 산업과 직무의 성공, 유사경험이 있는 것은 너무나 좋지만 면접관 입장에서 그 결과를 모두 그렇게 생각하지 않는다는 것에 함정이 있는 것이다.

물론, 면접관분들 중에 눈에 보이는 숫자와 팩트만을 중요하게 생각하는 분들도 계실 것이다. 하지만 모든 사람들이 "경험"을 그렇게만 생각하는 것이 아니기에 『생존면접 바이블』을 읽고 있는 생존이들은 챕터 후반부에 나오는 "경험 정리와 경험 포장"에 대한 내용들을 확인해보면서 "경험 포장"하는 연습들을 계속해보는 것을 추천한다.

그럼 4번째 생존 필살기는 왜 배느알 법칙인 것일까?

우리는 지금 경력직 면접에 참석하는 것이 아니다. 물론 성과가 없어도 된다는 뜻은 아니지만 기업에서 요구하는 것은 "잠재가능성이 있는 신입 직원"을 선발하려고 하는 것이지 경력직 선발처럼 즉시 현장에서 비즈니스를 능수능란하게 처리하는 직원을 선발하려는 자리가 아니라는 것을 알아야 한다.

기업의 문화, 인재상에 따라 물론 내용들은 달라질 수 있지만, 어떤 기업이든 "수용", "희생", "도전", "미래", "성장"에 대한 키워드는 중요하다. 배느알 법칙이란 이러한 것들을 간접적으로 보여줄 수 있는 필살기 중 하나이다.

즉, 우리가 그동안 대학 생활을 통하여 수많은 프로젝트 경험이 있고, 공모전에서 수상을 하였다고 하더라도 기업에 입사를 한다면 끊임없이 배우고 성장하고, 선배들로부터 수용하고, 미래를 위해 계속 노력해야 한다.

지금 나의 역량이 엄청나다고 하더라도 면접장에서 지원분야의 세부적 지식, 관련 이슈 등에 대한 내용들은 사실 1-2개를 충분히 놓칠 수도 있다. 즉, 이런 상황은 누구에게나 벌어질 수 있다는 것을 면접관분들도 알고 있지만 실제 이런 상황이 발생되었을 때 우리는 굉장히 당황하게 되고, 다음 답변까지 영향을 미치게 된다.

그렇다면 왜 우리는 배느알 법칙을 활용해야 하는가? 배느알 법칙이란, 답변을 할 때 내가 A라는 경험에서 배우고, 느끼고, 알게 된 것 중 하나를 반드시 전달하는 법칙을 의미한다. 즉, 많은 생존이들이 나의 멋진 경험들을 A-Z까지 보여주려고 할 것이다. 물론 그런 경험이 있다면 그렇게 경험을 전달해도 되지만, 결국 경험 나열 자체가 되어서는 안 된다.

우리는 면접장에서 과거의 경험을 자랑하는 것이 목적이 되어서는 안 된다. 과거의 경험을 바탕으로 미래의 "생존이"가 어떠한 사람으로 보이는지를 유추할 수 있게 하는 것이 중요하다. 배느알 법칙은 "과정"에서 배우고, 느끼고, 알게 된 점을 돌아보게 하며 이를 바탕으로 자연스러운 티 포인트로 연결할 수 있는 힘을 주게 된다.

챕터 1에서 공유한 생존이들을 비롯한, 수많은 생존이들에게 "배느알 법칙"을 항상 이야기한다. 사람이란 누구나 완벽할 수 없다. 잘하는 것이 있으면, 못하는 것도 있을 수 있기 때문이다.

하지만 우리는 면접장에서 100점만 생각한다. 면접은 우리의 인생의 일부일 뿐이다. 결국 우리들이 조직 생활을 시작함과 동시에 배우는 것을 시작해야 하고 능동적으로 배우는 자세를 갖고 임하는 생존이들이 더 성장하고 기업을 위해 일을 할 수밖에 없다.

또한 직장 생활을 하면서 항상 성공만은 할 수 없다. 때로는 실패를 통해서 느끼는 과정이 있어야 하고, 이 느끼는 과정에서 성장하며 또 다른 미래를 설계할 수 있는 것이다.

즉, 배느알 법칙이란 앞으로 우리가 조직 생활에서 필요한 중요한 "생존 필살기"이며 이러한 생각을 취업 준비를 하는 지금부터 한다면 면접의 답변에서 나만의 WHY+ME(와이나)를 통한 답변으로 구성될 수 있다. 스피치를 나보다 잘하는 지원자도 있을 것이고, 지식이 나보다 뛰어난 지원자도 있을 것이고, 경험이 나보다 많은 지원자도 있을 것이다.

하지만 나와 똑같은 경험을 똑같이 해석하는 사람은 단 한 명도 없을 것이다. 그렇기 때문에 우리는 A라는 경험을 통하여 진심으로 내가 그 경험에서 배우고, 느끼고, 알게 된 것이 무엇인지를 찾는 그 과정이 필요하다.

면접에서 생존하기 위해 "배느알 법칙"만 잘 활용해도 차별화를 충분히 할 수 있다.

생존 필살기: 배느알 법칙

조금 더 쉬운 이해를 돕기 위하여 "생존면접 클래스"의 강의를 공유하니 1.5배속으로 3회 이상 반복해서 시청해보면서 나만의 필살기로 만들어 보았으면 한다.

(5) 핵키픽(CKP)

마지막 생존 필살기는 바로 핵키픽이다.

핵키픽이란 "Core Keyword Pick", 즉 "핵심키워드를 선택"하는 것이다.

우리는 면접 준비를 할 때, 질문 하나하나에 따른 면접관의 의도를 분석을 하고, 각자의 필살기를 만드는 데 집중한다. 안타깝게도 실제 면접장이나 인생의 중요한 발표현장에서는 이런 나만의 필살기가 진짜 필살기가 아닌 경우가 많다.

왜냐하면 대부분 스킬에만 치우치고, 공식에 의존한 스크립트 작성과, 발표의 구성으로 이루어진 경우가 많기 때문에, 나의 진짜 이야기를 하지 못하는 상황이 반복된다.

인생에서 또 다른 시작을 준비하는 면접과 발표현장에서 가장 중요한 것은 답변 하나하나의 스킬적인 부분을 기계처럼 답변하는 것이 아닌, 진짜 "나라는 사람"이 갖고 있는 본질을 보여주는 것이다.

앞에서 이야기한 것과 같이 "핵키픽(CKP)"은 내가 전달하고자 하는 가장 중요한 핵심키워드를 선택해서 상대방에게 전달하는 것이다. 하지만 면접과 발표를 준비하는 수많은 지원자들은 이러한 방식으로 생각과 준비를 해보지 않았기 때문에 처음에는 핵키픽을 찾는 것을 어려워한다.

"면접중대장" 유튜브 채널을 구독하고 있는 생존이들은 알겠지만 "핵키픽" 생존 필살기가 태어난 스토리가 있다. "면접중대장" 채널에서 "인생이 면접이다"라는 프로젝트를 기획한 적이 있다. 정말 취업과 면접으로 힘들어하는 30대 한 청년의 스토리를 함께하며 면접의 공포를 이겨내고자 진행된 단기 프로젝트였다.

"김준생"이라는 닉네임으로 참여했던 이 생존이는 면접에 대한 공포심을 갖고 있었다. 계속되는 불합격, 길어지는 취준, 이 생존이와 이 프로젝트를 함께했던 것은 "김준생"에게 면접은 그냥 시험이 아니었기 때문이다.

30대 중반이 되어가는 나이, 다양한 사회경험과 많은 상식을 갖고 있었던 친구였지만 유독 면접에서는 본인의 이야기를 제대로 한 적이 없고, 1차 면접도 합격을 하지 못하는 상황이 발생했다. 그 당시 정말 이 생존이에게 단 한 번이라도 이 과정에서 성취를 느끼게 해주고 싶었고 그런 마음으로 함께 프로젝트를 시작하였다.

34살 공준생, 인생을 변화시키는 도전 "인생이 면접이다"

"김준생"은 특히 면접에 대한 공포심이 있었는데 이는 그냥 면접의 기술적인 면이 아니었다. 심리적인 부분이 반영될 수밖에 없는 상황에서 오래전 힘든 경험이 있었다. 그렇기 때문에 면접의 상황에서 누군가의 평가를 받고, 검증받아야 하는 그 심리적 압박감이 다른 지원자들도 비교가 되지 않았다.

하지만 너무나 열심히 그리고 성실히 하루하루를 살아가는 청년이었기에 기계처럼 연습했고 스크립트를 작성하며 지난 몇 년 동안 면접 연습을 해왔다. 우리는 방법을 송두리째 바꾸기로 결정했다. 물론 우리의 목표는 합격이었지만, 그 결과는 우리가 장담할 수 없기에 최대한 긍정적인 환경에서 본인의 이야기를 끌어내는 데 집중했다.

이러한 과정에서 "김준생"이 많은 연습을 통해서 말을 하는데 두려움은 많이 사라졌지만, 예상되지 않은 질문 등을 받으면, 너무 많은 말과 의도와 다른 답변을 하는 경우가 있었다.

물론 당황해서일 수도 있지만 본질적으로 스스로 경험에 대한 정리가 잘되어 있지 않다는 생각이 들었고, 답변을 할 때, 그 경험에서 어떠한 키워드가 핵심인지 선정하지 않았기 때문에 말이 길어지고, 핵심에서 벗어났다고 판단하였다.

그래서 그 과정에서 키워드를 도출하는 트레이닝을 하게 되었고, 이렇게 각 경험에서 "핵심키워드"를 PICK하여 말하는 연습을 하였더니 단시간 내에 답변이 상당히 좋아지는 것을 확인할 수 있었다.

즉, 핵심키워드를 도출하여, 그 경험에서 정말 중요한 알맹이를 끄집어내고, 그 키워드를 계속 반복해서 이미지 트레이닝을 하며 말을 연결하는 연습을 하다 보니 스스로 자신감도 많이 생기게 되었다.

이렇게 시작된 "핵키픽 트레이닝"은 이와 같은 고민이 있는 생존이들에게 공유되었고, 이 트레이닝을 통하여 면접에 대한 자신감을 갖게 된 이들이 많다. 결국, "핵키픽 트레이닝"은 단지 말을 줄이는 것이 아니라 자연스럽게 그 경험에서 중요한 키워드를 선별하는 경험 정리를 하는 것이며, 어떠한 상황에서도 흔들리지 않는 말하기를 할 수 있는 환경을 조성해주는 것이다.

"키워드"는 쉽게 생각하면 된다. 말하기 준비를 위해서 작성한 긴 문장의 스크립트를 먼저 단어로 배치해놓는 것이다. "핵심키워드"는 이 경험 중 내가 생각하였을 때 정말 중요하다고 생각한 "키워드"를 선택하면 된다.

키워드의 개수가 많아질 수 있지만, 핵심키워드는 5개를 초과하지 않는다고 생각하면 이해하기가 쉽다. 결국, 우리가 핵키픽(CKP)에 집중해야 하는 이유는 질문에 대한 나의 핵심경험 중 가장 중요한 "단어"라고 생각하기 때문이다.

생존 필살기: 핵키픽

하지만 우리는 면접과 발표를 "시험으로", "일회성 테스트"로만 생각하는 경우가 대부분이기 때문에 빠르게 정답을 맞힌다는 생각을 갖고 있는 경우가 대부분이다. 결국, 이 과정에서 누군가는 나만의 방식으로 "나의 삶"을 조금이라도 되돌아보면서 "핵키픽(CKP)"으로 내가 생각하지 못한 기회들을 하나씩 발견할 수 있다.

이 책의 시작부터 끝까지 계속 강조하고 있는 것은 우리는 평생 말하기를 해야 하고, 그 말하기의 핵심은 스피치의 기술보다 "나만의 스토리"를 "나의 언어로 전달하는 것"이다.

결국, 진정한 나의 이야기를 해야 하는 과정이 앞으로도 계속 이어질 것이기 때문에 우리는 지금 이 수험 생활, 취준 생활, 제2의 삶을 위한 지금 생활에서 또 다른 나를 찾는 과정을 반드시 경험해보아야 한다.

세부 예시 및 설명은 다음 챕터에서 이어가겠다. 그 전에 이어서 소개하는 5가지 법칙을 꼭 기억한다면 면접을 준비하는 데 더욱 도움이 될 것이다.

3) 면접관 마음을 움직이는 심리 법칙 5가지

수많은 면접자들을 만나며 알게 된 "공통점"이 있다. 면접을 오래 준비하였든, 준비를 하지 않았든 떨리고 불안하다는 것이다. 1천 회 이상 프리젠테이션을 하면서도 항상 누군가의 평가를 받아야 한다는 그 심리적 압박이 상당했다.

물론 연습을 하고, 그 과정에서 심리적 압박이 줄어든 것도 있지만 결국, 선택받기 위해서는 심리적 요소가 너무 중요함을 현장에서 느끼게 되었다. 어리를체인지에서 함께한 수많은 생존이들의 사례를 보더라도 정말 면접 실력은 비슷하지만 마인드셋과 심리적 요소를 어떻게 활용하느냐에 따라 결과는 완전히 달라진다는 사실을 알 수 있었다.

면접에서 무엇보다 중요한 것은 자신감이다. 하지만 그 자신감은 내가어떻게 마음을 다스리고 생각하느냐에 따라 결정되며 결국 면접관의 눈치만 보게 되면 아쉬움이 남을 수밖에 없다.

그래서 생존이들이 조금 더 주도적으로 상황을 끌어갈 수 있도록 다음의 5가지 법칙을 활용하기 시작하였고 이 5가지 법칙을 활용하여 주도권을 확보한 많은 생존이들이 현직에서 일을 하고 있다. 이 5가지 심리적 법칙은 절대적인 면접 공식이 아니다.

결국, 면접은 면접관과의 공식적인 상황에서의 대화이기 때문에 면접관들의 마음을 조금이라도 움직여서 나에게 호감을 갖도록 만드는 전략인 것이다.

(1) 공감의 법칙 - 면접관의 방어벽을 무너뜨리는 생존 법칙

면접 준비를 하는 수많은 지원자들이 면접장에서 인생 필살기를 보여주려고 한다. 그동안 준비한 영어 공부, 자격증, 관련 경험 등에 대한 내 능력을 보여주어야 기업에서 나를 선발할 것이라는 생각을 갖고 있기 때문이다.

물론 이 생각이 잘못된 것은 절대 아니다. 하지만 내 경험과 실력, 준비한 것들을 보여주기 전에 반드시 우리가 해야 하는 1가지가 있다. 바로 면접관(상대방)이 내 스토리에 공감하게 만들 수 있는 힘이 있어야 한다는 것이다.

아무리 훌륭한 역량을 갖고 있더라도 면접관 입장에서 공감이 가지 않는 경험과 스펙은 어떤 의미도 전달하지 못한다. 결국, 우리를 평가하는 면접관 또한 사람이다. 그렇기 때문에 우리는 면접관과의 접점을 찾는 것이 중요하다.

이 접점을 잘 찾는 지원자들은 어려운 면접장의 상황에서도 자신만의 페이스로 면접을 진행하게 되고 좋은 결과를 받는 경우가 많다. 생존 필살기에서 배운 "티포인트", "FA5050", "배느알 법칙" 등이 모두 공감을 위한 행동들이다.

> A 지원자: 저는 ○○기업에 입사하기 위하여 학교 공부를 누구보다 열심히 하여 학점 4.4을 받았고, ○○ 대외활동에서 공모전 수상, △△ 경험 등을 해보았습니다.

> B 지원자: 물론 조금 늦게 남들보다 관심을 갖게 되었지만(겸손+면접관 입장에서도 "그래, 좀 늦을 수 있지, 뭐" 이런 공감) ○○기업에서 □□ 직무를 하고 싶다는 생각으로 약 38번의 FA5050(현장 방문)을 통하여 현장에서 정말 필요한 직무 역할과 로열티가 얼마나 중요한지 알게 되었습니다.

두 지원자 모두 매력적으로 보일 수 있겠지만 B 지원자의 이야기에 조금이라도 더 귀를 기울일 수밖에 없다. 사람이라면 누구나 본인의 경험을 기준으로 상황을 해석하고 판단한다. 면접관 역시 취업이라는 그 상황을 이해하고 있고, 또 남들보다 조금 늦게 무엇인가에 도전할 수 있다는 것도 너무 잘 알고 있다. 그래서 이러한 공감의 법칙을 활용하여 자신만의 스토리를 전달하는 것이 본론으로 들어가기 전, 마음을 조금이라도 열고 그 사람의 이야기에 집중할 수 있게 만드는 방법이 될 수 있다.

면접장에서 이 공감의 법칙만 잘 활용해도 충분하다.

(2) 쿠션 법칙

1번의 공감의 법칙과 비슷한 법칙이지만 조금은 다르다. 말을 잘하는 사람도 있고, 말을 잘하지 못하는 사람들도 있다. 하지만 우리는 면접장이라는 상황 자체가 익숙하지 않다. 그러다 보니 나도 모르게 딱딱하게 말을 하게 되고, 경직되는 그런 경험들을 하게 된다.

쿠션의 법칙이란 질문에 대한 답을 할 때 아주 짧게라도 나의 언어(재정의 등)로 이야기를 하는 것이다. 예를 들어 "신입사원으로서 가장 중요한 것이 뭐라고 생각하나요?"라는 질문에

　　A 지원자: 패기입니다!

라고 짧고 굵게 말할 수도 있지만,

　　B 지원자: (제가 아직 많은 사회경험을 해본 것은 아니지만 약 9개
　　　　　　　의 작은 조직에서 경험해보며 느낀 것은) 신입사원에게
　　　　　　　무엇보다 중요한 건 어떠한 상황에서도 도전을 할 수 있

는 마인드와 실행력이라고 생각합니다.

두 지원자가 이렇게 답변을 했다고 한다면 물론 A 지원자처럼 아주 짧은 두괄식 답변을 좋아하는 사람들도 있겠지만 B 지원자의 답변을 좋아하는 사람들도 있을 것이다.

면접에서 무엇보다 중요한 것은 주도권을 내가 갖고 가야 하는 것인데 A 지원자처럼 이야기를 한다면 또 면접관의 질문에만 집중할 수밖에 없다. 반대로 B 지원자의 답변을 들었을 때 일반적인 사람들의 심리상태는

"제가 아직 많은 사회경험을 해본 것은 아니지만"
→ '이 지원자 참 겸손하구나.'

"9개의 작은 조직에서 경험해보며 느낀 것은"
→ '9번의 조직 생활을 했다고? 어떤 일을 해본 건가? 궁금한데?'

이러한 심리적 궁금증을 갖게 된다. 물론 모든 면접관이 이러한 생각을 갖는 것은 아니지만 적어도 이러한 생각과 마인드로 연결고리를 계속 만들어야 우리들이 준비한 질문으로 면접관들을 유인할 수 있다.

즉, 누군가는 두괄식을 해야 한다고만 생각하고 A 지원자처럼 짧고 굵게만 이야기할 수 있다. 하지만 또 누군가는 B 지원자와 같은 스타일로 이야기를 할 수 있다. 합격과 불합격은 우리들이 알 수 없다. 하지만 우리는

이 과정을 통하여 조금이라도 나의 의도대로 끌어가는 면접 준비를 할 수 있는 상황을 만드는 것이 유리하다.

그런 의미에서 쿠션의 법칙을 활용하여 아주 짧은 한 문장이라도 나만의 재정의 혹은 짧은 생각을 구성해보는 것을 추천한다.

(3) 의외성(반전) 법칙

심리학의 많은 서적들을 보면 의외성의 법칙을 이야기한다. 결국, 사람의 마음을 얻어야 하는 상황에서 의외성의 법칙은 중요하기 때문이다. 의외성이란 우리의 일반적인 생각과는 다른 방향으로 접근하는 것을 의미한다.

예를 들어, 취업 준비생들이라면 사실 "재수, 편입, 퇴사 경험" 등을 면접장에서 이야기하고 싶어 하지 않는다. 이 스토리를 이야기하는 순간, 나에게 많은 질문들이 부메랑이 되어서 다시 날아온다고 생각하기 때문이다. 그래서 꽁꽁 숨기고 내가 보여주고 싶은 필살기만 보여주는 경우가 많다.

하지만 그 생각을 뒤집는다면 오히려 기회가 될 수 있다. 뒤 챕터에서 많은 사례들이 소개되겠지만 많은 생존이들이 의외성(반전)의 법칙을 바탕으로 오히려 더 로열티를 확인시키며 면접관의 마음을 사로잡았다.

또한, 우리들 대부분은 자기소개를 할 때도, 내가 보여주고 싶은 이미지와 내용만 전달하기에 급급하다. 분명 누가 보기에도 내향적인 모습인데 "저는 적극성을 갖고 있습니다", "저는 영업 매출 3배를 향상시킨 경험이 있습니다" 등 나의 이미지를 전혀 고려하지 않은 채 전달하는 내용에만 집중해서 오히려 더 검증을 받는 경우가 많다.

오히려 이러한 상황에서 의외성(반전)의 법칙을 활용하면 면접관은 나에게 더 호감을 가질 수밖에 없다.

예를 들어, 누가 보기에도 조용하고 내향적으로 보이는 A 지원자가 있다.

> 면접관님들이 보시는 것처럼 전 조용하고 내향적인 사람입니다. 하지만 제가 좋아하는 일을 하는 그 순간에는 지금과는 완전히 다른 생각과 모습으로 그 활동에 집중을 합니다. 그래서 제가 ○○기업에 □□□한 것들을 꼭 해보고 싶어서 약 50번의 FA5050과 현직자를 만나며 더 우리 ○○기업에서 □□□한 역할을 해보고 싶다는 생각이 들었습니다.

이와 같이 A 지원자가 면접장에서 이야기를 한다고 하였을 때 우리들의 일반적인 심리는 이러하다.

> "면접관님들이 보시는 것처럼 전 조용하고 내향적인 사람입니다."
> → '그래, 조용해 보이는데 잘할 수 있겠나? (잠시 생각) 자기 객관화

가 잘되어 있는 것 같네.'

"하지만 제가 좋아하는 일을 하는 그 순간에는 지금과는 완전히 다른 생각과 모습으로 그 활동에 집중을 합니다."
→ '아~ 진짜? 완전 반전인데? 근데 진짜일까? 분명 그럴 것 같지 않은데 모르겠네. (의심 반, 호기심 반 심리상태)

"그래서 제가 ○○기업에 □□□한 것들을 꼭 해보고 싶어서 약 50번의 FA5050과 현직자를 만나며 더 우리 ○○기업에서 □□□한 역할을 해보고 싶다는 생각이 들었습니다."
→ '50번을 방문했다고? 그리고 본인이 하고 싶어 하는 것도 있는 것 같네? 그냥 지원한 게 아니네. 궁금한 것을 더 물어봐야겠는데. 이 친구 재미있네!'

이러한 식으로 생각을 하게 될 가능성이 높다. 물론 그렇지 않은 사람(면접관)들도 있겠지만 의외성의 법칙으로 접근하면 대부분 호기심을 갖게 된다.

만약 내가 정말 입사하고 싶은 기업을 위한 행동들을 열심히 했다면 이러한 질문을 이렇게 능동적으로 충분히 끌어낼 수 있고, 후속질문에 대한 답변도 WHY+ME를 통해서 한다면 분명히 이런 지원자는 간절한 1승을 할 수 있다.

후반부 사례에서 확인할 수 있겠지만 이직사유, 실패경험도 마찬가지다. 내가 먼저 1분 자기소개 등에 나만의 필살기로 던지고 질문을 끌어내는 것이 상대방으로 하여금 오히려 의문을 해소해주고 로열티를 검증할수 있기 때문에 의외성(반전)의 법칙을 잘 활용하면 한 번의 기회에서 좋은 결과를 만들어 낼 수 있다.

(4) 숫자의 법칙

면접과 취업을 준비할 때 숫자에 대한 중요성을 듣곤 한다. 하지만 WHY가 없는 상태에서 무작정 숫자를 넣는 것은 큰 의미가 없다. 우리는 짧은 시간 면접관으로 하여금 나를 괜찮은 사람으로 생각하게 만들어야 한다.

하지만 일반적인 대화와 상황이 아니기 때문에 주어진 질문에 수동적으로 답을 할 수밖에 없다. 비록 이러한 상황이지만 조금이라도 나에 대한 궁금증, 호기심, 검증하도록 만들 수 있는 역할을 "숫자의 법칙"을 통해서 할 수 있다.

우리는 심리적으로 어떠한 숫자를 보거나 듣게 되면 나도 모르게 그 숫자에 대한 관심을 갖게 된다. 예를 들어 면접장에서,

A 지원자: 저는 ○○기업을 위해서 이런 대외활동, A 자격증, B 자

격증, C 자격증을 취득했습니다.

이렇게 이야기할 수 있다. 하지만 B 지원자는 이렇게 이야기하였다.

> B 지원자: 저는 ○○기업에서 일을 하는 데 무엇보다 중요한 역량은
> 고객의 관점에서 트렌드를 분석하고 고객들이 좋아하는
> 것을 찾는 것이라고 생각하였습니다. 그리하여 ○○매장
> 27곳을 직접 방문하였으며 34명의 고객분들에게 자체
> 설문지를 통하여 고객들이 지금 현장에서 원하는 것이 무
> 엇인지 알게 되었습니다.

비슷한 노력을 했더라도 B 지원자처럼 숫자의 법칙을 활용해서 전달한다면 면접관의 심리로직은 이렇게 작동될 가능성이 높다.

> "저는 ○○기업에서 일을 하는 데 무엇보다 중요한 역량은 고객의
> 관점에서 트렌드를 분석하고 고객들이 좋아하는 것을 찾는 것이라
> 고 생각하였습니다."
> → '이 지원자 진짜 관심이 있는 게 보이네. 자기만의 WHY+ME가
> 있어.'

> "그리하여 ○○매장 27곳을 직접 방문하였으며 34명의 고객분들에
> 게 자체 설문지를 통하여 고객들이 지금 현장에서 원하는 것이 무엇
> 인지 알게 되었습니다."

→ '27곳 매장을 돌아다녔다고? 이 매장을 이렇게 많이 돌아다닌 이유가 뭐지? 매장 방문하면서 어떤 것을 알게 되었을까? 우리 매장들 장단점을 한번 물어볼까? 34명 고객들 인터뷰는 어떻게 한 거지? 고객들은 우리 매장들을 어떻게 생각할까?'

단 2개의 숫자를 추가하였을 뿐이지만 면접관의 심리로직은 이러한 것들을 생각할 수 있다. 물론 이와 같은 생각을 하지 않은 면접관들도 있을 것이다. 하지만 우리는 우리가 할 수 있는 것에 집중해야 하고, 여태껏 노력한 흔적을 어떻게든 표현하여 한 번의 기회를 만드는 것이 목적이다.

이렇게 나의 경험(ME)를 바탕으로 한 "숫자의 법칙"을 활용하게 된다면 나만의 생존 필살기 질문으로 면접관들을 유도할 수 있고, 준비된 답변을 자신감 있게 하기만 하면 원하는 1승을 할 수 있다.

(5) 피싱 법칙

마지막으로 면접장에서 꼭 활용했으면 하는 "피싱 법칙"이다. 지금 소개하는 5가지 심리 법칙은 결국 면접관들의 마음을 조금이라도 움직여서 우리들이 원하는 질문으로 유도하는 것이다.

피싱 법칙이란 낚시를 할 때 미끼로 고기로 유인을 하듯, 우리가 기업들을 위해 노력한 흔적, 노력들을 의도적으로 노출하여 면접관들의 관심을 유도하는 전략이다.

수많은 지원자들을 보면서 안타까웠던 것은 분명 비슷한 경험을 하였음에도 불구하고 누군가는 그 경험을 잘 활용하여 관심을 받고, 누군가는 내용만 전달한 채로 끝나버린다는 것이었다.

결국, 피싱 법칙 역시 면접의 주도권을 확보하는 전략 중 하나라고 생각하면 된다. 예를 들어 이 1분 자기소개에 피싱 법칙을 적용하여 원하는 방향으로 면접을 시작할 수 있다. 뒤 챕터에 자세한 사례가 나오겠지만 한 생존이의 퇴직사유를 피싱 법칙과 연계해보겠다.

〈1분자기소개 중 피싱법칙 부분: 1분자기소개부터 퇴사를 하였다고 오히려 드러내며 피싱법칙으로 유도〉

Q) 왜 퇴사를 하려고 하나요?

A) 네, 답변드리겠습니다. 사실 저는 지금도 교사는 굉장히 좋은 직업이라고 생각을 합니다.(회피가 아닌 과거 내 직업 등에 대한 긍정적 생각, 공감, 쿠션의 법칙)

하지만 제가 임용고사를 준비할 때도 저는 자산관리에 관심이 있었습니다. 그리고 교사가 된 이후에도 스스로 블로그에 저만의 재테크를 공부한 내용과 재테크 관련 책들을 읽은 내용들을 천천히 정리를 했습니다.(지금 지원하는 기업으로의 이직이 회피가 아닌 진짜 나를

찾기 위한 과정이었음을 간접적으로 어필)

제가 예상했던 것과 다르게 생각보다 많은 분들이 제 블로그에 관심을 가져주시고, 누군가에는 좀 사소한 글일 수도 있지만 이렇게 제가 적은 글이 '누군가에게는 삶의 긍정적인 변화로 이루어질 수 있다'(WHY+ME를 통한 신뢰 확보)는 점이 전 저에게는 굉장히 매력적으로 다가왔습니다. 그래서 저는 제가 스스로 더 관심이 가고, 그리고 더 열정 있게 일할 수 있다는 은행에서 일하고자 다짐을 했습니다.

실제 면접장에서 생존이가 받았던 질문이다. 이 답변을 듣고 아마도 면접장에서 면접관은 이런 심리 로직으로 생각했을 확률이 높다.

"사실 저는 지금도 교사는 굉장히 좋은 직업이라고 생각을 합니다."
→ '전 직장에 싫어서만 퇴사하는 게 아닌 거네. 이전에도 일을 잘했을 것 같네.'

"제가 임용고사를 준비할 때도 저는 자산관리에 관심이 있었습니다."
→ '이전에도 자산관리에 관심이 있었다고? 그럼 언제부터였지? 그렇다면 왜 은행에 취업하지 않고 교사로 시작을 한 거지?'

"블로그에 저만의 재테크를 공부한 내용과 재테크 관련 책들을 읽은 내용들을 천천히 정리를 했습니다."
→ '블로그 하는 지원자들은 블로그에 몇 개의 글을 얼마나 작성해

본 거지? 어떻게 어떤 내용을 정리한 거지? 최근에도 작성한 글들이 있을까? 우리 ○○기업 관련 내용도 있나?'

"많은 분들이 제 블로그에 관심을 가져주시고, 누군가에는 좀 사소한 글일 수도 있지만 이렇게 제가 적은 글이 '누군가에게는 삶의 긍정적인 변화로 이루어질 수 있다'."
→ '블로그 이웃수가 많나? 어떤 관심을 가졌다는 거지? 실제 사례가 궁금한데? 블로그를 작성하게 된 이유가 뭐지?'

이러한 심리적 로직이 적용되어 이 생존이가 답변을 한 후, 후속질문을 이어갔을 것이다. 실제 면접 복기본을 보았을 때 이 흐름대로 정확히 일치하지는 않았지만 대부분 비슷한 심리 로직으로 질문을 하였다.

즉, 이 모든 것들이 "피싱 법칙" 안에 포함된다고 볼 수 있다. 이 생존이와 우리는 의도적으로 우리의 경험들을 정리하였다. 누군가는 퇴사사유에 대해 물어보면 굉장히 자신감 없고 회피하는 듯한 인상을 주며 답을하는 경우가 있다.

하지만 이 생존이는 미래지향적 관점으로 우리만의 생존 필살기에 대한 질문을 받도록 "피싱 법칙"으로 유도하였다. ① 블로그 활동 ② 지원동기 ③ ○○기업을 위해 노력한 점 ④ 왜 금융권인가에 대한 생각을 끊임없이 하였기 때문에 우리는 이러한 피싱 법칙을 통하여 후속질문에 면접관이 흐뭇해하는 답을 할 수 있었다.

지금 소개한 5가지 심리 법칙은 사실 한 가지씩 따로 떨어진 것이 아니다. 면접 준비를 할 때 이 5가지를 생각한다면 자연스럽게 이런 표현들을 하며 면접의 주도권을 가질 수 있다.

결국, 면접은 심리게임이다. 물론 면접관이 우리를 선발하는 것이지만 주어진 질문만 받는다는 그 생각부터 바꿔야 작은 기회라도 만들 수 있다. 그 시작이 바로 면접관들의 심리 로직을 먼저 생각하고 내가 준비하고 보여주고 싶은 강점이 무엇인지 아는 것부터 시작된다.

다음 챕터에서는 5가지 심리 법칙과 더불어 인생을 변화시킬 수 있는 핵키픽에 대해서 알아보겠다.

Chapter 4

면접과 인생의 성공 여부는 "키워드"에 달려 있다

1) 대부분 실수하는 면접 준비 방법 2가지

대부분의 수험생, 취준생들이 생각하는 면접은 말을 잘하는 것이다. 물론 말을 잘하면 면접에서 유리한 점이 많다. 하지만 말만 잘한다고 면접에서 합격하는 것은 절대 아니다.

하지만 아직까지도 우리는 말을 잘하는 것에만 집중하는 경우가 대부분이다. 챕터 4에서는 지금까지 생존이들이 준비하고 있는 잘못된 면접(발표) 준비 방법과 더불어서 훨씬 쉽고, 간단하게 금방 적용이 가능한 방법에 대한 이야기를 할 예정이다.

잘해야 하는 마음은 우리 모두에게 있지만, 사실 잘하려는 마음 때문에 더 부자연스러워지고, 나의 이야기를 전하지 못하는 경우가 많다. 더 잘하려고 생각하기 전에, 먼저 우리가 하고 있는 행동 중 하지 말아야 할 부분에 대해서 이야기해보겠다.

우리 생존이들은 아마도 이렇게 준비를 하고 있는 경우가 많을 것이다. 책을 읽어 내려가면서 정말 "생존"하기 위해서 이 행동들을 어떻게 변화시켜야 하는지 알아보겠다.

(1) 스크립트 작성해서 달달 외우기

면접 준비가 처음이거나 스스로 말하기에 자신이 없을 때 가장 먼저 하는 행동이다. 물론 스크립트라는 것이 어찌 보면 내 마음을 상대적으로 편안하게 만들어 주기 때문에, 절대 필요 없는 것은 아니다.

하지만 면접과 발표를 실제 해야 한다면, 대부분 그 내용을 숙지한 상태로 말을 해야 한다. 우리는 불안한 마음과 더 잘하고 싶다는 생각에 스크립트 작성을 시작하지만, 이렇게 지속해서 연습을 하다 보면 나도 모르게 스크립트에 의지를 하게 된다.

물론 연습을 정말 많이 해서 막힘없이 질문에 답을 하면 전혀 문제가 없다. 하지만 실제 면접(발표) 상황에서 다양한 변수들이 존재하기 때문에 준비한 스크립트를 그대로 전달하는 것이 매우 힘들다. 생존이들이 꼭 알아야 할 것은 처음에 스크립트에 의존을 많이 한 지원자들은 실제 면접(발표) 상황에서도 스크립트 의존도가 높다는 것이다.

결국, 논리적인 구조와 설득의 요소가 포함된 말하기를 위해서 우리는 스크립트라는 수단을 활용하여 조금 더 멋져 보이고, 그럴듯하게 보이는 말하기를 생각하지만, 실제 현장에서는 기계같이 스크립트를 읽다가, 중간에 멈추면서 "죄송합니다"를 말하는 그런 사람 중 한 명이 되는 경우가 의외로 많다.

세상의 모든 이치와 마찬가지로 면접과 발표 또한 준비과정이 반드시 필요하다. 그 준비과정을 조금 더 수월하게 해주는 것이 스크립트인 수단인 것이지, 이 수단이 내 생존 필살기가 되어서는 안 된다.

그래서 우리는 이러한 준비방법을 빠르게 바꿔야 한다. 어리를체인지에서 함께한 많은 생존이들 역시 처음에는 이와 같은 경험을 한 경우가 많다. 하지만 계속되는 불합격과 실패로 스스로 이런 방법들을 변화시키길 원했고, 경험 정리 클래스, 생존면접클래스의 과정을 경험하며 나에게 맞는 준비를 할 수 있었다.

혹시나 지금 이런 고민을 갖고 있는 생존이들이 있다면, 이제부터 소개할 "키워드 중심"의 말하기와 구조를 연습한다면 충분히 단기간의 변화를 이끌어 낼 수 있었다.

즉, 면접 연습을 아무리 오래했더라도 잘못된 방법으로 하게 되면, 실력이 향상 되지 않는다. "생존면접 100문 100답(전자책)"과 "작심5일 매십면(매일십분면접)"을 통하여 "핵심키워드"를 PICK하게 하는 이유 역시, 우리는 면접장에서 우리가 준비한 스토리를 토씨 하나 틀리지 않고 말을 할 수 없기 때문이다.

지금 우리가 해야 할 것은 무작정 스크립트를 암기하는 것이 아닌, "경험 정리" 챕터에서 배우는 경험 정리를 통한 핵심키워드 선정을 시작으로, 이 키워드를 연결하는 힘을 갖추는 것이다.

처음에는 다소 어색할 수 있지만, 시간이 지날수록 점점 말하기에 대한 자신감은 물론, 실력이 향상되는 것을 느끼게 될 것이다.

(2) 우선순위를 선정하지 않고 그냥 열심히만 준비하기

두 번째로 많이 하는 실수는, 남은 기간 면접을 준비하는 과정에서 무작정 열심히 하는 실수를 하는 것이다. 면접 준비를 미리미리 한다면, 열심히 준비하는 것은 너무나 좋은 현상이다.

하지만 대부분의 지원자들은 면접 일정을 앞두고, 면접 준비를 하기 때문에, 열심히 준비하는 것도 중요하지만 중요한 것을 더 열심히 준비해야 한다. 수많은 생존이들과 모의면접, 단기 경험 정리 클래스(이츠미)를 진행하면서, 어떤 생존이는 면접 이틀 전에, 모의면접을 진행하였음에도 단기간에 강점을 극대화해서 극적인 합격 소식을 들려주었고, 또 어떤 생존이는 될 듯 말 듯 하였지만 불합격 소식을 들려준 생존이들도 있다.

이런 사례들을 경험해보며 이들 간에 확실한 차이점이 있다는 것을 알게 되었다. 바로 "우선순위"였다. 합격한 생존이들은 남은 기간이 얼마 되지 않았음에도, 강점에 대한 부분을 극대화하는 전략으로 남은 기간 준비를 하는 경우가 많았고, 불합격을 한 많은 생존이들은 분명 같은 방법을 알려주었지만 스스로의 불안감을 떨쳐버리지 못하고, 상대적으로 낮은 우선순위에 있는 것들에 많은 시간을 투자하는 "스스로 불안한 준비"를 하는 경우가 많았다.

물론, 정말 열심히 했음에도 운이 좋지 않아서 불합격한 생존이들도 있고, 운이 좋아서 합격한 생존이들도 있다. 하지만 이 짧은 기간에 우리는 한 번의 기회를 꼭 잡아야 하는 면접 준비를 해야 하기 때문에, 무엇보다 중요한 것은 나에게 지금 가장 필요한 우선순위를 고려한 준비를 해야 한다는 것이다.

면접은 개별요소가 너무 많다. 이렇게 가이드를 공유하였음에도 불안함이 있는 생존이들이 많이 있다는 것을 누구라도 알고 있다. 그렇기 때문에 혹시나 내 성향이 이와 비슷하다면, 불안한 것들 모두를 공부하고 학습하는 것이 아닌, 그 중에서 가장 중요하다고 생각하는 경험, 전공지식 등을 2-3개만 정말 열심히 준비해서 어떤 답변이 오더라도 그 답변을 응용한 면접 준비를 한다면 훨씬 더 효율적인 준비가 될 수 있다.

또한, 면접의 기출문제는 수백 개, 수천 개가 넘기 때문에 그 기출문제를 모두 골고루 준비하는 것 역시 하다가 지치든가, 준비를 잘 못 하든가 둘 중 하나가 될 수밖에 없다.

이런 상황에서는 "인성 약 20개 질문(나올 수밖에 없는 쉬운 질문)" + "약 20개 질문(기출문제) 중 어려운 것"을 준비한다면, 끌려가지 않으면서도, 어느 정도 내 답변을 할 수 있는 면접이 될 수 있다. (구체적인 방법은 후반부 챕터를 상세히 확인하면 된다)

결국, 한 번의 기회에서 생존하기 위해서는, 지금 반드시 해야 할 우선 순위를 1-3번까지 정해놓고 우선순위대로 꼭 해야 한다.

중요한 것인 아닌, 내 마음이 허전해서, 내가 불안하다고, 나오지도 않고, 또 전혀 연계성도 없는 압박질문만 수십 개를 준비하는 많은 지원자들이, 스스로 무엇을 하는지도 모르고 준비하는 경우가 많다.

즉, 면접 답변을 만들 생각만 급하게 하는 것보다 "중요한 우선순위 3가지"를 반드시 생각하고 찾아야 한다. 물론 더 많은 실수의 사례들이 있지만, 이 2가지 실수만 줄이더라도 우리에게 한 번의 기회에서 생존할 수 있는 확률이 많이 높아질 것이다.

이런 안타까운 실수와 함께 조금 아쉬운 케이스들도 있다. 연습을 한다고 생각하는데 실력이 향상되지 않는 생존이들도 사실 많이 있다, 혹시 내가 그런 상황이라면, 또는 지금 면접 준비를 시작하고, 다시 한다면 다음의 3가지를 꼭 확인해서 이런 실수를 하지 않기를 바라는 마음이다.

2) 면접 연습을 해도 실력이 늘지 않는 3가지 이유

(1) 실제 연습을 하지 않는다

면접을 앞둔 상황에서 연습을 하지 않는다고 하면 많은 의아함을 가질 수 있다. 하지만 실제로 면접에 임박한 생존이들과 함께하며 알게 된 놀라운 사실이 있다.

분명 연습을 많이 하였다고 했는데 실력의 변화가 생기지 않은 경우도 있어서 진짜 어떤 문제가 있는지 다양한 케이스들을 분석해보았다.

곧 면접을 앞둔 상황에서 연습을 하지 않는 게 말이 안 된다고 생각할 수 있지만, 여기서 이야기하는 연습 부족은 면접을 아예 준비하지 않는다는 것이 아닌 순수한 "말하기 시간"에 대한 부분이다.

의외로 지원자들 대부분이 책상에 앉아서, 그리고 스카(스터디카페)에서 고뇌하며 면접 답변을 연구한다. 하지만 면접의 마지막은 "나만의 언어로 이쁘게 포장하여 말로써" 면접관에게 전달된다.

대부분 스크립트를 작성해서 중얼거리는 연습을 하지만, 실제 면접장에서 답변을 하는 것처럼 정확한 자세와 표정, 발성으로 연습을 하지는 않는다는 이야기다.

즉, 대부분 생존이들이 답변의 기술은 많이 신경 쓰지만 실제 내 목소리로 표현하는 연습은 별로 하지 않는다는 것을 알 수 있었다.

사람마다 연습에 대한 생각이 모두 다르다. 누구는 말을 10번 하면, 굉장히 많이 했다고 생각하지만, 또 누군가는 100번을 해도 보통 정도 했다고 한다. 그렇기 때문에 우리 생존이들은 내가 얼마나 말을 하였는지에 대한 그 시간을 측정을 해보아야 한다.

이 측정이 없으면 내가 얼마의 시간 동안 연습을 했는지, 그 과정에서 어떤 성장을 했는지, 무엇을 보완해야 하는지 알 수 있다.

이렇게 이야기하면, 또 이런 생각을 할 수가 있다.
"아니, 고작 면접 준비를 하는 건데 그렇게까지 해야 해요?"

물론 이 책을 읽는 생존이들은 그럴 리 없겠지만 충분히 이런 생각을 가질 수 있다. 하지만 우리가 지금 『생존면접 바이블』을 통하여 면접과 발표 준비를 하는 이유는 우리들의 인생은 계속되는 면접이라는 생각에 공감하기 때문이다.

물론, 지금 다가오는 면접에 합격을 해야 하지만, 만약 불합격이 되더라도 내가 준비한 이 과정에서 분명히 얻는 것이 있어야 한다. 그렇기 때문에 이 과정에서 "말하기", "발표"가 조금씩 개선되는 것이 느껴진다면, 면접의 결과는 언젠가 분명히 증명된다.

그렇기 때문에 우리는 이러한 마인드로 지금 다가오는 면접을 준비하며 반드시 변화의 과정에 주목해야 한다. 지금 생각하고, 연습하는 이 연습이 언젠가 내 연봉과 커리어와 인생을 변화시킬 수 있기 때문이다.

(2) 측정을 하지 않는다

연습을 해도 실력이 늘지 않는 두 번째 이유는 첫 번째 이유에서 언급하였듯이 "내가 연습을 했다고 생각하지만" 서로의 기준점이 다르고, 그 기준점에 대한 "측정"이 정확히 이루어지고 있지 않기 때문이다.

만약 일주일이 남았거나 열흘이 남았다면 지금부터의 연습과정을 분명하게 "측정"해야 한다. 하루 동안 "경험 정리(경험 나열)"하는 시간을 얼마나 보냈는지, "키워드 뽑는 시간(핵키픽)"을 얼마나 투자했는지, 말하는 시간을 얼마나 해보았는지 대략적으로라도 "측정"을 해야 "인풋 대비 아웃풋"의 결과를 확인할 수 있다.

많은 생존이들이 연습을 하고 있지만, 측정을 하는 경우는 드물다. 마음이 급한 상황에서 매일 연습을 한다고 생각은 하지만, 제대로 기준점을 갖지 못하고 측정요소가 없으면 결국, 나중에는 무엇을 했는지 어떠한 부분을 보완해야 하는지, 준비를 더 해야 하는지를 놓치게 된다.

즉, 실력이 늘지 않는다는 것은 "연습을 부족하게 했거나", "연습을 했어도 문제점을 찾지 못한다는 것"이다. 우리는 지금부터라도 반드시 내가 연습한 이 과정에 대한 측정을 해야 우선순위와 앞으로 해야 할 것들에 집중할 수 있게 된다.

(3) 기록하지 않는다

마지막 세 번째 역시 앞의 두 가지의 "결"과 비슷하다. 결국, 측정이 되지 않는다는 것은 "과정"에 대한 힘이 부족하다는 것을 의미한다. 적어도 면접을 앞둔 시점이라면 내가 무엇을, 얼마나 하고 있는지를 정확하게 측정하고 기록해야 한다.

다시 한번 이야기하지만 이 과정을 통해 우리가 합격을 할 수도 있고, 불합격을 할 수 있다는 생각을 반드시 가져야 한다. 이미 앞서 이야기하였지만 내가 아무리 면접을 잘 보았다고 생각하더라도, 면접관과 나의 코드가 맞지 않아서 불합격을 할 수도 있는 것이다.

이게 면접이고, 이게 현실이다. 하지만 많은 지원자들은 불합격을 하면,

내가 다 잘못했다고 생각하고, 쓸데없는 원인 분석에 들어간다. 한 예로, 우리 생존이들 중, 첫 시즌에는 면접에서 계속 불합격했는데, 한 시즌 만에 한 번에 몇 개의 기업에 모두 면접에 합격한 케이스도 있다. (면접중대장 유튜브 현직자 인터뷰 영상 참고)

그렇다고, 이러한 생존이들이 엄청난 면접의 스킬 변화가 생겼기에 이런 결과가 났을까? 물론 조금은 변화와 노력도 하였겠지만 우리가 생각하는 것처럼 준비방법을 모두 바꿨거나 그런 것은 아니었다.

즉, 면접은 운도 있는 것이고, 상황에서 변화되는 요인도 있다. 본질은 비슷하지만 다양한 변수들로 결과가 다르게 나타날 수 있는데, 단지 불합격했다는 이유로 내 모든 과정이 "실패"라고 생각해서는 안 된다.

기록을 하지 않으면 절대 안 되는 이유 역시, 우리에게도 이런 일이 벌어질 수 있고, 이럴 경우를 대비해서 내 과정을 돌이켜보면서 냉정하게 다음을 준비해야 하기 때문이다.

"경험 정리" 챕터에서 나오겠지만 내가 하루에 키워드 뽑는 시간을 얼마나 투자했는지, 경험을 분류하는 시간이 얼마나 걸렸는지, 말하는 시간은 얼마나 하였는지, 시간대비 답변의 퀄리티는 어땠는지 등을 기록을 통해서 스스로를 점검할 수 있다.

물론 이런 모든 것들을 다 완벽하게 할 수는 없다. 다만 이런 실수들과 연습을 해도 변화가 느껴지지 않는다면, 위의 내용들부터 확인을 해서 내가 지금 해야 할 것들이 무엇인지 다시 확인을 할 필요성은 있다.

사실 면접 준비가 정말 어려운 이유는 대체 답변을 어느 정도의 길이로 어떻게 해야 할지 모르기 때문에 어려움이 있는 경우가 대부분이다. 그냥 말을 하는 것조차 떨리는 상황에서 두괄식으로 말을 하라고 하고, 또 논리적인 구조로 메시지를 전달해야 한다는 이런 이야기를 들으면, 준비를 할수록 산으로 가게 되는 경우가 많아진다.

그래서『생존면접 바이블』에서는 우리 생존이들이 진짜 "생존을 위해서 필요한 필살기 중 하나인 키워드"에 대한 이야기를 해보려고 한다.

3) 면접 준비 시 "핵키픽(CKP)"부터 시작해야 하는 이유

사실 오래전에는 나 역시 면접 준비를 할 때 해야 할 것들을 비슷하게 이야기했었다. 하지만 우리가 알고 있는 "이론적인 지식"들이 현장에서 전혀 적용되지 않는 모습들을 보면서 과연 이 면접 연습이 누구를 위한 연습인가에 대한 생각이 들었다.

면접에 합격하기 위해 우리가 공부하고 적용해야 할 부분은 많다. 누군가는 두괄식을 하지 않으면 불합격을 한다고 하고, 또 누군가는 성취감의 답변은 더 높은 목표에 대한 성취를 말하지 않으면 안 된다고 한다.

입사 후 포부는 3단계의 목표로 말하는 것이 논리적으로 면접관을 가장 잘 설득하는 구조라고 이야기하며, 가장 힘들었던 경험은 남들 다 있는 비슷한 경험, "편입 경험", "군대 경험" 이런 것들은 이야기하지 말라고 한다.

그런데 너무나 신기한 것은 전문가라고 이야기하는 권위자들의 말이 또 모두 다르다는 것이다. 우리가 경험한 학교시험, 수능, 자격증 시험, 공무원 시험 등은 "답이 명확하게 존재한다".

그래서 사실 누군가의 가르침을 받을 때, 유명한 강사인지, 유명하지 않은 강사인지 고민되는 것이지 "답"이 다를 수 있다는 가정을 생각하지는 않는다.

하지만 인생의 첫 주도적 삶을 시작하는 "취업 준비"부터는 전문가(권위자), 그러니까 인사(채용)담당자, 스피치 전문가, 취업 컨설턴트 등의 이야기가 모두 같지 않은 신기한 경험을 한다. 지금도 쏟아지는 너무 많은 정보들, 그리고 수많은 권위자들의 이야기에, 어떤 전문가의 말을 따라야 할지 방향성을 잃게 되는 경우가 대부분이다.

그래서『생존면접 바이블』에서는 우리들이 진짜 생존하기 위해서는 답변 하나하나, 그리고 개별 질문의 출제자 의도, 모범답안보다는 "결국 자기중심적"인 생각과 말하기를 통한 주도적 면접(발표) 준비를 할 수 있도록 "관점 전환"에 목표를 두고 있다.

"가장 힘들었던 경험"과 "입사 후 포부" 등의 면접 질문에서 유명한 전문가들이 이야기하는 대로 준비하지 않았지만 합격한 수많은 현직자들이 존재한다.

『생존면접 바이블』에 소개되는 생존이들의 사례 역시 마찬가지이다. 나는 이들에게 공통답변을 알려준 적이 없다. 하지만 모두에게 공통적으로 알려주고 적용시켰던 것이 있는데 그것이 바로 챕터 3에서 소개한 생존 필살기 중 하나인 "핵키픽(CKP)" 트레이닝이었다.

만약, 이제 면접을 준비하고 있는 생존이들이 있다면 다음 예시를 확인하면서 생존이들의 생각을 변화시켜 보았으면 한다.

예를 들어서, 앞에서 설명한 것과 같이 어떤 전문가들은 "가장 힘들었던 경험"에 "편입 경험"을 말하면 안 된다고 한다. (아직도 이런 이야기에 고개를 끄덕이고 있다면, 관점 전환이 되지 않은 것이니 챕터 3으로 돌아가서 내용을 확인하고 나머지는 읽는 것을 추천한다)

하지만 이 문제는 간단히 해결될 수 있다. 편입 경험이 진짜 힘들었다면 그것을 이야기해야 하지 않을까?(하지만 문제는 여기서부터 시작된다)

주변 사람들 그리고 유명한 일타강사 일부는 절대 그런 소재를 말하면 안 된다고 한다.

해도 되고, 안 해도 되고를 떠나서 이 상황을 이렇게 한번 생각을 해보자. (관점 전환)

만약, 이 지원자가 "편입 경험"이 정말 힘들었다고 했다면, 정말 힘들었던 것은 "그냥 편입 경험"이 아니었을 것이다.

태어나서 처음으로 혼자 내 인생의 목표를 갖고 있었던 상황에서, 한 번도 제대로 해보지 않은 공부를 하루에 9-10시간 이상 집중하면서, 스스로와의 싸움을 하는 그 과정이 힘들었을 수도 있고, 또 편입 준비를 하면서 처음으로 자취 생활을 경험해보니, 안 그래도 시험공부를 하기도 힘든데 누군가가 챙겨주지도 않고, 혼자서 밥을 챙겨먹고, 일을 해서 월세를 내야 하고, 또 그 상황에서 일을 해야 하는 그런 경험이 힘들었을 수도 있다. (이렇게 상황을 풀어내고 내 경험을 돌이켜보는 것이 챕터 7, 8에서 나오는 진정한 경험 나열인 것이다)

잘 생각해보면 우리는 "편입 경험"이 힘들다고 표현을 한 것이지만, 내면을 들여다보면 "이런 상황들이 힘들었을 것이다". 그렇다면 우리가 먼저 해야 할 것은 면접관의 의도, 두괄식, 소재 찾기가 아닌, 진짜 내가 WHY(왜) 힘들었는지를 찾는 것이다.

즉, 핵키픽(CKP)이란? 'Core Keyword Pick'의 줄임말로서, 그 경험에 대한 가장 핵심적인 내용을 키워드 선택하는 것을 이야기한다. 이 핵키픽이 중요한 이유는 그 경험에 대한 가장 중요한 스토리를 전달할 수 있는 중심을 잡아주는 역할을 하기 때문이다.

그렇다면, 이 경험에서 핵심키워드를 뽑아본다면(핵키픽) 어떤 것이 될 수 있을까?

생존 사례 핵심키워드:
인생 주도권, 편입 준비 1년, 자취 생활(혼자 모든 것 처리), 느끼고 배운 점, 티포인트

네, 답변드리겠습니다. (지금 생각해보면) 제 짧은 인생에서 가장 힘들었던 경험은 아마도 인생의 주도권을 처음 갖고 살아본 편입을 준비한 1년이 아닌가

싫습니다. (공감, 쿠션의 법칙)

그 당시에는 공부를 하는 것만 힘들었다고 생각했지만, 지금 돌이켜보면 처음으로 부모님과 떨어져서 살아왔던 시간이기에 공부는 물론, 모든 집안 일, 그리고 누군가를 만나지 못하고 혼자서 어려움을 해결하는 것이 힘들었던 것 같습니다.

물론, 처음에는 모든 것이 어렵고 낯설었지만 결국 이러한 상황들을 통하여 작은 경험들이 되었고, 무엇이든 처음에는 서툴지만 시도하고, 하다 보면 결국 된다는 경험을 하였습니다. 이 작은 경험을 통하여. ○○기업에서도 물론 힘든 점들이 있겠지만 어떠한 상황에서도 답을 묵묵히 찾아가는 그런 조직의 일원이 되겠습니다.

예시를 읽고 생존이들 생각이 모두 다를 수 있다. 어떤 생존이들은 "와~ 이렇게도 표현할 수 있구나"라고 생각할 수도 있지만, 또 어떤 생존이들은 이런 생각을 가질 수도 있다.

"너무 문장이 길어서 면접관들이 듣지 않겠는데?"
"두괄식이 아니라서 안 될 것 같은데."
"성공경험이 아니라서 안 되는데."

이렇게 우리들이 갖고 있는 배경지식들로 이 스크립트에 대한 해석이 달라질 수 있다.

여기서 굉장히 중요한 핵심을 우리는 발견하고 이해해야 한다. 아마도 위의 생각처럼 웬만한 전문가들보다 이론을 많이 알고 있는 생존이들이 있다면, 그 생각과 관점이 생존이들의 발목을 잡을 수 있다는 것을 기억해야 한다.

충분히 그런 생각을 할 수 있지만, 우리는 적어도 이런 관점으로 면접을 준비하면 안 된다. 왜일까? 면접에는 정확한 정답이 존재하지 않기 때문이다. 지금 우리가 배우고, 공부한 모든 이론은 누군가의 공식과 정의를 통해서 전달된 그 학습법으로 우리는 끼워 맞추기 게임을 해왔다.

무엇이 정답인지 이야기하는 것이 아니라, 위의 예시를 보고 우리가 가져야 할 생각은 바로 "이렇게도 생각할 수 있구나"라는 관점을 갖는 것이다. 나는 수많은 면접 포기자들을 비롯한 스펙이 좋지 않은 생존이들을 만나면서 이와 같은 "핵키픽(핵심키워드, CKP)" 트레이닝으로 그들을 성장시켰고, 그 생존이들은 합격을 넘어 인생을 변화시켰다.

이 준비방법이 무조건 누구에게나 맞는 방법은 아닐 수 있지만, 적어도 면접장에서 기계처럼, 공식을 외워서 답변을 이야기하는 누군가보다는 훨씬 진솔한 나의 이야기를 전달할 수 있을 것이다.

앞의 예시를 통하여 본 "핵키픽(CKP)"은 인생 주도권, 편입 준비 1년, 자취 생활(혼자 모든 것 처리), 느끼고 배운 점, 티포인트 단 4가지였다.

이 경험을 통해서 우리가 알 수 있는 것은 스크립트 전체를 암기해서 면접장으로 가는 것은 힘들지만, 결국, 경험 나열 1단계를 제대로 하고, 이 경험의 핵심(본질)을 끄집어내서 핵심키워드 4-5개를 찾는 것이다.

이렇게 이 경험에서 가장 중요한 본질인 핵심키워드(4-5개), 즉 "핵키픽"을 이동하면서 하루에 집에서 나갈 때, 집으로 들어갈 때 두 번만 이미지 트레이닝을 하며 키워드를 2-3번만 반복하면 머릿속에서 잊히지 않게 된다.

즉, 지금 면접 준비를 하면서 말을 잘 못 하겠다고 스스로 이야기하는 생존이들이나 기계 같은 답변으로 진정성이 떨어진다는 평가를 받는 생존이, 스크립트를 외우는 게 너무 힘든 생존이들의 경우에는 "핵심키워드" 훈련을 밀도 있게 해본다면 단시간에 엄청난 실력 상승이 된다.

이 방법을 통하여 앞의 예시와 같이 "말로 연습하고", "시간을 측정하고", "기록하는" 과정을 5일만 해본다면 아마도 지금까지 준비한 면접과는 또 다른 면접, 발표 준비가 될 수 있다.

이 방법 또한 지금 필요한 입시, 취업면접에만 적용되는 것이 아니다. 직장 생활을 할 때, 나중에 발표를 하게 될 때도 결국, 내가 무엇을 말해야 하는지 가장 중요한 "핵심"을 중심으로 키워드를 선정하면서 자연스럽게 문장을 이어간다면 긴장감도 줄어들게 되고, 스스로 편안한 상태로 말하기에 집중할 수 있다.

핵키픽(CKP) 핵심키워드 선정 사례

생존면접 100문 100답 + 지원회사 기출질문	핵심키워드
42. 창의성을 발휘한 경험	교육업체, 프로그램 기획
43. 자기 가치관을 남에게 설명한 경험	매십블, 100문 100답
44. 주변에서 받는 평가	묵묵히 자기 할 일 하는 사람
45. 누군가의 실수를 내가 덮어쓴 경험	레스토랑, 경각심
46. 윤리를 잘 지켜본 경험	분리수거
48. 혁신에 반대한 경험	교육업체, 프로그램 추가
49. 무언가 고치려고 시도해 본 경험	교육업체, 프로그램 기획
50. 조직 vs 개인 무엇이 더 중요하다고 생각하는가? 그 이유는?	조직
56. 당신에게 큰 영향을 끼친 인물은 누구인가?	초등학교 3학년 선생님
59. 입사 후 나에게 주는 선물	만년필, 글씨
60. 인생의 최종 목표는?	성공, 10배의 법칙, 지속
61. 입사 후 적응하려면 어떻게 할 것인지?	선배, 습득
62. 본인의 자기계발 계획	컴퓨터 공학,
63. 최근에 읽었던 책	10배의 법칙, 목표
64. 본인이 손해 보더라도 무언가 해본 경험	팀 프로젝트, 새로운 기능
67. 자신이 끈기를 가지고 끝까지 노력했던 경험	다이어트, 6번, 지속
78. 서로 의견이 상충되었던 경험	교육 기부 봉사활동, 이탈 학생, 경청
79. 리더 vs 팔로워	팔로워, 허리 역할
80. 바쁜데도 자기계발한 경험	경제 스터디, 세상을 바라보는 시각
83. 직무적으로 말고 인성적으로 성장 혹은 변화할 수 있었던 경험	수용성, PPT
84. 나와 성향이 다른 사람과 일하는 것과 맞는지, 아니라면 어떻게 극복했는지?	
85. 사회생활 중 부당한 대우를 받은 적이 있는지?	레스토랑, 실수, 적극적

86. 조직 내에서 갈등 때문에 목표 달성에 실패한 경험	
87. 악성 고객을 대하는 나만의 소통 방법	옆, 경청, 이해 요청, 대안
88. 협업 실패 경험 + 협업하기 어려운 유형	

이 예시는 실제 생존이가 "생존면접 클래스"를 통하여 최대한 남은 기간을 몰입해서 핵키픽(핵심키워드 선정)을 연습한 과정이다. 처음에는 키워드를 선정하는 것조차 어려웠지만 이 과정을 2-3번 반복하면서부터 "관점의 전환"이 되는 것이 보였으며, 단지 키워드의 숫자를 생각하는 것보다 "내가 정말 이 질문에서 핵심으로 생각하는 것이 무엇인지"에 대한 고민을 하게 되는 시간을 가질 수 있었고, 이러한 과정을 통하여 "필살기"인 WHY+ME(와이나)를 자연스럽게 도출할 수 있었다.

처음에 작성하게 되면, 어색하고 무엇을 작성해야 할지 모를 수 있지만 일단 이렇게 "각 질문에 대한 키워드"를 오른쪽과 같이 단어로 배치해보는 연습부터 시작하면 된다.

또한 내가 생각하였을 때, 어려운 질문이 있다면 표 왼쪽처럼 파란색이나, 다른 색을 활용하여 표시를 해놓고, 이동하면서, 운동하면서, 짬나는 시간을 활용해서 이 질문에 대한 생각을 해본다면, 시간을 따로 투자할 필요 없이 자연스러운 생각과 핵키픽을 할 수 있다.

4) 면접만 상상하면 불안하던 공준생이 핵키픽(CKP)으로 인생역전 한 사례

(1) 생존이의 상황

평소 말하기 공포증이 있었으며, 공식적인 자리에서 스스로의 생각을 전달할 때 굉장히 소심해지며, 말하는 것 자체에 대한 자신감이 없었던 상황. 단 한 번도 면접에서 합격한 적이 없었기에 스피치 학원을 비롯하여 많은 방법으로 말하기를 도전했지만 뚜렷한 변화가 생기지는 않았다.

이 생존이에게 면접은 단지 합격과 불합격의 결과가 아닌, 인생의 큰 도전이었으며 삶의 자신감을 갖고 또 다른 인생을 살게 해주는 중요한 인생의 터닝포인트였다.

(2) 변화 과정

말하는 것 자체에 대한 두려움이 있었기 때문에 "작심5일 매십면(매일 십분면접)"을 통하여 비대면으로 한 가지 주제에 대하여 매일 1분씩 2번 녹음을 실시하고, 다른 생존이들의 말하는 방식과 답변을 들어보기 시작하였고 약 6개월간 비대면을 통해 이 과정을 지속하였다.

이 과정에서 "키워드로 말하는 연습을 하면서 스크립트에 대한 부담감을 내려놓을 수 있었고, 경험 정리 클래스(이츠미)를 통하여 "핵키픽 (CKP)"를 발견하며 진짜 스스로 전해야 하는 메시지를 찾을 수 있었다.

결국, 이러한 과정들을 꾸준하게 거치면서 스스로 말하기에 대한 자신감도 생기게 되었고, 이 생존이가 원했던 기업에 면접 기회가 생겨서 기적 같은 1승으로 그토록 원하는 합격소식은 물론, 인생의 터닝포인트를 경험하였다.

(3) 『생존면접 바이블』 꿀팁

결국, 이 생존이의 변화 과정을 오랜 시간 지켜보며 면접과 발표란 그냥 말을 잘하는 사람을 선발하는 것이 아닌, 자신만의 스토리를 자신의 언어로 표현했을 때 그 가치를 인정받을 수 있다는 생각을 다시 한 번 할 수 있었다.

이 생존이는 말하는 게 무서웠고, 그러다 보니 스피치 학원을 다니면서 발성과 발음을 교정하면서 스스로에 대한 도전을 해왔다. 또한 수많은 정보들 속에서 "면접관의 의도"를 공부하고 많은 공식에 대입해보기로 했지만 여전히 자신의 생각이 아니었고, 일방적인 공식에 대입한 스크립트였기 때문에, 누군가에게 말을 할 때 스스로 확신이 부족하였다.

또한, 면접과 발표가 불안한 이유를 단지 스피치로서 생각하였기에 그 본질에 대한 생각을 하지 못하였다. 결국, 이 생존이는 "핵키픽(CKP)"을 통하여, 스스로의 삶을 돌아본 것이다.

물론 경험 정리 클래스(이츠미)를 통하여 그 과정에서 경험을 나열하고, 함께 발견하고, 포장하는 연습을 도와주기는 했지만, 결국 이 과정에서 진정한 본인 인생에서의 경험과 핵심키워드를 선정해서, 그것을 말로 자연스럽게 이어가는 연습을 하였다.

나는 스피치 학원처럼 발성과 발음을 알려준 적도 없다. 수많은 면접 관련 영상처럼 공식을 적용하지도 않았다. (매일 꾸준하게 잠재의식미션을 진행하고, 하루 1분 말하기 2번을 했을 뿐) 오히려 이론과 공식들 때문에 역량 있는 생존이들이 더 실패하게 된다고 생각했다,

결국, 이러한 과정을 거치며 자신만의 스토리를 완성하였고, 현재는 원하는 직장에서 원하는 일을 하고 있다. 결과가 나오지 않으면 누구나 불안해하고, 원인을 찾고 싶어하고, 문제를 해결하고 싶어한다.

결과가 좋지 않더라도 반드시 과정을 돌아봐야 한다. 불안한 마음에 남들이 하는 대로, 따라만 하기 시작하면, 면접뿐 아니라 인생도 그러한 삶의 방향으로 흘러간다. 지금 우리는 면접 준비만 하는 것이 아니다. 인생

을 더 행복하고 잘 살기 위해서, 취업을 준비하고, 면접을 준비하는 것이다.

그 시작은 바로 "핵키픽(CKP)"을 어떻게 시작하느냐에 달려있다.

Chapter 5

면접 준비
우선순위

챕터 1-4에서 생존이들이 어떻게 면접에 임해야 하고, 어떠한 관점으로 준비해야 진짜 생존할 수 있는지 생존 마인드셋을 비롯하여, 1가지 생존 전략(관점 전환)과 5가지 생존 필살기를 통하여 우리들의 생존을 위한 기본적인 생존 체력을 키웠다.

이제부터는 조금 더 실전적이고 실제 사례를 통한 이야기를 할 예정이다. 앞으로 공유될 내용들도 너무 중요하지만 챕터 1-4에 대하여 이해가 되지 않는다면 반드시 반복해서 학습 후 이번 챕터를 이어가는 것을 추천한다.

면접을 잘 보고 싶고, 말을 잘하고 싶은 것은 사람의 기본적 욕구이다. 하지만 누구나 원하는 결과를 받을 수 없는 것이 냉정한 현실이다. 수많은 생존이들의 과정을 지켜보며, 오래준비를 했다고 하더라도 결과가 꼭 좋다는 것이 아니라는 것을 알 수 있었다.

현재 내 상황에서 최대한 몰입하되, 더 중요한 부분을 찾아서 집중해야 하는 것이 "우리의 전략"이다. 면접장에서 물론 모든 것들이 중요하지만 일단 시간이 부족하거나 갈피를 잡지 못한다면 먼저 이 5가지 질문부터 꼭 준비해볼 것을 추천한다.

　다시 한 번 이야기하지만, 이 5가지가 실제 면접장에서 질문이 나올지 그렇지 않을지는 아무도 모른다. 하지만 대부분 어려워하지만 중요한 질문이기에, 여기서 차별화를 할 수 있다면 오히려 기회가 될 수 있기 때문에 이 5가지 질문부터 꼭 준비해보라고 이야기하고 싶다.

1) 주도권의 시작, 1분 자기소개(30초, 1분)

입시면접이건, 취업면접이건 나는 가장 먼저 시간을 투자해서 미리 1분 자기소개를 준비하라고 한다. 면접에서 "자기소개"를 해보라는 기업들도 있고, 묻지 않는 기업들도 있지만 지금 이 책을 읽고 있는 생존이들은 반드시 준비를 해야 한다.

어리를체인지에서 함께한 모든 청년들에게 나는 1분 자기소개의 중요성을 계속 강조하였다. 단지 입시와 취업에 합격한 합격자의 사례를 전하는 것이 아닌, 정말 1분 자기소개를 통하여 인생을 변화시킨 사례들을 현장에서 경험하였기에 지금 스펙이 좋지 않거나, 경험이 부족하다면 더욱 1분 자기소개에 집중해야 한다.

(1) 1분 자기소개가 중요한 이유

만약, 지금 면접 준비가 처음이거나 혹은 계속 면접에서 불합격을 하고 있다면? 1분 자기소개부터 잘못 준비했을 가능성이 높다. 물론 1분 자기소개에 배점이 더 있거나 그런 것은 아니겠지만 이토록 강조하는 이유는 단 하나이다.

면접은 아무리 우리가 자신감을 갖고 임해도, 평가를 받아야 하는 입장이기 때문에 수동적으로 끌려갈 수밖에 없다. 하지만 1분 자기소개는 면접 진행 프로세스 중 유일하게 "내 의지대로 먼저 공격을 할 수 있는 질문"이다. 그렇기 때문에 1분 자기소개가 너무나 중요하다고 생각하고 많은 생존이들에게 이러한 생각을 전하였다.

(2) 1분 자기소개를 준비하는 우리의 현실

하지만 많은 생존이들이 시간에 쫓겨서 면접 준비를 하기에, 1분 자기소개 또한 자신만의 색깔을 갖고 준비하는 것이 아니라, 여기저기서 돌아다니는 합격 스크립트와 찌라시 등을 보면서 그냥 대충 비슷하게 만들어서 작성한다.

물론, 시간도 없고 여유가 없다는 것을 알지만, 그렇게 준비한 1분 자기소개는 면접관도 딱 거기까지만 생각하게 되고 형식적으로 듣게 되는 경우가 많다. 우리는 항상 면접관의 의도에 대해서 궁금해하고 분석하는 것을 좋아한다. 하지만 그 의도와 목적을 생각하기 전에, 나를 어떻게 표현할지부터 생각하는 것이 좋다.

실제 어리를체인지에서 함께한 생존이들의 사례들도 소개가 되겠지만 면접만 3년째 불합격했던 30대 한 생존이가 1분 자기소개 하나로 자신감을 회복했던 적도 있다. 면접 기계처럼 면접을 준비했기 때문에 답변에는 큰 이상이 없었지만 기계식 답변과 전혀 자신을 표현하지 못했던 상황이었고, 시작부터 우리들의 의도대로 면접을 이어가고자 변화를 주었고 결과는 대만족이었다. (면접중대장 채널 현직자 인터뷰 영상 참고)

(3) 1분 자기소개, 이렇게는 하지 마세요

10명 중 8명 이상은 이런 식으로 1분 자기소개를 준비한다.

안녕하세요. ○○기업/○○회사에 지원한 □□번(이름)입니다. 저는 이 기업에 입사하기 위해 다음과 같은 2가지의 노력을 하였습니다. 첫째, (이러한) 노력을 하여 자격증을 취득했고요. 둘째, 경험을 쌓기 위해 (이런) 대외활동을 하였습니다.

이런 지식과 경험을 바탕으로 ○○기업에서 (어떠한) 인재가 되겠습니다.

이 내용을 확인하면서 "이거 완전 내 이야기인데?"라고 느꼈다면 당장 오늘 챕터 6까지 읽어보며 실제 사례를 꼭 QR영상으로 시청하는 것을 추천한다.

물론 이렇게 1분 자기소개를 했다고 불합격을 하고, 잘못했다는 이야기는 아니다. 이렇게 나를 표현하는 것도 하나의 방법이다. 하지만 우리는 그 힘든 입시, 취업 전쟁을 경험하는 중이기 때문에 면접관에게 나라는 사람이 궁금해지도록 해야 한다. 그렇기 때문에 이 1분 자기소개에서 조금 더 나를 차별화 시킬 수 있는 방법을 고민해야 한다.

하지만 대부분 학원에서, 그리고 책으로만 배운 예시들을 그대로 적용하는 데 그친다.

(4) 1분 자기소개는 2가지만 기억하면 됩니다

면접 실력이 훌륭한 생존이들이라면 이 2가지 외, 다른 방법을 추가해도 된다. 하지만 지극히 평범하다거나 면접으로 스트레스를 받는 생존이들이라면 일단 다른 것보다는 이 2가지를 꼭 기억하고 지금부터 2가지를 연습하면 생각보다 쉽게 면접에서 주도권을 갖고 시작할 수 있다.

① 나만의 첫 문장 만들기

결국, 면접관은 우리의 말 한마디 한마디에 집중하지 못한다. 면접관이 나빠서가 아니라 상대방은 일을 하는 중이고, 하루에도 수백 명 이상 지원자들이 말하는 1분 자기소개를 듣고 있기 때문에 별로 감흥이 없을 수밖에 없다.

그래서 우리는 "경험"이 아닌 "이미지를 상상하도록" 해야 한다. 엄청난 이미지를 상상시키라는 것이 아니다. 지원자 10명 중 8명 이상은 "스스로의 경험과 역량을 나열"한다. 그렇기 때문에 우리는 그와는 다른 "나라는 사람"에 대해서 상상할 수 있는 한 문장을 만들어보자는 것이다.

이렇게 하면 신기하게도 상대방은 나의 이야기에 집중하게 된다. 천 번 이상의 실전면접을 경험하고 수많은 생존이들에게 이 방법을 적용하고 함께하며 느낀 것은 상품의 기능(스펙, 경험 등)의 차이는 크게 없다는 것이다. 누가 그 포장지를 뜯고 싶게 만드느냐가 핵심이다. 지금 이 『생존면접 바이블』을 읽는 것을 잠시 멈추고, 스스로 한 문장을 소개해보자.

아마도, 무엇을 말해야 하는지, 어떤 한 문장을 만들어야 하는지 모를 수 있다. 이 한 문장을 나타내기 위해서는 나라는 사람에 대해 먼저 이해하고, 내가 갖고 있는 가치관, 경험요소, 직업관, 포부, 의지 등을 드러낼 수 있다.

실제로 뻔한 1분 자기소개를 했던 생존이가 "경험 정리 클래스(이츠미)"를 통하여 이미지를 어떻게 변화시켰는지 챕터 6에서 확인해보면 더 쉽게 이해가 될 것이다.

② 내가 원하는 질문으로 유도하기(피싱 법칙 유도)
두 번째 1분 자기소개에서 생존이들이 반드시 해야 할 것은 의도적인 질문을 받도록 1분 자기소개를 구성하는 것이다. 결국, 면접장에서 우리

가 가장 두려워하는 것은 내가 준비되지 않거나 부족한 것들을 물어보았을 때 대처하는 것이다.

그렇다면, 내가 먼저 공격을 할 수 있는 유일한 1분 자기소개에서 "내가 준비하고 노력하고 꼭 보여주어야 하는" 필살기를 준비하고 그 질문을 끌어낸다면 어떨까?

즉, 지금부터 1분 자기소개에 대한 관점을 전환해야 한다.

지금까지 알고 있고 실행했듯이, 그냥 1분 동안 하고 싶은 말을 하면 수많은 자기소개 중 하나가 될 뿐이다. 우리들은 이러한 전략으로 생각하고 준비해야 한다.

내 소개를 듣고, 면접관에게 궁금증(호기심)을 갖게 하여, 내가 원하는 질문으로 끌어들이는 것(피싱 법칙)이 핵심이다. 만약 이러한 상황이 연출된다면 그 질문은 이미 나에게 예상된 질문이기 때문에 많은 고민의 시간과 연습을 바탕으로 충분히 필살기 답변으로 이어지고, 이렇게 된다면 면접 초반부터 분위기가 좋을 수밖에 없다.

그렇기 때문에 반드시 이 2가지를 꼭 기억하고 다음 6가지 체크리스트를 확인해서 준비한다면 보다 여유 있는 생존의 시작을 할 수 있다.

〈6가지 체크리스트〉

- 내 1분 자기소개가 들리는가?

- 내 스토리를 담고 있는가?

- 내 이미지, 키워드의 한 줄이 있는가?

- 지식의 저주에 빠져있지 않은가?

- 경험의 나열이 되지 않았는가?

- 내 이미지와 맞는 1분 자기소개인가?

1분 자기소개 6가지 체크리스트: 원데이 부트캠프 실제 사례

면접관도 놀란, 3일 만에 바뀐 1분 자기소개 심폐소생. 이렇게 바꿨습니다

1분 자기소개, 이 3가지를 바꾸면 합격 시그널!

면접관을 끌어당긴 1분 자기소개의 1가지 공식

2) 지원동기

생존이들이 집중해야 할 두 번째는 바로 "지원동기"이다. 1분 자기소개와 함께 항상 지원동기에 대해서 강조하였다. 하지만 몇 년 전, 프로그램을 진행하다가 한 친구에게 이런 질문을 받고 당황했던 적이 있다.

"중대장님, 인사담당자 출신이었던 분이 이제 구조화 채용으로 바뀌면서 지원동기가 별로 중요하지 않다고 하는데 이거 꼭 해야 하나요?"

물론 이 말이 채용 전문가분들 입장에서는 맞는 이야기일 수 있다. 각 산업과 직무 역시 트렌드라는 것이 있고 이런 트렌드에 따라서 방향성이 달라지기 때문이다. 하지만 미안하게도 나는 그 친구에게 내 생각을 전달해주었다.

나는 이 일을 하면서 무엇보다 중요하다고 생각하는 것이 "지원동기"이다. 질문을 주었던 친구에게 한 가지 아쉬웠던 것은 너무 정보에만 집중하였다는 것이다.

구조화 채용이건, 면접 질문에 이 질문이 잘 나오지 않건 지원기업에 면접을 보러 가면서 "내가 왜 지원하는지"에 대한 이유도 없이 간다는 것 자체가 말이 되지 않는다.

내가 지원할 이유도 모른 채 면접 질문에 나오지 않아서 나는 준비하지 않는다고 생각을 한다면, 반드시 면접, 취업에 대한 본질적인 생각을 다시 해볼 것을 추천한다. 전문가 프레임이 무서운 이유는 바로 이런 현상들이 발생되기 때문이다.

우리들 대부분은 배운 대로 행동하는 경우가 많다. 이런 상황에서 학생들은 분명 권위자에게 배운 내용을 바탕으로 적용을 하려고 했던 것이지만, 앞으로 살아갈 날이 훨씬 많이 남아있는 우리들에게 이러한 생각은 엄청난 독이 될 수 있다는 사실을 기억해야 한다.

면접에서 나오는 질문을 준비하는 것은 "효율성"을 위한 연습이다. 하지만 면접과 취업 모두 효율만 추구할 수는 없다. 결국, 나라는 사람을 검증하게 되는 것이고 그 검증 과정 중 하나가 면접일 뿐이다. 그렇기 때문에 이 취준 과정을 경험하며 스스로 지원하는 기업과 산업에 대한 본질적인 생각을 반드시 해야 한다. 그렇지 않으면 이러한 이야기들에 계속해서 휘둘리게 된다.

지원하는 기업에서 일을 하고 싶고, 내가 정말 원한다면, 당연히 "내가 그 기업에서, 산업에서, 직무에서 무엇을 하고 싶은지"를 생각해보는 것이 맞지 않을까?

하지만 많은 청년들은 면접이라는 시험만 생각하기 때문에 이러한 식으로 사고하는 경우가 많다. 시험에 나오는 부분은 공부를 하고, 시험에 나오지 않는 부분은 과감히 패스하는 우리가 여태껏 해온 "주입식 교육"의 경험들로 우리는 스스로 면접 준비를 망치고 있었던 것이다.

적어도 『생존면접 바이블』을 읽고 있는 생존이들은 달랐으면 한다.

(1) 지원동기가 중요한 이유

지원동기가 중요한 이유는 명확하다. 지금 원서를 제출한 그 기업에서 내가 앞으로 일을 하게 될 수도 있기 때문이다. 즉, 앞으로 나의 먹고사니즘에 이 질문 하나로써 나의 로열티를 판단할 수 있게 해주기 때문이다.

성격의 장단점, 갈등 경험 등 수많은 면접의 질문들이 있지만 이런 질문은 답변을 잘못할 수도 있고, 사실 부족할 수도 있다. 하지만 지원동기는 적어도 면접관으로 하여금 내가 지원하는 산업, 기업, 직무에 어느 정도 관심을 갖고 있는지 알 수 있는 굉장히 중요한 질문이기 때문에 우리는 우선순위가 높은 이 부분에 집중을 해야 한다.

즉, 진짜 나의 생존을 위해서도 중요하고, 면접관의 입장에서도 관심 있고 앞으로 열정을 갖고 일할 수 있는 지원자를 미리 확인할 수 있는 질문이다.

(2) 지원동기를 준비하는 우리의 현실

하지만 안타깝게도 지원동기를 준비하는 현실은 대부분 비슷하다. 물론 비슷하다고 해서 잘못된 것은 아니지만 결국 비슷한 방법으로 하면 비슷한 결과와 평가를 받는 것이 일반적이다.

지원동기는 사실, 면접장에서 면접을 보러 들어갈 때까지, 아니 더 정확히 말하자면 합격자 발표가 나는 그 순간에도 많은 생존이들이 불안함을 갖고 있다. 그만큼 어렵고 힘든 것이 사실이고, 이렇게 어렵고 힘든 이유는 명확하다.

사실, 우리는 취업(입시)을 위해서 많은 준비들을 하고 있지만 한 곳의 기업만을 위한 준비를 하지 않기 때문에 딱히 지원하는 기업의 지원동기를 만들지 못하는 것이 우리들의 현실이다. 그렇기 때문에, 면접에는 참석하지만 진심으로 "산업과 기업과 직무에 대한 고민"을 제대로 해보지 않았고 그러한 과정을 경험하지 못한 경우가 대부분이다.

즉, 취업 준비를 하면서 진정성 있는 나의 방향성과 꿈에 대한 생각을 해보지 못한 채, 취업이라는 목표만 달성하려고 하는 것이 우리의 현실이다. 또한 이러한 현실이다 보니 방법론적으로 지원동기를 찍어내야 한다는 생각을 가진 채 면접게임을 하고 있는 것이다.

그러다 보니 진짜 지원동기는 없는 것이 대부분이고, 남들이 하는 대로,

지원하는 기업의 이슈를 복사, 붙여넣기 하는 자소서를 작성하게 되고, 이렇게 합격한 자소서는 진정성과 나만의 WHY+ME(와이나)가 전혀 없기 때문에 면접장에서 더 당황하게 되는 경우가 많다.

(3) 지원동기, 이렇게는 하지 마세요

대부분의 지원동기는 다른 생존이들이 하는 방식을 그대로 모방한다.

① 자소서를 작성할 때 활용했던 기업의 이슈를 복붙하고
② 그 내용에 대한 큰 고민 없이 면접장에서 얘기하는 정도이다.

지원동기를 잘 만들기 위해서는 사실 단편적인 한두 가지의 기술만 필요한 것이 아니라, 산업을 이해하고(산업 분석), 기업에 관심을 갖고(기업 분석), 직무를 미리 준비하는(직무 분석) 이러한 과정들이 필요하다. 하지만 우리에게 이처럼 준비할 수 있는 시간이 부족하기 때문에 우리는 지금 할 수 있는 이와 같은 방법으로 복붙을 하고 있다.

물론 이렇게 해서 면접에서 합격하는 생존이들이 있다. 하지만 어리를 체인지에서 함께하며 과정에서 결과를 이뤄낸 사례들은 절대 이런 방법이 아니었다.

정말 운이 좋거나, 스펙이 좋다면 이러한 방식으로 지원동기를 준비하

면 된다. 하지만 그게 아니라면 지금부터 설명할 2가지를 꼭 기억해서 지금부터 지원동기를 만들어야 한다.

(4) 지원동기, 2가지만 기억하면 됩니다

지원동기를 우리가 너무 어렵게 생각하는 이유는 생각과 경험(행동)을 해보지 않았기 때문이다. 내 스펙요소와 전혀 상관이 없는 부분이기 때문에 우리는 이 2가지(생각, 경험(행동))에 집중해서 면접장에서 나만의 WHY+ME(와이나)로 전달하면 된다.

① '제가 지원하는 기업·직무·산업에서 ○○○을 어떻게(HOW) 해 보겠습니다!' 전략

이 한 문장으로 면접관은 나의 의지를 확인해볼 수 있다. 물론 무조건 이렇게만 지원동기를 작성해야 하는 것은 아니라는 것을 다시 한번 이야기한다. 우선순위가 높은 질문이기에 이런 질문에서 중요한 것은 "관심(로열티)"을 어떻게든 표현하는 것이다.

하지만 진짜 내 로열티를 표현하기에는 시간도 스토리도 모두 이야기를 풀어놓을 수 없는 상황이기에 "나 관심 있어요"라고 어필하며, 상대방으로 하여금 궁금증을 유발하는 것이다.

결국, 진짜 "저는 이러한 이유로 지원했습니다"라고 이야기하는 방법도

있지만(두 번째) 나의 포부나 미래의 목표를 이야기하면서(입사 후 포부식 지원동기) 지원하는 산업, 회사, 직무에 관심이 있다는 것을 어필하는 전략이다.

만약 이렇게 나의 의지를 전달한다면 그 한 문장에 대한 질문이 이어질 수 있고, 그 질문에 대한 WHY와 ME(나의 경험)을 잘 전달하면 충분히 주도권을 끌고 갈 수 있다.

이 한 줄을 구체화하는 작업(산업, 기업, 직무 분석)이고, 나만의 WHY를 만드는 과정이다.

② 나만의 스토리를 활용한 전략 - 뻔한 경험도 지원동기로 쓸 수 있다

①의 방법대로 하고 싶은데, 진도가 나가지 않는다면 ②번의 방법으로 연습을 해보면 된다. 사실 모두가 지원동기를 입사 후 포부 식으로 작성하기는 힘들다. 혹시나 1번이 적용이 안 된다면 나의 스토리를 활용한 전략으로 지원동기를 구성해보는 것을 추천한다.

특히 지원동기를 스스로 만들기 힘들어하는 생존이들이 "경험 정리 클래스(이츠미)"를 통하여 스스로의 로열티를 만들고 싶어 한다. 10명 중 9명은 엄청나게 새로운 필살기를 생각하고 클래스를 진행하지만, 수업 과정을 돌아보면 "평범하고, 너무 뻔하다고 생각하고, 이걸 지원동기로 말할 수 있나?"라고 하는 내 스토리가 지원동기로 연결되는 모습을 보고 놀라움을 감추지 못하는 사례들이 많다.

우리는 지원동기라고만 하면 굉장히 멋있어 보이고, 있어 보이는 것들을 생각한다. 그 생각부터 변화시켜야 한다. 말 그대로 내가 왜 이 산업과 기업에 지원했는지에 대한 WHY가 전달되면 되는데 대부분 솔직하게 이야기하면 안 된다는 생각을 갖고 있다.

소재가 중요한 것이 아니다. 진짜 내가 그 기업에 WHY 입사하고 싶은지를 생각해보고, 나의 스토리를 구성해보는 것을 추천한다.

미술을 전공했지만 자동차 세일즈부서에 지원한 생존 사례를 살펴보자.

생존이는 미술이 그냥 좋았고, 대학 생활 내내 그림만 그렸음, 특히 사람을 좋아하고 인물 중심 그림을 많이 그렸다, 유일하게 스트레스 푸는 법은 드라이브다. 미술만으로는 생계가 힘들어서 다른 먹고사니즘을 고민하고 있다.

만약, 이 생존이처럼 이러한 상황이라면 우리 생존이들은 어떻게 지원동기를 구성해볼 수 있을까?를 지금부터 1분만 고민해보면 어떠한 것들을 지금 해야 하는지 알 수 있다.

우리들이 갖고 있는 기본적인 생각은 다음과 같다.

- 미술을 전공했는데 자동차 회사 세일즈 부서에 어떻게 지원하지?
- 미술을 전공했는데 지원동기로 어떻게 포장할 수 있을까?

대부분 이 2가지를 고민하게 되는 상황에 직면할 수밖에 없다. 하지만 위에서 간략히 "생존이의 과거경험"을 키워드로 나열해보았다. 만약 이 생존이가 경험 정리 클래스(이츠미)를 진행하는 과정이라면 어떻게 해서든 "과거 경험의 키워드"를 더 많이 나열하게 하였을 것이다.

하지만 일단 이 정도의 키워드만 있다고 생각하고 지원동기를 한 번 생각해본다면 어떻게 활용할 수 있을까? 우리가 지금 연습해야 하는 것은 "관점의 전환"이다. 나는 금융권에 지원한다, 자동차 산업에 지원한다, 화장품 산업에 지원한다! 이런 사고에서 벗어나서 하나의 사례에서 어떻게 자연스럽게 연결을 시킬 수 있을지에 집중해야 한다.

만약 이 생존이가 우연찮게 면접장에서 면접을 본다고 가정을 해보겠다.

면접관이 이렇게 묻는다.

"○○ 생존이 님, 미술을 전공했는데 왜 저희 회사 지원했나요?"

① 저는 어렸을 적부터 사실 누군가를 관찰하고 그리는 것에 흥미를 느꼈습니다. 그래서 미술에 관심이 많았고 자연스럽게 미대에 진학을 하였습니다.
   → 인정, 나는 미술을 좋아하는 사람이다.
② 특히 사람들과 함께 하는 것을 좋아했고, 사람들의 감정을 표현하는 그림을 그리면서 주변 지인들에게 선물을 해줄 때 그 기분은 이루 말

할 수 없었습니다.

③ 하지만 개인적인 이유로 더 이상 미술을 하기 힘든 상황이라고 판단 하였고, 그다음으로 제가 잘할 수 있는 일이 무엇인지 고민해보았습니다. 이런 과정에서 저는 제가 알지 못했던 또 다른 인생의 히든카드를 발견했습니다.

④ 저는 미술과 함께 항상 차를 타고 다녔고, 힘들거나 우울하거나 기쁠 때 드라이브를 하는 게 일상이었습니다. 저에게 있어서 차는 단지 수단이 아닌, 제 감정을 함께한 동반자였습니다.

⑤ 물론 지식적인 부분은 지금 조금 부족할 수 있습니다. 하지만 차를 사랑하는 마음과 더불어 다른 분들이 보지 못하는 미세한 부분까지 고객님들을 위해 전달드리고, 항상 기분 좋은 웃음을 드릴 수 있는 고객님만을 위한 그림으로 저희 ○○차의 남다른 서비스를 꼭 제공 하는 것이 제 소망입니다.

예를 들어서, 자동차 회사와 전혀 상관없던 삶을 산 생존이가 면접장에서 자신의 경험만으로 이런 솔직담백한 이야기를 전달했다면? 합격과 불합격은 우리가 알 수 없는 부분이지만 적어도 이 이야기에 귀를 기울일 수밖에 없다는 생각은 할 수 있다.

즉, 경험의 일관성도 중요하고 경험의 크기도 중요하지만 무엇보다 중요한 것은 내 경험을 어떻게 해석해서 상대방에게 전달하느냐이다. 지원동기 역시 엄청난 스킬보다 이러한 식으로 한 번이라도 내 스토리로 연결하는 연습을 해본다면, 지금보다 충분히 더 좋은 내용의 지원동기가 될 수 있다.

3) 우리 회사 아는 대로 다 말해 보세요

3번째 우선순위 질문은 바로 이 질문이다. 공채이건 일반 면접이건 요즘 들어 더욱 많이 출제되는 유형 중 하나이다. 결국, 지원하는 지원자가 우리 회사(학교)에 관심이 진짜 있는지를 확인하는 문항이라고 볼 수 있다.

사실 1, 2번과 같이 엄청난 우선순위가 있는 것은 아니지만 3번째로 포함한 이유는? 이 질문이 나올 줄 알고 미리 준비하는 생존이들은 많지만 정작 대비를 잘하지 못하고 누구나 하고 있는"나열"만 하는 경우가 많기 때문이다.

(1) 이렇게는 하지 마세요

① 조사한 내용을 모두 말하려고 하지 않는다

면접장에서 이 질문을 받을 때 반응은 2가지다. 이 쉬운 질문도 준비를 하지 않고 면접장으로 가는 생존이들도 있고, 질문에 대한 답변은 준비했지만 내용만 나열하고 돌아오는 생존이들도 있다.

먼저 이 질문의 경우 위에서 설명을 하였지만 엄청난 의도보다는 지원자의 관심을 보기 위함이다. 즉, 질문이 중요한 것이 아니라 우리 생존이들이 이 질문에 어떻게 답변을 할 것인가가 더욱 중요하다.

하지만 많은 생존이들이 내가 학습하고 조사한 내용을 전달하려는 경우가 많다. 이 역시 "관점 전환"이 제대로 되어있지 않기 때문에 발생한다. 또 누군가는 이렇게 생각할 수 있다.

"아니, 면접관이 아는 대로 다 말해달라고 해서 다 말하는데 그게 뭐가 문제예요?"라고 할 수 있지만, 진짜 면접관의 속마음은 "아는 것을 나열만 하는 것이 아니라 우리 회사에 대한 로열티를 보여줘"라고 이해하면 쉽게 해결된다.

즉, 면접관도 모든 산업, 회사, 직무의 이슈를 우리가 알고 있다고 해서 엄청난 전문가라고 생각하지 않는다. 그렇기 때문에 우리는 "관심 있어 보이게"끔 답변을 미리 생각하고 구성하는 것이 중요하며 그 방법들은 "생존 필살기"에서 소개된 "FA5050"이나 "티포인트"로 로열티를 보여주는 것을 추천한다. (티포인트적 사고)

② 지식의 저주에 빠지지 않는다
"모두 다 얘기해보세요"라고 했을 때 특히 공부를 많이 한 생존이들의 경우, 나의 지식 필살기를 대방출한다. 산업, 직무, 회사 등 분석한 것들을 기계처럼 말하며 속으로 "역시 나는 잘했어"란은 생각을 하게 된다.

하지만 이런 생각은 면접장에서 정말 위험하다. 지식과 전문성을 강조하려고 하는 순간 그다음 질문이 송곳처럼 뾰족해지고 날카로워질 수 있다. 그러다 보면 스스로 부족한 지식의 틈이 발생되고, 그 틈이 발생되고 면접관의 몇 번의 질문에 멘탈이 붕괴되는 경험을 하게 된다.

즉, 조사한 내용 모두를 전달하는 것이 중요하지 않고, 지식자랑만 하려고 하면 안 된다.

물론 모든 면접관이 이런 생각을 갖고 있을지는 모르겠지만 결국, "우리 회사에 대해 다 말해보세요"라고 했을 때 우리는 티포인트를 적용해서 "현재의 이슈"와 더불어 "나의 생각(오피니언)"을 전달하면 된다.

그럼 어떻게 조금 더 적용을 해보면 좋을지 알아보겠다.

(2) 생존 필살기 2가지만 기억하면 됩니다

① WHY에 대한 이야기를 반드시 먼저 한다

우리 회사에 대해 아는 것을 말해달라고 할 때 핵심 이슈 1-2가지를 사전에 꼭 준비를 해야 하고 그것에 대한 이야기를 전달하면 된다. 단, 그 이슈가 WHY(왜) 지원하는 산업, 기업, 직무에 중요한지 나만의 생각(인사이트)을 도입부에 드러내면 좋다.

즉, 내용에 대한 준비는 각자하는 것이지만 방식을 조금 바꿔보는 것이

다. (관점 전환)

"저 A부터 Z까지 10가지 알고 있어요" 이런 느낌이 아니라 "제가 평소에도 특히 ○○산업, ○○기업에 관심을 갖고 있는데 요즘 많은 이슈 중 특히 우리 회사의 ○○이슈, ○○이슈에 (WHY, 왜?) 관심이 많습니다"라고 단지 암기된 답변이 아닌, 자신만의 생각이 있다는 것을 어필할 수 있다.

② 티포인트에 대한 내용을 포함한다

위처럼 WHY에 대해서 나의 생각을 전달한 것도 훌륭하지만 여기에 티포인트를 추가하면 충분한 차별화를 보일 수 있다. 대부분의 지원자들이 기업과 직무에 관심이 있다는 표현을 경제신문 및 검색 정보를 통하여 전달하는 것이 대부분이다.

물론 이런 내용들 중 정말 중요한 내용들도 있기 때문에, 이 방법이 잘못되었다는 것은 아니다. 하지만 이런 질문에서 무엇보다 중요한 것은 나의 생각이라는 것을 다시 한번 이야기하고 싶다.

우리 생존이들은 "작심5일 매십경(매일십분경제)"을 통하여 티포인트 훈련을 지겹도록 하고 있기 때문에, WHY와 함께 짧은 한 줄이라도 티포인트를 전달한다면 면접관은 우리를 관심 갖고 지켜볼 수밖에 없다. (아니면 어쩔 수 없는 것이다. 하지만 지금처럼 내용만 나열하는 것보다는 훨씬 주도적으로 한 번이라도 기회를 스스로 만들 수 있는 환경을 만들고자 하는 것이다)

"제가 평소에도 특히 ○○회사의 △△(이슈)에 관심이 많이 생겨서~ FA5050(현장 방문 등)을 통해 열 분의 고객분들에게 직접 설문지를 받아보면서 금번 신상품의 좋은 점과 혹시 추가되었으면 하는 것을 받아본 결과(ME) (이러한) 부분들에 대한 생각을 말씀하셨고, 이를 확인하며 □□ 상품(제도 등)을 (이렇게) 기획해본다면 (이러이러한) 효과가 있을 것이라고 생각합니다(티포인트)."

만약 면접장에서 이런 식으로 누군가 답변을 했다면 그 생존이에게 관심을 가질 수밖에 없다.

질문은 회사에 대해 아는 점을 말해보라고 한 것이지만, 답변은 그 내용만이 아닌, '회사에 대한 관심 + 관심을 표현하는 실제 행동(ME): 설문지 등 + 내 생각을 통한 아이디어 제안(티포인트)'까지 직접 느끼고 경험한 행동들을 통해 지원 기업에 얼마나 관심이 있는지를 어필했기 때문이다. (이러한 사고가 바로 티포인트적 사고다)

이런 트레이닝을 통하여 많은 생존이들이 이와 같은 방법으로 관점을 전환하고 면접을 준비하며 자신의 이야기를 할 수 있는 힘을 길렀고, 이는 비단 면접뿐 아니라 현업에서도 다른 동기들보다 일을 더 잘할 수밖에 없는 사고를 갖게 해준 원동력이 되었다.

4) 가장 힘들었던 경험

4번째 우선순위는 바로 "가장 힘들었던 경험"이다. 모의면접을 진행하게 되면 이 질문을 반드시 물어본다. 그 이유는 대부분 대답을 잘 못 하기 때문이다. 사실 면접을 준비하는 수험생, 취준생들 입장에서 "가장 힘든 시기"는 지금이다.

하지만 지금을 빼고 힘든 경험을 찾다 보니 ① 무엇을 찾아야 할지도 모르겠고 ② 사실 딱히 힘들다고 생각한 경험도 없다. 그렇기 때문에 이 질문을 받게 되면 10명 중 9명은 버퍼링이 걸린 상태로 무엇을 이야기해야 할지 생각을 하는 것이 일반적이다.

(1) 질문 의도

가장 힘들었던 경험을 묻는 의도 역시 너무 어렵게 생각하지 않아도 된다. 앞으로 우리 생존이들은 입사해서 월급을 받고 직장 생활을 할 사람들이다. 그렇다면? 당연히 월급을 준 만큼 일을 해야 하는 것이고, 일을 하다 보면 힘든 일이 생길 수밖에 없다.

그럼 그 상황에서 이 지원자가 어떻게 그 상황을 잘 극복하면서 회사의 목표를 달성하는 데 기여하고 조직 생활을 잘할 수 있을까? 이 정도만 생각하면 충분하다. 더 이상 어렵고 힘들게 면접관의 의도를 생각하면서 어려운 면접 질문을 할 이유가 없다.

(2) 이렇게는 하지 마세요

① 진짜 내 힘든 경험을 이야기하는 것이 아니다

물론 가장 힘든 경험을 물었기 때문에, 진짜 내가 힘든 이야기를 할 수 있다. 하지만 그 이야기가 진심이라고 하더라도 이곳은 면접장이고 면접관들은 내 진짜 이야기에 귀를 기울여 줄 시간과 여유가 없다.

가장 힘든 경험을 이야기하면서 감정에 복받쳐 눈물을 보이는 생존이들도 있는데, 심리적으로 무너지면 다음 질문에 영향을 미칠 수밖에 없으니 꼭 이런 질문들을 미리 준비를 해야 한다.

힘든 경험을 이야기할 때, 언제, 어디서, 무엇을 이렇게 시간 순으로 또 모든 내용을 세부적으로 이야기하는 경우가 대부분이다. 그런데 "관점 전환"을 해보면 면접관들은 이렇게 우리의 모든 내용들을 알고 싶어 하지 않는다.

여기서 말하는 "진짜 힘든 경험"에서 필수적으로 포함되어야 할 이야기를 하는 것이 중요하다.

② 소재가 중요한 것이 아니다

대부분 지원자들은 소재를 고민하는 경우가 많다. 가장 힘든 경험에 편입경험을 쓰면 안 된다, 취업 경험은 더더욱 안 된다, 대학교 알바경험은 너무 많아서 안 된다 등 안 되는 이유들이 너무 많다. 이렇게 우리들이 생각하는 이유는 "소재"에 집착을 하기 때문이다.

어리를체인지에 뒤늦게 참여해서 함께하는 생존이들 중 학원이나 컨설팅을 받았던 경험이 있는 지원자들이 상당히 많다. 그 생존이들 역시 처음에는 "소재"에 대한 집착이 엄청났다. 여태껏 배우고 학습한 경험들이 그들이 스스로 생각을 더 넓게 하지 못하도록 하고 있었던 것이다.

그 친구들에겐 "이런 소재는"안 된다는 것에 대한 명확한 기준점이 있다. 하지만 "생존면접 클래스"와 "경험 정리 클래스"를 진행하면서 그 관점을 조금씩 바꾸게 되고, 이러한 방법으로 기적 같은 결과를 내며 면접에 대한 본질을 알아간다.

다음 챕터에서 실제 생존이들의 사례들이 나오는데, 이런 소재도 가능해? 라고 생각하던 소재로도 충분히 답변과 합격이 가능하다는 것을 느낄 수 있다. 중요한 것은 소재가 아니다.

③ 경험의 크기에 집착할 필요가 없다

이 질문을 처음 받는 지원자들 중 많은 생존이들이 "가장"에 속하는 경우가 너무 많다.

왠지 다른 지원자들의 답변보다 내가 조금 더 힘들어 보여야 면접관들이 내 가치를 인정해준다는 생각을 하면서 경험의 크기에 집착하는 경우가 많다. 이 역시 마찬가지이다. 중요한 것은 경험의 크기도 아니고, 옆 지원자와의 비교도 아니다. 온전히 나만의 WHY가 중요할 뿐이다.

(3) 생존 필살기, 3가지만 기억하면 됩니다

① WHY 그 경험이 나에게 힘들었는지가 중요하다

많은 생존이들이 이 WHY를 빠트리고 말하는 경우가 많다. "생존면접 클래스"를 통해 생존한 우리 생존이들은 나만의 WHY가 있었다. 반드시 왜 그 경험과 상황이 나에게 힘들었는지를 생각하고 정리해야 한다. (이 시작은 "핵키픽"부터)

② 그 경험을 통하여 배우고 느낀 것이 무엇인지

앞으로도 직장 생활을 시작하면 분명히 힘든 일들이 많을 것이기에 그 과정에서 무엇인가를 배우고 느낀 사람이 더욱 성장할 수밖에 없다. 그렇기 때문에 우리는 과거의 경험을 바탕으로 이런 힘듦을 통해서 무엇을 배우고, 느꼈다는 것까지 전달을 한다면, 조금 더 성숙하고 성장한 사람으로 평가 받을 수 있다.

③ 이 경험이 앞으로 직장 생활 하는 데 어떤 도움, 기여를 할지

이 내용은 필수는 아니지만 만약 답변을 할 시간이 된다면 생각을 해보는 것이 좋다. 결국 이런 과거의 우리의 경험들을 통해서 지원하는 회사에서 어떻게 기여할지를 아는 사람이 일을 당연히 더 잘할 수 있다고 생각할 수밖에 없다.

5) 공백기

마지막 5번째 우선순위는 바로 "공백기 질문"이다. 이 질문을 포함시킨 것은 의외로 많은 지원자들이 어려움을 갖는 질문이기도 하고 길어지는 취업 준비 기간에 누구나 약간의 공백기는 발생되기 때문이다.

공백기가 있다고 해서 잘못된 일은 아니다. 하지만 많은 지원자들이 이 질문을 받게 되면, 대부분은 움츠려들고, 방어적인 답변을 하는 경우가 많다.

물론 공백기가 상당히 길면 문제가 될 수 있는 부분도 있지만, 그 또한 내가 어떠한 방식으로 생각하고 전달하느냐에 따라서 전혀 상관없는 문제가 될 수도 있다.

3개월이면 괜찮나, 6개월이면 괜찮나, 1년은 어떻게 이야기해야 하나 등 수많은 질문들이 있지만 "어리를체인지"에서 함께한 생존이 케이스 중 "5년 공백기"까지 있었기 때문에 그 이하라면 걱정을 내려놓고 다음 내용을 확인하면서 우리만의 스토리를 만드는 것을 우선으로 해야 한다.

(1) 질문 의도

우리는 너무 많은 의도를 생각한다. 물론 의도를 갖고 물어보는 면접관들도 있겠지만 이력을 보다가 정말 궁금해서 물어보는 면접관들도 있다. 상대방이 생각하지 않는 부분까지 너무 깊게 고민하면 내가 할 수 있는 말도 못 하게 된다.

만약 면접관이 의도를 갖고 질문을 했다면? 이런 생각을 가질 수는 있다. 졸업한 학과와 지금의 지원 직무가 전혀 연관성이 없는 경우, 공백기 동안 무엇을 했는지 진심으로 궁금해할 수 있다.

또한 대학 졸업을 한 지 꽤 오랜 시간이 지났다면, 그동안 지원자가 무엇을, 왜 했는지 궁금해할 수도 있다.

심플하게 생각하자. 의도를 갖고 물어볼 수도 있고, 의도하지 않고 그냥 궁금해서 물어볼 수 있다. 중요한 것은 그 공백기에서 내가 무엇을 했는지, 그 과정에서 내가 무엇을 배우고 경험했는지, 또 그 과정에서 지금 지원하는 기업과 연계되는 포인트들이 있는지를 미리 꼭 확인해보는 것을 추천한다.

(2) 이렇게는 하지 마세요

① "죄송합니다!" 하지 말기

이 질문을 면접장에서 받았을 때 생존이들 대부분은 무의식중에 "죄송합니다"라고 하는 경우가 많다. 물론 처음부터 이런 답변을 하는 것은 아니지만, 점점 꼬리질문을 하게 되면, 현재 지원하는 기업과 공백기 때 했던 행동의 일관성이 깨지는 경우가 많은데, 취준생 입장에서는 그 공백이 잘못된 행동이라고 생각하는 경우가 대부분이다.

하지만 이렇게 생각을 해보면 된다. "죄송합니다" 등의 자신감 없는 표현을 하는 순간 우리는 과거에 대하여 부정을 하는 것이다. 인생에서 공백기를 갖는 것이 무조건 잘못되었다고 생각하는 그 생각을 지금 우리는 먼저 바꿔야 한다. 그래야 끌려가지 않을 수 있다.

조금만 상식선에서 생각해보면 왜 우리가 이런 관점을 가져도 되는지 이해할 수 있다. 한 사람의 인생은 태어났을 때부터 지금까지 한 가지의 목표와 꿈으로 일관되게 살아갈 수 없다. 인생을 살아가며 가치관이 변하고 직업선택기준을 포함한 많은 것들이 변하는 것이 너무나 당연한 현실이다.

공백기가 있었음을 정당화하라는 것이 아니다. 답변을 하기전, 무조건 움츠러들 필요가 없다는 것이다.

② 방어적으로 답변하지 않기

사람은 이런 상황이 되면 "방어"를 하기 급급하다. 심리적으로 내가 끌려가고 있다는 생각이 들기 때문에 "공백기 동안"에 내가 한 것을 증명해야 한다는 심리적 압박이 있다. 물론 연계성을 찾는 것은 좋지만, 그냥 면접의 답변으로 그것들을 끼워 맞추려고 한다면 꼬리질문이 계속 들어올 때 일관성이 더 깨지게 되는 경험을 할 수 있다.

자꾸 방어식의 답변을 하는 것보다는 제대로 된 경험 정리를 통해서 솔직하게 스토리를 전달하되, WHY+ME(와이나)를 포함해서 전달하는 것이 중요하다.

(3) 생존 필살기, 3가지만 기억하면 됩니다

① 인정하기

공백기는 절대 잘못된 행동이 아니다. 우리가 인생을 살아가면서 경험의 일관성이 유지하며 살아가는 것이 어찌 보면 더 이상한 흐름일 수 있다. 우리가 진짜 생존을 해야 한다면, 생존면접에서 우리가 연습한 것과 같이 그 상황을 이해하면 생각과 답변 또한 심플해지게 된다.

공백기에 대해서 기간을 묻는다면 자신 있게 그때 공백기가 있었다는 것을 인정하면 된다.

② 그 기간 동안 무엇을 했는지 WHY가 있어야 한다

단, 그 기간 동안 무엇을 했는지, 얼마만큼 했는지, 왜 그 경험을 했는지를 말하면 면접관이 생각하기에 이해가 된다면 전혀 문제가 될 것이 없다. (어설픈 거짓말은 하지 않기)

③ 그 과정에서 무엇을 배우고 느꼈는지(배느알 법칙)

마지막으로 공백기 동안 한 경험들을 통해서 내가 무엇을 배우고 느꼈는지, 또 만약 공백기의 경험들과 지금의 기업, 직무, 산업과 연계가 없다면, 그 경험들을 통해서 배운 것을 바탕으로 어떻게 티포인트를 적용할 수 있을지를 이야기하면 된다.

이렇게 챕터 5에서는 면접에서 모든 것들이 물론 중요하지만, 특히 먼저 준비해야 할 5가지 우선순위 질문들이 무엇이고, 어떠한 방향성으로 준비를 해야 하는지 함께 알아보았다.

이 5가지만 연습을 하라는 의도는 전혀 아니다. 누군가는 시간이 없을 수도 있고, 또 누군가는 우선순위로 고민할 수가 있기 때문에 그런 고민을 할 시간이라면 이 5가지 질문이라도 먼저 준비해서 면접장에서 주도권을 끌고 가서 생존을 하자는 의도이다.

다음 챕터 6에서는 실제 요즘 면접장에서 많이 출제되면서 우선순위가 있는 면접 질문들에 대한 답변을 실제 어리를체인지에서 함께했던 생존이들의 기출+면접복기를 통하여 알아보겠다.

Chapter 6

생존면접 실전 사례 10가지

1) 1분 자기소개 Before&After

1분 자기소개의 중요성은 이전 챕터에서 알아보았다. 금번 챕터 6에서는 실제 인생을 변화시킨 실제 생존이들의 사례를 확인하며 지금 내 1분 자기소개와 다른 점과 더불어 나는 어떠한 1분 자기소개를 구성할지 고민해보는 시간을 가졌으면 하는 바람이다.

생존 사례 1 2점 대 학점, 무자격증에서 인생을 변화시켰던 사례

Before 1분 자기소개

안녕하십니까? 교직에서 은행으로의 도전을 꿈꾸는 열정가 지원자입니다. 저는 공립초등학교에서 3년간 2,500시간의 수업과 100회가 넘는 상담을 진행하면서 대면 의사소통 능력을 길렀습니다. 또한 초등학교 저학년부터 50대에 이르는 학부모부터까지 다양한 연령대와 상담하면서 의사소통 역량을 갈고 닦았습니다. 그리고 저의 강점인 실행력을 살려 20회가 넘는 지점 방문을 하였습니다. 다양한 지점분들을 만나고 상담을 받으며 상담을 받았습니다.

이를 통해 고객의 입장에서 은행의 서비스를 경험하였고 또 제가 가진 대면 의사소통 역량이 은행에서 잘 발휘하기 좋겠다는 생각이 들어 지원하게 되었습니다.

이 1분 자기소개는 이 생존이의 최초 1분 자기소개는 아니었으며 본격적으로 준비를 하기 시작하고 약 4개월 정도 된 시점에서 모의면접을 진행하였을 당시 활용하였던 자기소개이다.

스펙과 관련 경력은 전혀 없었지만 정말 "면접중대장" 채널의 모든 영상을 시청하고, 기록하고, 잠재의식 미션을 매일 진행하는 등, 스스로 적용하려는 노력을 하였고, 이렇게 노력한 결과 표현하는 힘을 조금씩 갖추기 시작했다.

하지만 이러한 노력과 달리, 좀처럼 기회가 찾아오지 않았다, 그럼에도 불구하고 이 생존이는 "작심5일 매십경, 매십면"을 단 한 번도 쉬지 않고 (약 9개월), 매일 스스로와의 싸움을 하며 "나만의 스토리를" 쌓아나갔다.

이러한 노력 끝에, 단 한 번의 소중한 기회가 주어졌고 극적으로 인생의 드라마를 완성했다. 아래 1분 자기소개는 최종합격했을 당시의 내용이다.

After 1분 자기소개

저는 처음에 누군가를 가르치고 알려주는 것이 좋아서 교사를 첫 직업으로 선택했습니다.
이전에도 물론 자산관리에 관심이 있었지만 사회에 나와 보니 살아가는 데 있어서 금융지식이 정말 중요하다는 것을 몸소 깨달았습니다. 그래서 은행산업에 관심을 가지게 되었고, 퇴근 후에는 1년간 저만의 인턴 생활을 했습니다. (이 부분 또한 "12주 라이프 리부트캠프" 등에서 알려준 방향성을 바탕으로

스스로 적용하며 실제 면접장에서 활용하였다)

27곳의 은행의 현장 방문을 하였고, 27분의 행원분을 만날 수 있었습니다. 경제기사를 읽고 공부한 내용을 바탕으로 640개의 글을 블로그에 올렸습니다. (피싱 법칙+노력의 흔적)

저만의 인턴 생활을 통해서 제가 느낀 것은 제가 은행에서 일을 하게 된다면 저 스스로도 더 성장하고 더 많은 사람들에게 제 가치를 전달할 수 있겠다는 확신이 들었습니다. (배느알 법칙)

이러한 저의 열정을 활용하여 은행에서 고객분들에게 금융혜택을 전달하고자 지원하게 되었습니다. 감사합니다.

1분 자기소개의 전과 후, 각각의 색깔이 있지만, AFTER 1분 자기소개는 확실한 우리만의 의도를 갖고 구성하고 연습한 것이다. 결국, 경험 정리(ESP) 3단계를 통하여 강점과 경험 포장으로 생존 필살기를 1분 자기소개부터 시작하였고, 이러한 의도적 1분 자기소개를 듣고, 면접관은 우리들이 의도한 대로 질문을 하기 시작했다. (피싱 법칙)

1분 자기소개는 그냥 시간을 때우는 시간이 아니다. 모든 기업들이 자기소개를 시키는 것은 아니지만, 기업에 따라서 준비를 하고, 하지 않는다는 생각을 바꾸어야 한다. 결국, 나를 유일하게 먼저 드러내는 것이 1분 자기소개이기 때문에, 우리는 철저한 우리들만의 "목적"을 갖고 1분 자기소개를 시작해야 한다.

이 생존이는 처음에 굉장히 면접에 불안감을 갖고 있었다. 하지만 스스로 경험에 대한 WHY가 분명하였지만 표현이 서툴렀고, 스피치도 불안하였다. 하지만 본인만의 스토리가 있었기 때문에 의도적인 "피싱법칙"(생존이의 경험)"을 통하여 학원강사의 경험으로 1분자기소대부터 의도된 전략으로 스토리를 구성하였다. 두괄식, 스피치 모두 중요하지만 그보다 중요한것은 이러한 것이 조금 부족하더라도 "진짜 내 스토리"를 들려주는 것이고 그 스토리는 의도된 1분자기소개에서 이처럼 시작할 수 있다.

이 생존이 외에도 수많은 실제 사례들이 존재한다. 다음의 QR영상은 위 생존이의 짧은 과정을 담아놓았기에 "이동하면서 시청해본다면" 더 쉽게 이해할 수 있다.

32번 떨어졌지만, 이 자기소개한 줄로 붙었습니다

1분 자기소개에도 수많은 유형들이 존재한다. 하지만 합격한 자기소개를 따라 한다고 모두가 합격을 하는 것도 아니고, 불합격했던 소개 역시 무조건 잘못된 것도 아니다. 하지만 꼭 생존이들이 기억해야 할 것은, 나의 스토리가 포함되어있지 않은 소개는 내 스스로도 매력적이라고 생각하지 못하고, 듣는 면접관들도 관심을 크게 갖지 않는 다는 것이다.

지금 모든 것이 처음이라 막막할 수 있다. 다음 QR영상들을 시청하며 나에게 맞는 1분 자기소개를 벤치마킹 하는 것부터 해본다면 지금보다 훨씬 나은 방향으로 준비할 수 있다.

면접 공포를 느끼는 지원자를 면접 1등으로 만들어 준 1분 자기소개

BEFORE & AFTER (표현하는게 어려움 =>자연스럽게 나의 스토리로 전달)

안녕하세요. 지원자 00번입니다.

저를 한마디로 말씀드리자면 저를 "명경지수"라고 말씀드릴수 있습니다. 명경지수란 마음이 고요하기 때문에 많은 사람들이 모여드는것이다라는 뜻을 지니고 있습니다. 제가 이렇게 생각하는 이유는? 제가 실제로 10명의 학생들을 담당하였던 학원강사에서 시작해 약 3년후 약 100여명을 담당한 학원강사로 성장할 수 있었습니다.

저는 항상 근무를 할 때 차분, 온화 학생, 학부모님들을 대하고, 학생들이 제 친동생이라고 생각하면서 좀 더 진심어린 마음으로 대하였고, 라포를 형성하여 결과적으로 100명의 학생들을 만날수있었다고 생각합니다. 제가 -00기업에서도 항상 차분하고 온화한 태도로 마주하는 사람들을 대하고, 사람들이 더 나은 미래 든든한 파트너로 하는데 기여하겠습니다.

면접을 준비하다 보면 해야 할 것들이 너무나 많다. 특히 면접 공포를 느끼는 지원자일수록 이러한 상황에서 무엇을 어떻게 해야 할지 모르는 경우가 많다.

면접에 대한 울렁증이 있거나 공포감이 있다면 특히 1분 자기소개에 더 집중을 해야 한다. 앞선 챕터에서 언급을 하였지만 유일하게 내 의지대로 할 수 있는 답변이기 때문이다.

실제 만나본 생존이들 중에서 이러한 케이스들이 너무나 많았다. 지금 소개하는 생존이 역시 면접에 대한 공포감이 너무 있어서 계속 끌려다니던 지원자 중 한 명이었다.

특히 다대일 면접에서 심한 공포감을 느낀 상황이었다. 그러다보니 심리적으로 위축되고 목소리의 떨림도 더 심해졌고 표정도 안절부절못하였다.

그래서 이전 챕터에서 우리가 함께 배워온 생존 필살기와 마인드셋, 그리고 자신의 이야기를 할 수 있는 환경을 조성해 주었더니 조금씩 말의 힘이 붙기 시작하였다.

공포감이 있었기 때문에 한 번에 100점을 받기 위한 생각과 준비를 하려고 하였다. 하지만 모의면접을 진행하며 계속해서 이미지 트레이닝과 더불어 자신의 이야기를 전하는 연습을 하였고 이 과정이 쌓아 가면서 자신감을 찾을 수 있었다.

비록 그 당시 준비했던 기업의 면접은 불합격했지만 얼마 지나지 않아 공공기관 면접에서 1등이라는 기쁜 소식을 들려주며 진짜 생존을 시작할 수 있었다.

면접 공포를 느끼는 지원자를 면접 1등으로 만들어 준 1분 자기소개

다음은 실전에서 우리를 정말 힘들게 하는 질문인 "지원동기"의 실제 사례를 확인하며. 어떻게 준비를 해야 하는지 살펴보겠다.

2) 지원동기

지원동기는 너무나 중요한 문항이다. 이전 챕터에서 기초적인 내용을 확인해보았다면 금번 챕터에서는 실제 생존이들이 면접장 or 모의면접에서 답변한 사례들을 확인해보며 어떠한 지원동기를 구성하면 좋을지 알아보겠다.

생존 사례 1 전혀 다른 전공으로 이직을 하게 된 생존이(학교 선생님에서 금융권)

Q) 왜 선생님을 하시다가 은행에 지원하셨나요?

A) 네, 답변드리겠습니다. 사실 저는 지금도 교사는 굉장히 좋은 직업이라고 생각을 합니다.

→ 회피가 아닌 과거 내 직업 등에 대한 긍정적 생각, 공감, 쿠션의 법칙

하지만 제가 임용고사를 준비할 때도 저는 자산관리에 관심이 있었습니다. 그리고 교사가 된 이후에도 스스로 블로그에 저만의 재테크를 공부한 내용과 재테크 관련 책들을 읽은 내용들을 천천히 정리를

했습니다.

→ 지금 지원하는 기업으로의 이직이 회피가 아닌 진짜 나를 찾기 위한
과정이었음을 간접적으로 어필.

제가 예상했던 것과 다르게 생각보다 많은 분들이 제 블로그에 관심
을 가져주시고, 누군가에는 좀 사소한 글일 수도 있지만 이렇게 제
가 적은 글이 '누군가에게는 삶의 긍정적인 변화로 이루어질 수 있
다'(WHY+ME를 통한 신뢰 확보)는 점이 전 저에게는 굉장히 매력
적으로 다가왔습니다. 그래서 저는 제가 스스로 더 관심이 가고, 그
리고 더 열정 있게 일할 수 있다는 은행에서 일하고자 다짐을 했습
니다.

실제 면접장에서 받았던 질문이었으며 이 생존이는 이 답변을 준비하기
까지 꽤 오랜 시간 동안 준비를 하였다. 사실 지원동기에 정확한 정답은 없
다. 하지만 결국, 수많은 지원자들 중 나를 선발하게끔 하는 표현이 되어야
하기 때문에 학교 시험처럼 한두 번 연습한다고 완벽해지지 않는다.

이 생존이는 면접의 기회를 좀처럼 잡지 못하였다. 하지만 언제 올지 모
르지만 그 한 번의 기회를 본인 것으로 만들기 위하여 매일 퇴근 후 금융
산업에 대한 관심을 기르기 위한 시간을 가졌고, 주말에는 휴식시간을 반
납한 채 FA5050(현장 방문)을 하면서 본인만의 WHY+ME(와이나)를 찾
는 과정을 지속하였다.

사실, 공무원에서 은행원으로 지원한다는 것이 잘못된 것은 아니다. 하지만 면접관 입장에서는 "왜 이 지원자가 이직을 하려고 하지?"라는 궁금증을 가질 수밖에 없고, 그 의문이 해결되어야 그 지원자가 갖고 있는 노력의 흔적 등을 확인하게 된다.

면접관이어서 이렇게 생각하는 것이 아니라, 일반 사람 누구나 이런 식으로 생각하는 심리이기 때문에 우리는 먼저 이 질문에 집중을 하였다. 지원동기를 고민하는 10명 중 8명 이상은 지원 산업, 기업에 대한 진정성 있는 고민을 많이 하지 않는다.

그동안 취업 준비를 위해 쌓아온 스펙과 자격증, 관련 경험들을 이야기하는 데 집중하는 것이 현실이다. 이 생존이에게 무엇보다 중요한 것은 이직을 하는 이유였고, 회피와 과거의 경력에서 좋아 보이는 경력사항을 어필하는 것이 아닌, 내가 왜 금융산업에서 일하고 싶은지에 대한 WHY를 찾는 것이었다.

이 실제 답변을 읽어본다면 면접관 입장에서 고개를 끄덕일 수밖에 없는 "공감"과 자연스럽게 이어지는 "가르치는 게" 좋다는 본인의 강점, 그리고 미래지향적 관점에서 어떠한 은행원이 되고 싶은지에 대한 본인만의 생각을 표현하였다.

엄청난 지원동기는 아니지만 이 지원자만의 스토리가 궁금하게 만들었다. 이 이야기를 듣고 아마도 면접관 입장에서는 이러한 것이 궁금해지는 것이 당연하다.

- 구체적으로 자산관리를 언제부터, 어떻게 관심 갖게 되었는지?
- 그렇다면 처음부터 은행원으로 도전해봤어도 되는데 왜 선생님으로 도전한 건지?
- 블로그에 재테크 관련 내용을 왜 작성하기 시작했는지?
- 최근에 블로그 작성한 내용이 어떤 내용이 있는지?
- 은행에 입행하기 위해 노력한 것이 있다면 무엇인지?
- 이직을 꼭 해야 하는 이유?

등이 궁금할 것이다. 물론 면접관의 성향과 상황에 따라 이 질문들이 궁금할 수도 있고, 아닐 수도 있지만 보편적으로 위 지원동기를 듣고 이러한 질문들을 하고 싶어진다. 만약 이러한 질문을 받고, 이 질문에 대해서 노력한 그 과정을 자신만의 스토리로 잘 전달한다면 면접관분들도 고개를 끄덕일 수밖에 없다.

이 생존이는 실제 면접장에서 이러한 질문을 받게 되었고, 이미 예상된 질문이었고 미래지향적인 관점으로 반복 트레이닝을 지속하며 간절한 1승을 할 수 있었다.

학원 강사를 하면서 학생들을 마주했을 때, 학생들이 실제로 자기 자신을 모르고, 오로지 대학에 대해서만 <u>목표와 대치된 상황을 보면서 좀…</u> (안타까움을 느꼈습니다.) 그런데 그 상황 속에서도 제가 해 줄 수 없는 것도 있고, 또 숙제를 많이 부여하는 게 오히려 학생들이 고민하는 시간을 뺏는 게 아닌가 하는 생각이 들면서 죄책감이 들었습니다.

→ 누구라도 공감을 할 수 있는 부분이며 "공감의 법칙"을 통한 진정성 있는 스토리 전달로 면접관의 공감을 유도.

이러한 과정을 경험하며, 저 자신에 대해 고민하는 시간을 갖게 되었고, 물론 학원 강사라는 직업도 만족하였지만 많은 고민 끝에, 더 많은 청년들이 스스로 자신에 대해 탐구하고, 적성과 자신의 강점을 발현시켜서 원하는 일을 하게끔 도울 수 있는 <u>인재 개발·육성</u>에 힘쓰고 싶다는 생각을 갖게 되었습니다.

→ 엄청난 지원동기는 아니지만 WHY가 분명히 나와 있고, 이 WHY가 나오게 된 ME(나의 생각과 경험)가 있음.

이 생존이는 "공공기관" 인재개발에 지원을 했던 생존이었다. 비록 이 당시 지원했던 기업과의 인연은 없었지만 이러한 스토리를 바탕으로 본인이 원했던 기업 중 한 곳에 합격을 하여 생존을 시작하였다.

모의면접을 진행하며 이 생존이에게 강점이라고 생각했던 부분은 말을 하면서 진정성이 그 누구보다 잘 느껴졌다는 점이었다. 물론 면접이라는 상황에 굉장히 긴장을 하는 성향이어서 목소리도 떨리고 스킬 면에서는 부족한 부분도 있었지만 지원한 직무에 대한 진심이 잘 느껴졌다.

지금도 우리들 중 많은 생존이들은 지원동기를 생각할 때 "그럴듯한" 내용들로 스토리를 구성하는 경우가 많다. 물론 멋지고 그럴듯한 스토리가 있다면 너무나 좋겠지만 일반적인 취준생들 입장에서 지원하는 기업에 대한 엄청난 경험은 사실 별로 없다.

그래서 나의 진솔한 경험을 바탕으로 지원동기를 구성하는 전략이 중요하다. 이 생존이는 실제 학원 강사를 하면서 느꼈던 본인의 솔직한 생각과 더불어 본인이 하고자 하는 일에 대한 미래지향적 관점에서의 생각을 갖고 있었다.

물론, 이 당시 지원한 곳의 면접은 불합격하였지만 탄탄한 본인만의 스토리로 다른 공공기관에서 면접 1등이라는 결과를 받기도 하였다. 아마도 이렇게 준비를 했거나, 열심히 면접 준비를 했음에도 불합격이라는 결과를 받은 대학생, 취준생들이 있을 것이다.

"내가 어떤 것이 문제일까?"를 고민하며 스스로를 성장시키는 것도 중요하지만, 이렇게 탄탄한 나만의 스토리가 있었다면 사실 그 결과는 결과일 뿐이다. 결국, 이러한 과정을 거치면서 연습을 했다면 너무 불안해할 필요는 없다.

지원동기가 어렵다면, 이렇게 본인의 진짜 스토리를 꺼내어 전달하는 방법을 활용해볼 것을 추천한다. 이 시작은 경험 정리 3단계이다.

생존 사례 3 직무 관련 경험은 없지만 다양한 경험들을 했던 생존이 (체육학과 졸업 후 승무원 준비)

사람들 앞에서 제 감정이나 메시지를 제대로 전달하지 못하던 제가 승무원을 꿈꾸며 이미지 개선, 보이스 트레이닝, 연기 수업까지 도전하며 표현력과 자신감을 얻었습니다.

→ 엄청난 지원동기가 아닌 스스로의 솔직한 생각, 변화 과정을 통한 공감의 법칙으로 시작.

'말하는 방식' 하나만 바꿔도 누군가의 하루가 달라질 수 있다는 걸 깨달았고, 그때부터 '제 말을 통해 누군가의 기분을 바꿔주는 직업인 승무원이 되고 싶다'는 생각이 들었습니다.

→ 배느알의 법칙을 통한 직업 선택 기준

대한항공은 국가대표 항공사로서, 브랜드 자체가 신뢰와 고급스러움의 상징. 저는 단지 예쁘게 미소 짓는 서비스가 아니라, 고객이 진짜 신뢰를 느낄 수 있도록 태도, 말투, 눈빛까지 일관된 표현이 가능한 승무원이 되고 싶습니다.

→ 엄청난 지원동기는 아니지만 진정성과 더불어 나만의 WHY+ME(와이나)를 볼 수 있는 진정성 있는 지원동기.

이 생존이는 약 9개월 동안 승무원 학원을 다니며 승무원이 되기 위한 노력을 하였다. 하지만 스스로 납득이 될 만한 지원동기를 만들지 못하는 상황이었고, 그러다 보니 실제 면접장에서 말의 힘이 잘 느껴지지 않았다.

승무원 준비를 하는 누구가나 하고 있는 방식으로 학원에 다니고, 면접 준비를 하고 있었지만 정작 "내가 왜 승무원에 지원하는 걸까?", "승무원으로서 내가 무엇을 하고 싶지?", "앞으로 내 꿈은 무엇이지?" 등을 진지하게 고민하지 못했던 것이다.

후반부 챕터에서 확인하면 보다 자세한 지원동기의 내용을 확인해볼 수 있다. 이 예시는 "생존소대장 AI"를 활용하여 단 10분도 걸리지 않는 시간에 구성된 지원동기였다. 지원동기를 구성하는 것이 너무 어려웠는데 10분 만에 약 5개의 지원동기가 만들어졌고, 이 생존이는 이 내용을 시작으로 본인만의 스토리를 다시 만들기 시작하였다.

결국, 지원동기는 자신만의 스토리가 있어야 하고, 그 스토리가 차별화할 수 있다. 물론 "승무원 면접에서는 지원동기가 중요하지 않아요"라고 이야기를 하는 승준생들도 있다. 하지만 우리는 지금 면접만을 위한 삶을 사는 것이 아니다. 면접에 나온다고 그 내용만 준비하는 그 생각을 변화시켜야 한다.

내가 승무원을 준비하는 데 이와 같은 고민을 제대로 해보지 않은 채, 무작정 영어 실력만 향상시키고, 서비스만 잘한다고 회사에서 좋아할지를 생각해보아야 한다. 항공사 역시 직원들이 오래 일하여 프라이드를 갖고, 끊임없이 티포인트를 함께 고민하고, 서비스의 질을 향상시키고 항공산업의 미래를 변화시켜줄 그런 인재들을 찾고 있다.

하지만 많은 승준생들은 면접만을 위한 준비를 아직도 하고 있다. 그렇기 때문에 차별화가 되지 않는 것이고 결국 이렇게 생각하다 보니 외모, 경험, 영어 실력만이 중요하다고만 생각한다.

물론 승무원이라는 직업의 특성상 이러한 것이 너무나 중요하지만 결국 지원하는 그 산업과 기업에 대한 관심을 짧은 순간이라도 어떻게 표현하는지가 훨씬 중요하다.

결국, 이 생존이는 면접 준비 방법을 완전히 바꾸어 메이저 항공사에서 생존을 시작하였다.

3) 퇴사사유

생존 사례 1 요식업 세일즈 경험이 있었던 생존이(교육 세일즈 직무로 전환)

○○○에서 700명이 넘는 사장님을 만나며 영업을 했지만, 가장 기억에 남는 건 '계약'이 아니라 '변화'였습니다.

→ 자신만의 WHY+ME.

배달 앱이 어렵다며 포기하려던 어르신 사장님께 제가 스케치북에 치킨 그림을 그려가며 수수료 구조를 설명 드렸고, 며칠 뒤 직접 주문을 받으며 웃으시던 모습이 지금도 잊히지 않습니다.

그 순간 느꼈습니다. '나는 단순히 상품을 파는 게 아니라, 사람의 이해를 돕고, 변화에 기여하는 걸 좋아하는 사람이구나.'

→ 배느알 법칙.

군 시절 또래상담병, 스마트폰 봉사처럼 누군가가 제 설명을 통해 달라지는 과정이 늘 보람이었고, 그래서 더 늦기 전에 교육이라는 본질적인 일에 집중하고 싶었습니다. 그 방향의 시작이, 지금 저에게는 ○○입니다.

이 사례는 "생존소대장 AI"를 활용하여 실제 생존이의 퇴사사유를 공유했던 내용이다. 이 생존이의 경우 요식업 세일즈 경험이 있던 상황에서 교육 세일즈 직무를 지원했던 상황이었다. 특히 중고신입들에게 퇴사사유는 부정적인 것으로 생각되기 때문에 이 생존이 역시 많은 고민이 있었고 이와 같은 방향으로 준비를 하였다.

처음에 이 생존이의 답변은 "이러한 부분이 조금 아쉬웠습니다"의 느낌이었다. 물론 직장 생활을 하면서 아쉬움은 누구나 있지만 퇴사사유로서 이러한 이야기를 하게 되면 면접관 입장에서는 "우리 기업에 들어와서도 또 저런 생각을 하는 거 아니야?"라는 생각을 가질 수밖에 없다.

그래서 추천하는 방법은 "미래지향적" 방향으로 생각을 변화시키는 것이다. 즉, 현재와 같은 상황들이 우리들 누구에게 직면할 수 있다. 요식업 경험이 있는데 왜 퇴사를 했느냐고 질문을 받았을 때 지금 지원하는 산업과 기업에 대한 비전과 더불어 무엇을 해보고 싶다는 "입사 후 포부" 식의 생각을 전달한다면, 대화의 중심은 왜 퇴사했느냐가 아닌 미래의 관점에서 하고 싶어 하는 것들을 검증하는 생각으로 변화된다.

이 생존이 역시 이러한 방법으로 퇴사사유를 준비하였고 이렇게 생각을 하다 보니 더 이상 회피하지 않고 본인만의 스토리로 간절한 1승을 할 수 있었다.

생존 사례 2 공무원으로 일을 하였지만, 금융권으로 이직을 희망하는 생존이

중소상공인을 보다 실질적으로 돕고 싶어 지원하였습니다. 공무원으로 일하면서 중소상공인분들과 협업할 기회가 많았습니다, 그 과정에서 그분들의 금융적, 비금융적 어려움들을 접했고, 특히 최근에는 거래업체들이 경제상황 악화로 폐업을 했다는 소식이 들려오며 안타까움이 더 커졌습니다.(자신만의 WHY+ME) 공무원으로서 단순히 행정절차를 지원하는 것을 넘어 실질적인 변화를 만들어내는 금융을 통해 중소상공인분들을 돕고 싶어 이직을 결심하게 되었습니다.

이 생존이 역시 퇴사사유에 굉장히 부담을 느끼고 있는 상황이었다. 공무원으로서 열심히 일을 하고 있던 상황이었지만 어떤 퇴사사유 답변을 하면 좋을지를 고민하였다. 10명 중 8명이상은 이런 생각을 갖고 있다.

퇴사를 한다는 것이 잘못은 아니지만 우리들 대부분의 심리적 상황은 위축되고 자꾸 변명을 해야 할 것 같은 생각이 들게 된다. 여기서 우리가 보여줘야 할 것은 단 하나이다. 지원하는 산업과 기업에 왜 관심을 갖게 되었고, 무엇을 하고 싶은지 이 내용을 자신만의 스토리로 풀어가면 된다.

실제 경험 정리 클래스를 통하여 면접 준비를 하면서 이 생존이가 정말로 공무원에서 금융권으로 이직을 하고 싶은 이유를 하나씩 알게 되었고, 결국 위와 같은 진정성 있는 스토리를 담아 준비를 하였다. 이렇게 준비를 하게 되면 면접에서 두려움과 어려움은 사라진다.

퇴사사유가 어려운 것은 무엇인가 꾸미려고 하고 더 무엇인가를 보여줘야 한다는 압박이 있기 때문이다. 결국, 위와 같은 관점의 전환과 더불어 후속질문에 대한 답변들을 잘하였고 간절한 1승을 할 수 있었다.

퇴사사유 답변을 구성할 때 가장 중요한 것은 미래지향적 관점을 생각하는 것이다. 지금 내가 그만두는 이유에 포커스를 너무 두기보다 미래관점으로 산업, 기업에 대한 로열티를 보여주는 것이 핵심이다.

4) 마지막 할 말

많은 대학생, 취준생들이 마지막 할 말에 대해서 고민을 많이 한다. 이 역시 혼자서 굉장히 좋은 답변을 구성하는 것도 좋지만 다음의 4가지 실제 생존이들의 사례를 확인하면서 나에게 가장 맞고 끌리는 사례를 벤치마킹해서 나만의 마지막 할 말을 만들어보는 것을 추천한다.

생존 사례 1 지원 산업, 기업, 직무의 현실을 이해하는, 진정성 있는 마무리

저는 ○○직원이 되고 싶어서 약, 열 분의 직원분들을 만나뵈며, ○○직원분들의 힘든 점과 고됨을 조금이나마 미리 알 수 있었습니다.(ME) 하지만 그 힘듦이 저희를 찾아주시는 많은 분들의 인생에 굉장히 중요한 시간이라는 것을 알게 되었고, 누군가의 인생을 변화시키는 이런 가치를 전달(WHY)하는 ○○기업의 일원이 되기 위해 누구보다 오래, 그리고 긍정적으로 상황을 받아들이며, 최선을 다하겠습니다.

사실, 우리가 아무리 산업과 직무에 대해 공부를 하였다고 하더라도 현장에서 어떻게 무엇을 하는지 잘 알지 못하는 것이 현실이다. 그래서 이 사례와 같이 내가 산업과 직무에 대해 현직자처럼 알지는 못하지만, 현장을 조금이라도 알기 위하여 이렇게 노력을 해봤고 어떤 조직의 일원이 되겠다는 진정성 있는 멘트를 준비하는 것도 한 가지의 방법이다.

이 생존이 역시 처음에는 본인의 경험을 위주로 강점을 한 번이라도 더 드러내려고 하였지만 위와 같은 진정성 있는 스토리로 간절한 1승을 할 수 있었다.

생존 사례 2 | FA5050(현장 경험)을 통하여, 직접 경험한 것을 관심으로 보이며 열정을 보이는 마무리

제가 앞서 말씀드렸던 것처럼 ○○은행은 제가 성인이 되고 나서 처음으로 사용했던 은행이고 굉장히 오랜 시간 동안 애정을 가지고 이용해왔던 은행입니다. 또한 ○○은행이 지금까지 다양하고 △△△△ 편한 적금이나 □□□□, 그리고 장애인을 위한 장애인 친화점포와 같이 여러 가지 방면으로 사업을 하고 있는 것을 보면서 굉장히 젊은 기업인 동시에 선한 영향력을 행사하기 위해 노력하는 기업이라고 생각을 했습니다.(ME) 그렇기 때문에 기회를 주신다면 ○○은행에서 UI/UX 디자이너로서 더 편하고 더 쉬운 금융을 만들어가기 위해 노력하고 싶습니다. 감사합니다.

이 사례는 생존이가 직접 느낀 경험을 바탕으로 마무리를 한 케이스이다. 많은 지원자들이 남들과 비슷하거나 뻔한 이야기를 하는 것에 대한 고민을 한다. 하지만 "소재"가 중요한 것이 아니라 "그 소재를 어떻게 나만의 스토리로 (포장)할 것인가?"가 훨씬 중요하기 때문에 그런 걱정은 하지 않아도 된다.

즉, 어렸을 때 처음 사용했던 은행이고, 애정이 있었다는 것은 물론 주관적이지만 이 말을 하면, 면접관(평가관)들이 무조건 가식적으로 본다거나, 싫어하는 것이 아니니 그런 걱정을 하지 말고 생존이들의 솔직한 마무리를 준비해보았으면 한다.

또한 이 생존이는 산업, 기업, 직무에 대한 관심을 보이며 내가 노력한 것들을 최대한 전달하려는 노력을 하였다. 누군가는 "마지막 할 말"로 이런 내용들을 포함시키면 면접관의 입장에서 길어서 듣지 않는다고 이야기한다.

하지만 이 또한 정답은 아니다. 내용이 길더라도 진실성이 있고, 들리는 이야기이면 면접관은 그 이야기를 집중할 수밖에 없다. 이 생존이는 첫 취업 준비를 하는 상황이었고 패기와 열정이 누구보다 강했다. 그러한 모습들이 면접관들로 하여금 이 생존이의 스토리를 끝까지 듣게 만들었던 힘이었으며 그 결과 첫 취업 준비에서 간절한 1승을 할 수 있었다.

남들보다 많이 부족하고 스펙도 부족하지만, 그래도 제가 원하던 자리에 올라오기 위해서 여기까지 오기 위해서 꾸준히 성실함과 간절함으로 꾸준히 노력(공감의 법칙+ME)해 왔습니다. 이를 바탕으로 ○○회사에 입사하게 되면 성과를 증명해 보이고 성장하는 언제든 변함없는 직원이 되겠습니다. 감사합니다.

대부분 면접장에서 내 부족한 점에 대한 이야기를 하는 것을 꺼려한다. 하지만 이 생존이의 경우 정말 이 A 기업에 입사하기 위한 간절함이 있었고, 많은 노력들을 하였다. 면접의 과정에서 이러한 간절함이 분명 드러났을 것이고 마지막 할 말에서는 역량과 경험 등을 강조하며 "내가 잘한다"는 방향성이 아닌, 부족하지만 이 A 기업을 위해 얼마나 진실성 있게 노력했는지를 표현하며 마지막까지 관심을 받을 수 있었다.

오늘 면접장에 와서 정말 손발이 차가워진 상태로 정말 긴장을 많이 했는데 저를 인솔해 주신 인사팀 차장님께서 저희만 긴장하고 있는 것이 아니라 면접관분들도 너무 떨린다는 말씀을 해주셨다는 말씀을 해주셨다는 말씀해 주셨습니다.(ME) 이걸 들었을 때 불안감과 설렘 중에 두려움은 내려놓고 설레는 마음으로 이 문을 열고 들어올 수 있었습니다. 오늘 환하게 웃는 모습으로 저의 이야기를 경청해 주셔서 정말 마음을 다해서 면접에 집중할 수 있었고, ○○기업에서도 가장 큰 미소를 가진 사원으로 고객님께 서비스를 제공하겠습니다. 감사합니다.

이 생존이의 마지막 할 말은 여유와 더불어 진실성이 더욱 느껴지는 사례였다. 기본적인 멘트를 준비해갔지만 현장에서 인사팀 차장님이 말씀하시는 내용을 잘 기억해서 실제 면접장에서 활용을 했던 케이스이다.

면접이란 면접관과 나누는 대화이다. 이런 생각과 표현을 하는 지원자라면 어떤 면접관이라도 나에 대한 관심을 갖게 만들 수 있다.

마지막 할 말에 대한 "4가지 CASE"를 살펴보았다. 훨씬 더 많은 생생한 생존이들의 사례가 있지만 일단 이 4개의 사례만으로도 어느 정도 우리들이 갖고 있는 편견을 깰 수 있다.

우리 모두는 각자만의 스토리를 갖고 살아왔다. 하지만 대부분 이를 잘 표현하지 못하는데 그 이유는 생각의 틀이 바뀌지 않아서이다. 이렇게 실제 면접장에서 활용되었던 다양한 케이스를 눈으로 확인하면서, 우리는 "마지막 할 말" 또한 내가 어떠한 생각과 의도를 갖고 메시지를 전달하는지에 따라서 결과가 달라질 수 있음을 느껴야 한다.

마지막 할 말은 "이렇게 하지 말아야 한다", "꼭 이렇게 해야 한다" 사실 이런 것은 없다. 이런 것들을 믿기 시작하는 순간, 나만의 WHY+ME(와이나)는 생각하지 못한다. 이 4가지 케이스의 공통점은 WHY+ME(와이나) 중에서 반드시 둘 중 하나는 포함되어 있다는 것이다.

결국, 말하기의 핵심은 상대방이 일단 들어야 하고, 심리적으로 공감을 하였을 때 가장 큰 효과가 나타난다. 이 4가지 케이스를 반복학습하면서 우리 생존이들의 스토리를 이와 같이 바꿔보는 것부터 시작한다면 진짜 "생존"을 위한 면접 연습이 될 수 있다.

5) ○○회사의 단점과 이를 어떻게 극복하면 좋을지?

최근 면접에서 기업을 불문하고 이러한 질문들을 많이 받는 지원자들이 늘어나고 있다. 기업 입장에서는 굉장히 중요한 질문 중 하나이다. 지원자들 모두를 선발할 수 있는 것이 아니기 때문에 고객의 관점에서 느끼는 솔직한 생각을 들을 수 있으며, 거기에 더하여 각자만의 해결방안까지 들어볼 수 있기에 기업 입장에서는 중요한 질문이 될 수밖에 없다.

하지만 이 중요한 질문에 아직도 아쉬운 답변을 하는 생존이들이 많다. 10명 중 8명 정도는 "단점은 A"이다. 그리고 극복방안에 대해서는 누구라도 이야기할 수 있는 부장님 같은 이야기를 하는 경우가 많다. 그렇다면 실제 최근 면접장에서 이 질문에 대한 답변을 한 생존이의 사례를 함께 보도록 하겠다.

당시 생존이는 질문을 받고 답변이 바로 생각나지 않았던 상황이었다.

(10초 정도 다른 얘기하다가 정돈이 안 돼서 "다시 말씀드리겠습니다" 하고 돌아옴)
최근 KT 희망퇴직으로 퇴직연금 시장에 3,000~4,000억 정도 규모의 자금이 들어올 거라 합니다. 이처럼 퇴직연금 시장이 앞으로도 커질 것이라 예상되는데, ○○기업의 경우에는 이에 대한 <u>마케팅 효과가 저조하다고 생각합니다.</u>

→ 직접적인 언급을 하였음.

<u>제가 친구들에게 □□상품을 어디에서 구매하면 좋을 것 같으냐고 물었을 때,</u> 몇몇 친구들은 입 모아 ○○기업이라고 말했습니다. 왜 그런가 하고 물었더니 유튜브 광고나 지하철 옥외광고에 해당 ○○기업 로고송을 너무 많이 들어 익숙해서 괜히 찾을 것 같다고 했습니다.

→ 평소 산업과 기업에 대한 관심을 보여줄 수 있으며, 나의 이야기만이 아닌 친구 및 고객들 입장에서의 이야기를 전달했기 때문에 면접관분들도 관심을 갖게 됨.

이처럼 우리 ○○기업에서도 □□상품 관련 로고송이나 그게 아니더라도 이러한 □□상품과 혜택들이 필요하신 개인, 기업들을 적극적으로 찾아서 관련 교육을 진행한다면 보다 진정성 있는 마케팅이 될 것이라고 생각합니다.

→ 두리뭉실한 답변이 아닌, 평소 기업에 대한 관심을 볼 수 있었던 답변.

면접장에서 사실 엄청나게 많은 질문들을 받지 않는다. 이러한 질문은 기업 입장에서 로열티를 확인할 수 있는 매우 중요한 질문이기 때문에 이러한 질문에 그동안 연습하고 준비한 생존 필살기를 적용을 해야 한다.

이 생존이의 경우 물론 면접 준비를 많이 하였지만, 생각하지 못한 질문이었고 아주 잠시 버퍼링이 걸리는 상황이었다. 하지만 빠르게 내용을 정리하여 이 예시와 같이 답변을 하였다.

이 답변인 어떤 면접관에게는 만족스럽지 않은 답변이 될 수 있다. 하지만 수천 명의 생존이들과 함께하며 느낀 것은 "이 정도 생각의 로직"만 갖고 있어도 충분히 로열티를 어필할 수 있다는 것이다.

즉, 단점에 대해서 이야기하라고 했을 때, 그냥 단점이 무엇이라고 이야기한 것이 아니라 친구들과의 인터뷰 경험을 바탕으로 실제 소비자의 관점에서 ME(경험)을 전달하였다. 이 작은 행동이 면접관 입장에서는 이 지원자가 산업과 기업에 대한 관심이 있음으로 생각할 수 있다는 것이다.

또한 어떻게 극복할지에 대해서도 □□상품 관련 로고송과 같은 구체적으로 기업에서 판매하는 상품과 더불어 작은 아이디어(티포인트)를 전달함으로써 "이 친구가 그냥 지원한 것이 아니구나"를 느끼게 해주었다.

앞 챕터에서 "생존 필살기"를 연습하는 이유는 이러한 짧은 순간에 준비된 나를 보여줄 수 있기 때문이다. 우리는 면접을 준비하면서 지나치게 분석적일 필요가 없다. 이런 질문에 마치 A기업의 단점을 송곳처럼 분석만하고 해결방안을 제시하지 못하는 지원자들이 있는데 그런 면접 준비는 좋은 방향이 절대 아니다.

이 생존이는 실제 면접장에서도 본인만의 WHY+ME를 통한 답변을 하였고 이 질문 역시 공통답변이 아닌 자신만의 스토리로 면접관분들에게 자신만의 생각을 전하였다.

6) 조직 생활을 하면서 '이건 진짜 잘한다' 혹은 '고쳤으면 좋겠다'고 피드백 받은 것 2가지 사례 포함해서 설명하기

요즘 면접에서 출제되고 있는 유형 중 하나이다. 역량이 뛰어난 것도 물론 중요하지만 결국, 조직 생활에서 어떻게 잘 적응하고 서로 커뮤니케이션을 잘하면서 주어진 목표를 달성하는 것이 훨씬 더 중요하다.

즉, 내가 잘하는 것도 중요하고, 스스로 부족한 부분들을 인정하고 개선해나가는 그 과정에서 개인과 조직은 더욱 성장하기 때문이다. 실제 최근 면접장에서 이 질문을 받았고 우리 생존이는 이렇게 답변을 하였다.

> 저는 연령별 맞춤형 커뮤니케이션을 잘한다고 생각합니다. 실제 공공기관 인턴으로 근무하며 어르신 고객분들께는 싹싹해서 좋다는 말들을, 20-30대 고객분들께는 굉장히 일처리가 빠르다는 말을 듣습니다.(WHY+ME)
>
> 반면, 부정적인 피드백을 받은 것으로는 거절을 잘 하지 못해 모든 일에 책임을 지려고 하는 것입니다. 당시 팀장님께선 제게 '네가 할 수 있는 것과 없는 것을 구분할 줄 알아야 한다'는 말씀을 해주셨습니다. 이때 제 열정이 앞서 잘못된 책임감으로 조직에 피해를 끼칠

수 있음을 깨달았습니다.

이런 질문을 받게 되면, 잘한 것은 바로 이야기를 할 수 있지만 "고쳤으면 좋겠다는 피드백"은 어떤 것을 이야기하는 게 좋을까 고민하는 경우가 많다. 역시 마찬가지로 우리는 수단에 집중한다. 사실 엄청난 치명적인 내용은 아니지만 왠지 내가 이것을 말했을 때 그다음의 질문들을 생각하고 주춤하는 경우가 많다.

이 생존이의 사례에서 본다면 "팀장님"을 활용했다는 것이다. 사실 우리들 대부분은 거절을 하는 게 익숙하지 않다. 하지만 이 생존이는 그냥 나의 생각만 전달한 것이 아니라 이전 직장에서 함께 일을 했던 팀장님과의 스토리를 꺼내며 들을 수밖에 없게끔 만들었다.

이 스토리를 들으면서 면접관이 "이 친구 거절을 잘 못 해서 안 되겠네?"라고 했을 확률은 거의 없다.

- 거절을 누구나가 잘 못 하는데 이 친구도 그렇구나.
- 그런데 지난 조직 생활을 하면서 팀장님한테 이런 피드백을 받고 잘 수용했구나.
- 배느알 법칙이 느껴진 것 같고, 이미지도 언어와 일치하네.

이러한 생각의 로직이 작동했을 것이다. 역시 나 혼자만의 이야기를 하는 것보다 주변인들이 보는 나, 이전에 일하면서 누군가 나에게 했던 피드백 등을 내가 어떻게 생각하고 나만의 WHY를 재정의 하는지에 따라 모든 경험은 이렇게 다양하게 활용될 수 있다.

7) 본인의 책임감, 몇 점을 주고 싶나요?

이 질문 또한 기업을 불문하고 요즘 면접에서 자주 출제되는 유형 중 하나이다. 실제로 생존이는 면접장에서 이 질문을 받게 되었고, 동일한 질문을 먼저 받은 옆 지원자는 100점을 주겠다고 하였지만 생존이는 80점을 주고 싶다고 하였다.

다음은 생존이 면접 당시의 대답이다.

옆 지원자 : 100점 주고 싶습니다.

A 생존이: 저는 80점을 주고 싶습니다.
　　　　제가 생각하는 책임감은 의미가 조금 다릅니다. (면접관들
　　　　동시에 무언가 적기 시작. 긍정적 신호라 생각했음) 법적
　　　　책임만을 의미하는 것이 아니라, 후회하지 않을 정도로 최
　　　　선을 다하는 것이 저는 책임감의 의미라고 생각합니다.
　　　　이런 의미에서 저는 현직교사이면서 이직을 준비하고 있
　　　　지만, 학생이나 학부모에게 단 한마디 하나의 행동도 절
　　　　대 무책임하지 않게 했다는 걸 스스로 자부심을 갖고 살
　　　　아가고 있습니다.

이런 공통적인 질문 등을 받았을 때, 각자의 생각대로 WHY를 답을 하기 때문에 재미도 있지만 긴장이 더 될 수밖에 없다. 같은 질문을 받았는데 이전 지원자는 100점이라고 이야기하였고 우리 생존이는 80점이라고 이야기하면서 자신만의 WHY+ME의 기준을 명확히 이야기하였다.

만약 내가 면접관이라면 이 지원자를 어떻게 평가할 것인가? 이 생존이가 면접 복기를 하면서 그 당시 해준 이야기가 있다. 스스로 이 내용을 이야기할 때 면접관분들이 무엇인가를 급히 작성했다는 것이다. 물론 모든 면접관이 이 지원자에게 좋은 점수를 주지 않았을 수도 있다.

하지만 대부분은 좋은 점수를 줄 수밖에 없다. 단지 점수의 기준이 아닌 스스로 생각하는 80점의 기준, 그리고 부족한 20점을 채우기 위해 더 노력하겠다는 이 생존이의 자세와 태도에서 앞으로 이 생존이가 직장 생활을 어떻게 할 것인지를 유추해볼 수 있기 때문이다.

특히나 요즘 책임감과 준법정신에 대한 질문들이 모든 지원분야에서 중요해지기 때문에 나만의 WHY+ME를 만드는 것이 중요하다.

8) 스트레스 관리는 어떻게?

요즘 면접에서 스트레스 관련 질문들이 또 많이 출제된다. 어찌 보면 가벼운 질문일 수도 있지만 사람을 상대하는 직무 등에서는 특히 중요하며, 스트레스가 갈수록 많아지는 사회적 현실 속에 조직에서 성과를 내기 위해서는 이러한 관리를 어떻게 해결하는지도 중요하다.

즉, 개인의 스트레스에 대한 관심도를 측정하는 것이 아니라 결국, 개인들의 스트레스가 적어야 업무효율이 좋으며 그래야 회사 입장에서도 긍정적이기 때문에 이러한 질문을 통하여 지원자들의 인성, 태도, 조직적 측면 등을 다양하게 확인해볼 수 있다.

실제 최근 면접장에서 답변을 했던 사례이다.

아빠와 등산, 평소 고민이 있고 스트레스 받을 때 아빠에게 고민을 털어놓곤 하는데 그럴 때마다 아빠가 삶의 지혜로 좋은 이야기를 많이 해주십니다. 그런 아빠와 도란도란 이야기를 나누며 목표한 지점까지 완등하면 뿌듯하고 리프레시되면서 스트레스도 풀리고 긍정적인 에너지를 많이 얻고 돌아옵니다.

사실, 엄청난 게 특별한 답변은 아니다. 하지만 이 답변을 들으면서 굉장히 진솔한 지원자라는 생각이 들었고, 아빠와 이렇게 이야기를 나누고 함께하는 모습들을 보면서

- 입사해서도 어른들하고 잘 지낼 수 있겠구나.
- 수용적인 태도를 가졌구나.
- 혼자 삭히는 스타일이 아니고 누군가와 소통을 하구나.

등을 느낄 수 있다. 하지만 아직도 많은 지원자들이 "역량과 관련된 스트레스 푸는 법", "조직 생활에 도움되는 스트레스 푸는 법" 등을 작성하고 이야기하려고 한다. 이 질문 역시 방법은 동일하다. 진짜 내가 스트레스 푸는 법이 무엇인지, 그리고 그렇게 스트레스를 왜 푸는 것인지를 먼저 생각해야 한다.

이러한 고민 없이 면접 답변만 하려고 하기 때문에 이러한 평범한 질문도 어렵고 힘들게 느껴지는 것이다. 면접에 대한 편견을 벗어던지는 그 순간 진짜 내 이야기를 할 수 있게 된다.

요즘 면접 질문·
스트레스 관리
생존 꿀팁

다음의 예시 영상을 시청해본다면 훨씬 더 도움이 될 것이다.

9) 공백기

이번 질문은 요즘 면접뿐 아니라 과거에도 우리들을 곤란하게 만들었던 질문 중 하나이다. 어떤 생존이들은 이 질문을 받는 것을 너무나 두려워한다. 하지만 이전 챕터에서 이야기하였듯이 공백기의 기준과 해석이 모두 다르기 때문에 나만의 WHY가 가장 중요하다.

실제 면접장에서 조금은 압박을 받았던 생존이의 사례를 공유해본다.

Q) 공백기에 뭐 했나요?

A) 네, 저는 군 생활을 하며 지쳤던 몸과 마음에 2개월간의 휴식을 허락했습니다. 그간 모은 돈으로 일본 여행도 다녀오고, 가족여행도 다녀왔습니다. 이후에는 제게 부족하다고 생각했던 영어 성적을 만들었고, 바빠서 미뤘던 독서를 하며 달에 1권 이상씩 읽었습니다. 이외에도 취업을 위해 다양한 공부와 활동을 했습니다.

이 생존이는 사실 그렇게 긴 공백기가 있던 상황이 아니었다. 그럼에도 불구하고 임원면접에서 2개월의 공백기를 아래와 같은 질문으로 파고들었다.

Q) 힘들고 지쳤다는 건 장교답지 못한 거 아닌가요?(꼬리질문)

A) 네? (처음에 질문 이해를 못 해서 당황하다가) 네, 저는 장교는
로봇이 아니라고 생각합니다.
같은 사람이기에 힘들 수도, 이를 표현할 수도 있다고 생각합니다.

→ 조금은 강한 표현이라 생각할 수도 있지만 이 생존이의 표정과 언어
습관은 굉장히 부드럽고 미소를 띠며 이야기를 하는 스타일이라 글
로서 느껴지는 표현의 강도와는 차이가 있음.

하지만 이를 극복하는 방식에서 장교는 다르다고 생각합니다. 저는
다양한 방식 중 제게 휴식을 선물하는 것으로 방법을 택했습니다.

→ 당황하고 말렸음. 인사 부서 사람이었는데 일부러 인성검사 결과 바
탕으로 당황할 것 같은 질문한 느낌. (그당시 생존이가 느낀 감정을
복기한 내용)

이 생존이는 자신만의 생각을 전달하였지만 답변을 하고 나서 불안함
을 가졌다. 물론 나만의 진짜 WHY+ME를 이야기하였지만 면접이라는 특
수한 상황이었기 때문에 무엇인가 조금 맞춰야 했을까 고민을 잠시 했던
것도 사실이다.

하지만 이 생존이가 이야기한 내용은 지극히 정상적이었다. 장교라고
해서 힘들고 지치지 않는다는 것은 적절치 않은 지적이었다. 하지만 기업

의 입장에서는 이런 상황이었을 것이다. 전공자도 아닌 비전공자가 전혀 관련경험이 없는 직무를 지원하는 상황이었기 때문에 이 지원자가 그냥 지원한 것인지, 로열티가 있는 것인지를 확인해보려는 질문이었을 수도 있다.

이렇게 자신의 생각을 표현하였음에도 이 생존이 는 간절한 1승을 할 수 있었다. 공백기에 대한 질문의 의도, 답변예시들이 너무나 많다. 내용들을 참고하는 것은 좋지만 정답은 역시나 나만의 WHY+ME이다. 다음 영상은 실제 모의면접 현장에서 공백기 질문을 받게 되면 10명 중 7명 이상이 경험하는 현실이니 꼭 먼저 시청을 하고 미리 준비를 해볼 것을 추천한다.

장교 전역 후 7년, 30대 취준생의 면접 답변, 모의면접

10) 면접 준비의 우선순위(인성 중심)

실제 면접을 준비하는 지원자들이 가장 어려워하는 부분이 바로 면접 준비의 우선순위를 정하는 것이다. 단시간 안에 지원자를 파악해야 하는 기업들은 다양한 면접의 유형들로 지원자들을 평가한다.

산업, 기업에 따라 면접 유형이 다르다 보니 면접을 준비하는 지원자들 입장에서 혼란스러운 것은 사실이다.

통상적으로 인성면접, 직무면접, 토론·토의면접, PT면접, 세일즈면접 등 다양한 면접의 유형들이 있는데 시간이 없는 면접 준비 과정에서 이 모든 것들을 동일하게 준비하는 생존이들이 많이 있다.

물론 모든 면접이 중요한 것은 맞다. 하지만 각 면접이 어떠한 것을 확인하려고 하는지에 이해하면 남은 면접 준비를 훨씬 더 효율적으로 할 수 있다.

다양한 면접 유형에서 무엇보다 우선시되어야 하는 것은 바로 "인성면접"이다. 역량이 뛰어나고, PT면접도 잘했고 세일즈면접도 잘했다고 생각했는데 불합격 소식을 받는 생존이들이 주변에 너무 많다.

물론 이 이야기가 다른 면접을 준비하지 않아도 된다는 것을 의미하지 않는다. 결국, 우리가 이렇게 다양한 면접을 준비하는 이유는 우리가 원하는 기업에 입사해서 직장 생활을 하기 위함이다.

하지만 면접만 생각하고 준비한 지원자들은 내 실력과 스피치 기술에만 집중한다. 같이 일을 하고 싶은 지원자를 선발하는 게임이라는 것을 절대 잊어서는 안 된다.

무엇보다 중요한 것은 "조직 안의 나의 역량"을 드러내는 것이다. PT면접과 토론·토의 면접을 아무리 잘하였더라도 인성면접에서 "내가 누구인지", "내가 왜 기업을 지원했는지", "내가 어떠한 일을 할 때 행복한지" 등에 대한 나만의 WHY+ME(와이나)가 없어 이 과정을 반복하는 생존이들을 너무 많이 보았다.

이 한 가지만 기억하면 된다. PT면접을 잘하고, 세일즈면접의 고급스킬을 보여 주는 것도 중요하지만 본질인 "나라는 사람"이 빠져있으면 안 된다는 것이다.

그럼 왜 많은 생존이들이 이런 실수를 하는 것일까? 역시 이유는 동일하다. 면접을 시험이라고만 생각하고 답을 맞히려고 하는 경우가 많기 때문이다. 다음의 상황을 조금이라도 이해하고 면접을 준비한다면 지금보다 훨씬 좋을 결과를 낼 수 있다.

(1) PT면접

PT면접이라고 하면 드라마에서 본 것처럼 정장을 입고 멋진 프리젠테이션을 하는 것을 생각한다. 하지만 현실에서는 잘 벌어지지 않는 일이다.

사실 취업을 하고 나서 남들 앞에서 PT를 하는 경험은 드물다. 물론 직무에 따라 다르지만 PT를 할 상황이 자주 없다는 것이다. 하지만 기업들은 PT면접을 대부분 포함시킨다.

왜일까? PT면접 과정에서 어떠한 문제가 주어졌을 때, 이 지원자가 그 문제를 어떻게 생각하는지, 그리고 어떻게 해결하는지 그 과정을 보고 싶기 때문이다.

직장에서도 이와 같은 일들이 매일 벌어진다. 고객과 갈등 상황이 벌어질 수도 있고, 우리 제품에 예상치 못한 문제가 발생할 수도 있다.

이러한 상황에서 그 문제를 침착히 해결하기 위해서는 평소 갖고 있는 사고와 솔루션이 중요하다. 결국 직장 생활에서 PT를 할 일은 많이 없지만 사고의 구조는 PT면접에서 적용되는 것들을 그대로 적용할 수 있다.

즉, 우리는 지금부터 PT면접을 말하기에 집중하는 것이 아닌 "뇌구조"를 전환하는 면접이라고 생각하면 된다.

특히 지원자들 대부분은 PT면접을 준비할 때, 솔루션에 많이 집착한다. 물론 어떤 상황에서 문제를 해결한다는 것은 너무나 중요하다. 하지만 생존면접에서 PT면접의 꿀팁은 바로 문제해결보다 "도입부 배경"이다.

많은 영상들을 통하여 이유를 공유하였지만 지원자들 대부분 솔루션에서의 차이가 많이 나지는 않는다. 물론 티포인트적 사고를 끊임없이 실행한 지원자는 당연히 고민의 흔적이 나타나겠지만 대부분은 면접을 위한 준비를 했기 때문에 솔루션도 비슷하다.

이럴 때 차별화할 수 있는 것이 어떤 주제를 받았을 때 그 주제가 WHY 중요한지 도입부에 이야기하는 것이다. 많은 지원자들이 본론을 이야기하는 데 급급하다. PT면접을 솔루션 제안이라고만 생각하기 때문에 "이 주제가 왜, 얼마나 중요한지"에 대한 설명 없이 면접을 진행한다.

생존면접에서 PT면접을 잘 보는 구조는 너무 간단하다.

① 도입부에 왜 이 주제가 중요한지 배경 설명
나 이 주제가 왜 중요한지 알고 있어요. (공감의 법칙)
면접관 입장에서는 '이 친구는 문제의식이 좀 있네. 앞으로 일을 하더라도 이렇게 문제에 대한 WHY부터 시작하겠구먼'이라고 긍정적으로 평가

할 수 있다.

② 현재 상황(기업 입장, 고객 입장)

대부분의 PT면접에서는 자료가 주어진다. 그 자료를 바탕으로 최대한 빠르게 개조식으로 내가 해야 할 내용들을 정리하는 게 중요하다. 또한 "매십경"에서도 강조하였듯이 항상 양방향의 관점으로 생각하는 것이 중요하다.(추후 질의 시 한쪽으로만 생각을 하게 되면 반대편 질문을 받았을 때 당황하게 된다)

③ 솔루션(티포인트)

너무 엄청난 솔루션이 아니어도 된다. 지원하는 산업과 기업의 현재 이슈들을 바탕으로 조금 더 디테일한 티포인트를 전달한다.

PT면접은 이 구조만 생각하면 충분하다. "매십경"에서 진행하는 오피니언이 바로 이 구조이기 때문에 이 연습만 한다면 어떤 주제가 나오더라도 당황하지 않고 잘 전달할 수 있다.

(2) 토론 · 토의면접

토론 · 토의면접도 산업, 기업을 불문하고 경험하는 면접 유형 중 하나다. 처음 면접을 준비하는 지원자들에게 생소한 면접의 유형일 수 있다.

토론 면접은 "누가 이기느냐"를 가리는 게임이 아니라 "팀을 설득의 방향으로 이끌 수 있느냐"를 검증하는 무대다.

면접관은 논리적 근거를 '얼마나 많이 꺼내는가'보다, 그 근거를 가지고 '사람들을 어떻게 움직이느냐'를 본다. 그래서 토론을 할 때는 내가 알고 있는 주제에 대해서 이야기하는 것에만 집중하기보다 정말 사람들과의 소통을 어떻게 하는지가 중요하다.

토의면접은 의견을 나누어 공동의 결론을 만드는 과정을 재현한 현장 시뮬레이션이다. 면접관은 참가자들이 주어진 과제를 어떻게 구조화(프레이밍)하고, 서로의 생각을 조율(협업)하며, 최종적으로 실행 로드맵(액션 플랜)까지 합의해 내는지를 관찰한다.

다시 말해, "누가 말싸움에서 이기느냐"가 아니라 "팀을 옳은 방향으로 이끌어 실제로 일을 굴릴 수 있느냐"를 검증하는 무대다.

토론·토의면접을 이론으로 공부하는 취준생들이 많다. 상대방이 이야기를 할 때는 "고개를 끄덕여야 한다", "상대방이 이야기를 할 때는 메모를 해야 한다" 등 너무나 당연한 부분들을 학습을 하는 경우가 많다.

이렇게 상황을 이해해보면 쉽게 준비할 수 있다. 직장 생활을 하면서 우리는 수많은 회의들을 하게 된다. 때로는 나와 의견이 같은 사람들과 문제를 해결하는 상황이 있을 것이고, 때로는 나와 의견이 다른 사람들과 해결점을 찾아가는 상황도 있을 것이다.

'과연 그 상황에서 나는 어떻게 행동을 할 것인가?'를 생각해보면 된다. 그냥 면접의 상황이라고만 생각하면 모든 것들을 학습하게 되고, 본질에서 벗어나게 된다.

(3) 세일즈면접

세일즈면접을 진행하는 기업들도 있고, 진행하지 않는 기업들도 있지만 면접의 본질은 크게 다르지 않다. 세일즈라는 단어가 포함되어 있기 때문에 우리 입장에서는 무조건 '팔아야 한다'는 생각을 갖게 된다.

하지만 세일즈면접의 본질을 또 이해하면 방향성을 잘 잡고 준비할 수 있다. 세일즈를 아무리 잘하는 "세일즈의 신"이라도 매번 세일즈에 성공하지 못한다.

그렇다면 세일즈 면접에서 중요한 것은 무엇일까? 바로 고객과의 소통을 이어 나가는 과정이다. 상품을 팔지 못하는 것은 전혀 문제가 되지 않는다. (상품 판매를 하지 말라는 뜻은 아니다)

결국, 지속해서 세일즈를 해야 하는 기업들이 세일즈면접을 진행한다. 그렇다면 기업 입장에서 무엇보다 중요한 것은 지금 당장 고객에게 A제품 하나를 판매하는 것이 아니다.

고객이 계속해서 우리 기업을 찾아 주고, 다양한 제품군을 경험하면서 하나씩 우리 제품을 구매해서 지속적으로 기업과 함께하는 것이다. 그렇기 때문에 세일즈면접에서는 고객과의 관계를 어떻게 형성하는지에 대한 커뮤니케이션 스킬이 정말 중요하다.

하지만 많은 지원자들이 "상품을 판매하는 것"에 집중하고 "상품 설명 내용"에 집중한다. 상품 내용을 잘 모르고 유창하지 않아도 합격한 수많은 생존이들이 있다.

이 생존이들의 공통점은 바로 "관계를 잘 맺는 소통방법"을 알고 적용했다는 것이다.

이상 소개한 3가지 면접 유형 외에도 다양한 유형들이 있다. 하지만 이 3가지만 이해하고 적용하더라도 충분히 면접에서 좋은 결과를 낼 수 있다. 다시 한번 강조하지만 면접에서 원하는 결과를 만들기 위해서는 반드시 "인성면접" 중심으로 면접을 준비해야 한다는 것을 꼭 기억해야 한다.

이렇게 챕터 6에서는 실제 생존이들의 사례를 바탕으로 실전 적용할 수 있는 내용까지 알아보았다. 면접이란 이렇게 다양한 레퍼런스를 참고해 보면서 나만의 WHY+ME를 계속 고민하고 생각하는 과정이다. 이 과정을 내실 있게 매일 연습한 생존이들은 사실 면접이 급하게 잡히더라도 어려움 없이 준비를 할 수 있다.

챕터 6에서 함께한 다양한 생존이들의 사례들을 확인하고 반드시 내 것으로 변형시켜야 한다. 스크립트 공유한 목적은 똑같이 베끼라는 것이 절대 아니다. 즉, 다양한 합격 생존이들의 사례를 바탕으로 "이렇게도 할 수 있구나", "저렇게도 되는구나"를 스스로 느끼고 나에게 가장 잘 맞는 방법을 찾기 위함이다.

다음 챕터에서는 『생존면접 바이블』의 핵심인 경험 정리에 대한 이야기를 해보도록 하겠다. 이 책을 읽고 있는 지금 시중 면접교과서처럼 어렵고 딱딱하고 공식을 적용해야겠다는 생각을 가졌다면 다시 마인드셋으로 돌아가야 한다.

소설책처럼 편안하고 누군가의 스토리가 궁금해지는 그런 글이 되어야 반복하고 실행할 수 있다.

Chapter 7

연봉 1천만이 상승하는 경험 정리(ESP) 3단계

1) 경험 정리의 중요성

경험 정리라는 말은 아마도 한 번씩은 들어보았을 것이다. 특히 "대학생", "취준생"들이라면 취업을 준비할 때 가장 먼저 해야만 하는 것으로 대부분 알고 있다.

하지만 우리는 조금 더 생각을 넓혀서 WHY 우리가 지금 제대로 된 경험 정리를 해야 하는지부터 생각해야 한다. 『생존면접 바이블』에서 어찌 보면 가장 중요한 챕터가 바로 "경험 정리"에 대한 챕터이다. (그 어떤 면접, 스피치 책에서 다루지 않고 있는 부분이다)

일반적인 면접 책처럼 스피치, 면접의 기술만 설명하지 않는 이유는 그 방법의 장점도 있지만 오히려 그 방법이 우리 생존이들의 프레임을 닫히게 만든다고 생각하기 때문이다.

실제 경험 정리 방법 하나만 달라졌을 뿐인데 인생의 자신감을 찾고, 스스로 인생의 터닝포인트를 만든 수많은 생존이들의 사례를 눈으로 확인하면서 우리가 지금 생각하고 해왔던 경험 정리의 방법을 바꿔야 할 필요성이 있다고 느꼈다.

지금 우리들은 아직도 배우고 성장하며 앞으로 나아가야 하는 시기이다. 하지만 수많은 청년들이 "경험의 크기"로 고민하고 힘들어하며 스스로 자존감을 낮춘 채 생활하고 있다. 이 챕터에서는 단지 경험 정리를 잘해서 면접만 합격하자는 취지가 절대 아니다.

지금껏 우리가 배우고 경험한 작은 것들이라도 내가 어떻게 생각하고 WHY+ME(와이나)를 적용하느냐에 따라서 한 사람의 인생이 변화될 수 있다.

이런 관점으로 경험 정리를 생각한다면, 그동안 우리가 알고 해온 형식적인 경험 정리가 아닌, 인생에서 처음으로 주도적인 생각과 의지로 나를 표현하고, 드러내는 첫 시작으로 생각해야 한다.

결국, 우리는 앞으로 인생을 살아가며 누군가에게 선택을 받아야 한다. 취업을 하든, 프리랜서로 살아가든, 자영업을 하든 누군가가 내가 하는 일에 관심을 보여야 하고, 찾아주어야 우리들 각자의 먹고사니즘을 시작하고 이어갈 수 있다.

바로, 그 시작이 "경험 정리"부터이다. 누군가는 이 중요한 경험 정리를 "그냥 취업만 하면 돼"라는 생각으로 시작하고 준비하며 시간을 투자한다. 정확한 본질을 이해하지 못하고 하다 보니, 취업 시즌마다 무의미하게 계속해서 시간을 투자하는데, 아직까지도 무엇을 정확히 해야 하는지 모르는 경우들이 많다.

지금 20대이건, 30대이건, 40대이건, 50대이건 반드시 "경험 정리"는 필요하다. 경험 정리 클래스(이츠미)에서 하고 있는 경험 정리는 단지 취업만을 위한 경험을 정리하는 것이 아니다.

앞으로 우리들이 바라는 미래의 꿈과 목표를 달성하기 위해서, 내가 과거에 어떠한 일을, 어떠한 방식으로, 왜 하였는지 기록을 해보는 이 과정에서 우리들이 놓치고 있었던 중요한 인생의 "생존 필살기" 등을 발견하고, 내 삶을 주도적으로 끌어갈 수 있다.

이것만 잘하더라도 우리들의 미래를 충분히 바꿀 수 있다. 『생존면접 바이블』에서 공유되는 사례는 어리를체인지에서 인생을 변화시킨 극히 일부 생존이들의 사례일 뿐이다. 좌절감과 낮은 자존감으로 방황했던 이들이었지만 인생을 바꾸는 시작을 이 "경험 정리" 하나를 시작으로 인생을 변화시켰다.

경험 정리를 취업 때문에 한다는 생각부터 바꾸어야 한다. 진짜 우리의 인생을 변화시키기 위해서 지금, 내가 어떠한 삶을 살아왔는지 돌이켜보고 자기객관화를 통해 내가 알지 못했던 나를 발견하고, 더 잘할 수 있는 일과 분야를 찾으며 또 다른 새로운 인생에 도전할 기회를 줄 수 있는 이 시작을 꼭 해야 한다.

2) 우리들이 하는 일반적 경험 정리

하지만 안타깝게도 많은 생존이들이 하고 있는 "경험 정리"는 대부분 형식적인 경우가 많다. 취업에 합격한 선배들이나, 인터넷상에 떠도는 멋져 보이는 "엑셀정리표" 한 장으로 내가 자소서와 면접에서 활용될 수 있는 "경험"과 "직무역량"을 구분하고, 그 경험들을 공식처럼 대입시키는 것이 대부분 시작하는 경험 정리이다.

물론, 이렇게 해서 합격이라는 결과를 만드는 취준생들도 많이 있다. 하지만 취업 합격 후 "내가 이렇게 시간을 투자한 이 경험 정리"를 또 다른 방법으로 활용해서 인생에 투자한 사람들이 얼마나 있을까?

입시준비를 하건, 취업 준비를 하건, 우리는 시간을 투자한다. 20대, 30대에는 사실 시간이 아깝다는 말을 정확히 이해하지 못한다. 나 또한 이 생각을 그 당시에는 하지 못했다.

하지만 뒤돌아서 생각해보니 20대, 30대 시절, 이 소중한 시간에 취업을 준비하면서 내 인생에 대해서 돌아볼 시간을 조금만 진지하게 가졌다면, 생각해보지 못했던 또 다른 인생을 살았을 수도 있었을 텐데 하는 아쉬움이 남아있다.

그래서 그런 아쉬움이 있기에 지금 취업을 준비하는 20대, 30대 청년들에게 이 과정을 진지하게 진행하며 취업뿐 아니라 내 인생에도 도움이 될 수 있는 그런 시간을 가져보는 것을 적극 추천한다.

형식적이고, 눈에 보이는 멋있는 템플릿으로 딱딱 떨어지는 보여주기 식 경험 정리는 절대 하지 말자. 물론 스스로 활용할 수 있는 방법을 알고 있다면 상관없지만, 대부분은 형식만 유지하고 활용을 못 하는 경우가 많다.

그렇다면 왜 활용을 하지 못하는 것일까? 이유는 심플하다.

처음부터 그냥 자소서와 면접만 합격하면 된다는 생각으로 정확한 목적의식 없이 남들이 하는 대로만 하기 때문이다. 우리들은 지금도 어디에선가 경험 정리를 하고 있다. 이왕 하는 것이라면 그 시간에 진짜 내 미래를 위한 시간을 투자한다는 생각으로 임해야 한다. 단지, 취업합격만 빨리 할 거라는 생각만 갖고 시작하는 순간, 매번 경험 정리를 하게 되는 나 자신을 발견하게 된다.

3) 몸값을 상승시키는 경험(ESP) 정리 3단계

그럼 『생존면접 바이블』을 읽고 있는 생존이들은 어떠한 방법으로 경험 정리를 해야 하는 것일까? 너무 거창할 필요는 없다. 3단계에 맞추어서 진행을 하면 된다. 이 모든 방법은 "경험 정리 클래스(이츠미), 모의면접을 통하여 인생을 변화시킨 생존이들에게 실제 함께한 경험의 근거와 결과를 바탕으로 가이드를 제시하는 것이니 이 가이드를 따라서 인생을 꼭 변화시켜 보았으면 하는 바람이다.

(1) 1단계: 경험 나열(Experience)

경험 정리 1단계는 바로 내 경험을 나열하는 것부터 시작한다.

1단계에서 많은 실수를 하는 것이 바로 스스로 임의로 판단하며 이 경험을 "취업, 면접에 필요 없는 경험이야"라는 생각을 하며 경험 정리를 시작하는 것이다. 대부분의 생존이들이 처음에 이러한 시행착오를 경험하였다. "경험 정리 클래스"에서 함께하는 경험 정리는 "취업"만을 위한 경험 정리가 아니다.

즉, 나중에 면접에 갈 때 "중요한 경험이 '영업' 경험이니까 그에 맞는 경험을 정리해볼까?" 이런 식으로 생각하는 순간, 일반적인 경험 정리를 하는 지원자들과 똑같은 경험 정리를 하게 된다.

그렇다면, 우리는 어떻게 1단계 경험 나열을 해야 할까?

① 빈 노트, 혹은 작은 스케치북 하나를 구매한다

엑셀, PPT 등 PC를 활용한 방법들이 있지만, 우리는 이 순간만큼은 아날로그의 감성으로 돌아가서 직접, 펜과 종이로 내 생각들을 빈 종이에 작성해 본다.

(실제 생존이들 역시 특별한 상황이 아니고서야 이렇게 1차 미션을 진행하였다)

② 공간을 변화시킨다

우리가 시작하고 경험하는 경험 정리는 생각부터 환경까지 딱딱한 그 자체이다. 그렇기 때문에 생각을 변화시키기 위해서는 공간을 먼저 변화시키고, 새로운 공간(이쁜 카페, 좋아하는 장소)에서 미래에 변화되는 그 모습을 상상하며 시작한다.

(경험 정리를 꼭 누군가에게 증명하려는 포트폴리오가 아닌, 나 스스로 가치 있는 시간임을 인지하는 것부터 시작해야 한다)

③ 매일 1시간씩 5일을 투자한다(총 5시간)

직장인이든, 취준생이든 어떤 상황에 있더라도 이 절대적인 시간을 한 번쯤은 지켜보자. 여태껏 숙제하듯이 경험 정리를 하면서 하루에 5시간 이상을 투자한 적도 있을 것이고, 매 시즌별로 20시간, 30시간 이상을 투자를 했다고 하는 생존이들도 많다.

심지어, 매 시즌별로 일주일, 2주일동안 경험 정리를 했다는 생존이들도 있는데, 사실 이 과정을 제대로 하지 않았기 때문에 불필요한 시간을 낭비하게 되는 상황들이 벌어진다.

그래서 우리는 소중한 시간을 최대한 아끼고, 그 시간 안에서 효율을 생각해야 한다. 많은 케이스들을 직접 확인하며 가장 이상적인 시간은 바로 하루 1시간이다. 하루 1시간씩 5일만 해본다면, 1단계 경험 정리 과정은 충분히 소화할 수 있다.

단, 시간이 없다면 하루 30분으로 5일을 진행해보기로 한다.
이렇게 해보면 5시간(2시간 30분)이면 내가 살아온 궤적을 살펴볼 수 있다. 이 한 장의 종이가 내 인생을 바꿔주는 시작인 것이다.

④ 대학교부터 현재까지의 경험을 상세히 기록한다
그럼 과연 5시간을 투자해서 무엇을 어떻게 작성해야 하는가?

4단계에서는 인생 한 페이지를 새롭게 만들어 볼 것이다. 만약 입시 준비를 한다면 초등학교부터 고등학교의 경험을 나열하면 된다. 위에서 언급하였지만 이 4단계를 진행할 때, 치명적인 실수를 하는 생존이들이 많다. 내가 추후 자소서와 면접에서 보여주고 싶은 "역량"이 있는 경험만 작성하는 경우가 많기 때문에 이 부분을 주의해야 한다.

대학교부터 현재까지의 경험을 작성해보면 분명 이 과정에서 생각이 바로 나는 것들도 있겠지만 오래된 일은 기억나지 않거나 정말 무엇을 했는지 모르는 빈 공간이 생긴다.

이때 주의할 것은 생각을 한 번에 몰아서 한다고 갑자기 기억나지 않는다. 그래서 하루에 일정 시간 1시간(30분)씩 5일을 생각해보라고 한 것이다. 이렇게 하다 보면 신기하게 어제는 기억이 나지 않았지만 오늘은 기억이 나는 새로운 것들을 발견할 수 있다.

만약 내 경험이 기억이 나지 않는다면, 이러한 방식으로 생각을 끄집어 낼 수 있다.

예를 들어 내가 대학교 1학년이 너무 오래되어서 기억에 나지 않는다면,

- 1학년 때 내가 가장 많이 한 것이 무엇이지?
- 어떤 친구들을 만났고, 무엇을 하는 데 시간을 가장 많이 보냈지?
- 그 당시 가장 힘들었던 게 뭐였지?
- 가장 좋아했던 과목과 싫어했던 과목은 어떤 거였지?
- 내가 가장 행복하게 즐겼던 게 어떤 거였지?
- 친구들과 싸운 것 중 기억나는 건 뭐가 있었지?
- 내가 가장 시간을 많이 투자했던 게 어떤 거였지?

등 이러한 생각으로 나의 과거 경험을 돌이켜본다면 갑자기 문득 기억나는 것들이 생기게 된다. 지금 이 1단계 경험 나열에서는 절대 "역량"과 억지 연결을 할 필요가 없다.

우리는 이 과정을 통해서 내가 알지 못했던 나를 발견할 수 있고, 또 다른 새로운 미래를 찾을 수도 있기 때문에 일단 하루 1시간 5일 동안 이러한 방법으로 경험을 한 장으로 펼쳐놓으면 된다.

약 20번의 면접에서 불합격한 생존이의 인생을 변화시킨 과정

이렇게 작성한 내 경험을 시작으로 아래 영상과 같이 생각을 끄집어내는 과정을 반드시 지금 해볼 것을 추천한다.

(2) 2단계: 생존(인생) 경험 10개 만들기(Select)

1단계 경험 나열에서 하루 1시간씩 5일을 해서 만든 이 한 장을 통해서 나에게 가장 중요한 인생 경험 10가지를 선정한다. 10가지 경험을 넘어서 20-30가지의 경험이 있는 생존이들도 많지만, 일단 기본은 10개를 작성한다.

이 10가지 생존 경험은 추후 면접은 물론이고, 인생을 변화시킬 수도 있는 내 인생의 중요한 필살기가 될 것이다. (진짜 우리들이 갖고 가야 할 필살기는 이런 것이다)

이렇게 10가지 경험을 선별해서, 우리는 이 내용에 대한 스토리를 구체적으로 작성해보는 시간을 가져야 한다. 결국, 1차적 목표는 자소서와 면접에서 활용하는 것이지만 결국, 이 스토리를 조금 더 깊이 생각해보면서 작성하다 보면, 한 번도 생각해보지 않았고 돌아보지 않았던 과거의 나를 돌아볼 수 있다.

우리는 인생을 살아가며 앞으로 어떻게 해야 한다는 것들에 대해서는 배우지만, 사실 뒤를 돌아보는 삶을 배우지는 못한다. 인생의 목표를 달성하라고 말하는 사람들은 많지만 과거의 경험을 돌아보며 그 경험을 어떻게 해석하고 미래를 준비하라는 사람들은 만나보지 못했다.

그래서 우리 생존이들은 이 경험을 한 번은 꼭 해봐야 한다. 온전히 내 경험을 돌아보고 이를 통해 ① 내가 무엇을 했는지 ② 왜 하였는지? ③ 어떻게 하였는지? ④ 무엇을 배우고 느꼈는지 등을 이 10개의 핵심경험을 통해 육하원칙에 맞춰서 한글이나 워드로 솔직한 내용을 기록하면 된다.

1단계 경험 나열에서 가능한 많은 것들을 끄집어내는 것이 중요하다. 그러한 과정에서 다음과 같이 "생존 경험 10"을 이렇게 정리하면 된다. 경험이 10개가 넘어도 문제없지만 너무 스트레스 받지 않고 하는 것을 추천한다.

생존 경험이 10개이든, 20개이든, 7개이든 그것은 중요하지 않다. 하지만 10개 정도를 가이드로 추천하는 이유는 이 10개 정도의 경험을 해석하고 포장할 수 있는 능력을 갖추면 취업, 커리어뿐 아니라 인생이 변할 수 있기 때문이다.

그리고 더욱 중요한 것은 사실 면접에서는 이 10개의 경험도 많은 것이다. 나중에 면접장에서는 사실 5개 이내의 경험만으로도 충분하지만 우리는 면접만을 위해 이 과정을 진행하는 것만은 아니기에 꼭 이러한 과정을 스스로 경험했으면 하는 바람이다.

다음에 예시로 공유한 이 사례는 실제 "경험 정리 클래스"를 진행하며 인생을 변화시켰던 생존이 중 한 명이다. 이 생존이 역시 스스로에 대한 경험이 별로 없었다고 생각하였다. 하지만 1회 차 경험 나열을 함께해보고, 그 과정에서 이야기를 풀어가 보며, 또 한 주 동안 미션을 직접 작성해보며 스스로 경험에 대한 확신을 갖게 되었다.

지금 우리들 대부분은 내가 살아온 경험들에 대한 확신이 없다. 경험의 크기와 양이 중요한 것이 아니라 WHY 그 경험이 나에게 의미가 있는지부터 찾아야 한다. 그래서 이 과정이 중요한 것이다.

2단계 생존 경험 10가지는 면접, 취업뿐 아니라 우리 인생의 큰 뿌리를 단단하게 만들어 줄 단계이다. 아래와 같이 내 인생의 핵심 경험 10가지를 다음 예시와 같이 작성해보면 된다.

실제 경험 정리 클래스에 참여한 생존이의 예시

〈경험정리클래스 생존경험 10〉

1) 여행사 직원도 모르는 항공권 싸게 끊는 법+호텔

2) 일러스트, 포토샵

3) 헬스, PT

4) 주식 투자

5) 영어회화 관련(영어학원 포함)

6) 목소리 발성

7) 퍼스널 컬러 진단

8) 블로그

9) 스마트 스토어 창업(이전 직장 스토리)

10) 연기수업

11) 사진(사진동호회 포함)

12) 의무경찰

13) 교내 창업경진대회

14) 아르바이트

　　　시몬스 전단지 1달

　　　운동용품 브랜드 세일즈 1달

15) 해외 경험 에피소드

이렇게 생존 경험을 작성한 후, 각 항목에 맞춰 세부적인 경험을 작성하면 된다.

즉, 내 인생의 큰 뼈대를 끄집어냈다면 2단계에서는 각 경험에 맞는 나의 과거 경험들을 모조리 작성하는 것이다. 여기서 중요한 것은 면접과 취업에 필요한 부분만 작성하려고 하면 안 된다는 것이다.

예를 들어, 방금 예시에서 생존이가 "사진"에 관련된 경험이나 에피소드를 작성할 때, 사진과 취업, 사진과 면접을 어떻게 적용할지만 생각하면 그 생각부터가 잘못된 것이다. 지금은 경험을 최대한 끌어내는 것을 시작해야 한다.

내 경험에서 가장 중요한 경험을 찾고, 그 경험에서 기억되었던 모든 것들을 세부적으로 작성하는 것이다. 즉, 사진동호회 등에서 상을 받았거나 성과가 있었던 경험만을 생각하는 것이 아니라 "사진 동호회"를 하면서 내가 행복했고, 즐거웠고, 사람들과 어떤 것들을 해보았고, 무엇을 배웠는지 등을 기억해서 작성하면 된다.

이 예시는 실제 생존이가 작성한 예시이다. 이 생존이의 경우 무엇인가 배우는 것을 너무나 좋아했던 생존이었다. 하지만 이러한 경험들이 마땅한 결과로 이어진 것이 없기에 이 경험들을 면접에서 활용한다는 것을 생각하지도 못하였다.

하지만 경험 정리 클래스를 진행하며 이 생존이가 얼마나 도전적이고 배움의 자세를 갖고 인생을 살았는지에 대해 알 수 있었고, 우리는 이러한 스토리의 과정을 차곡차곡 기록해보기로 하였다.

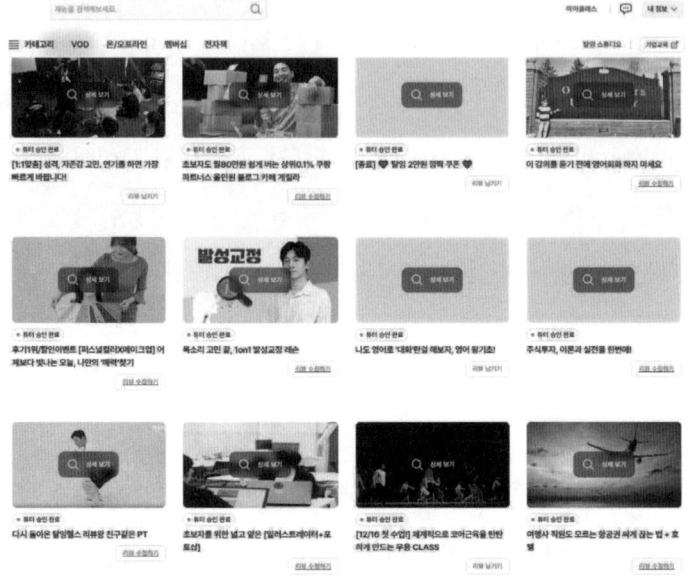

1. 으로 배운 경험

1) 여행사 직원도 모르는 항공권 싸게 끊는 법+호텔

사실 이건 듣고 좀 실망한 수업이긴하다 (직장인들을 위한 수업이었다. 대학생인 나에게는 잘 맞지 않았다.)

기억은 잘 안나지만 신용카드 마일리지, 호텔 클럽 멤버쉽 가입 이런거였는데 내가 학생이고 수입이 없어서 크게 쓸모는 없었음

-> 근데 나중에 직장 다니고 삼성카드 스카이패스 대한항공 마일리지 카드 쓰면서 지금 3만 마일리지 이상 모았다.

2) 일러스트, 포토샵

이건 사진 촬영하면서 포토샵을 주변에 쓰는 형들이 많아서 기본 툴은 배워두면 내가 나중에 사진생활을 하면서 디자인, 미술 이쪽을 하는데 도움이 되지 않을까? 해서 배웠다. 2달정도 기본툴 같은거 배웠다. 생각보다 좀 너무 어렵고 미적감각이 내가 많이 없는 것 같다는걸 느꼈다. 미술이 생각보다 많이 어렵다는 점을 느낌.

배우는 것을 좋아했던 생존이

11) 사진

처음에는 탈잉에서 경희대 대학생 형이 사진과 카메라에 대해 알려주는 원데이 클래스를 들었다. 카메라를 찍는 나에 대한 로망? 예쁜 사진을 찍고 싶다는 마음이 있었던 것 같다. 그러면서 사진동아리도 나중에는 가입하게 되었고, 뭔가 카메라를 들고 내가 마음에 드는 것, 예뻐보이는 장면을 찍는다는게 굉장히 좋았다.

코로나 시기에는 인스타를 통해 좋아하는 송철의 작가님이 수업을 한다고 해서 사진 수업을 들었다. 6개월 정도 배웠나? 전문작가님에게 사진을 배우니 프로에 사진이 뭔지? 알게 되었다. 근데 초반에는 사진에 대한 열정이 있어서 재밌었는데 같이 수업 듣는 사람들이 너무 아저씨에 재미가 없어서 오히려 흥미가 좀 떨어졌다.

수업은 전문적이었다. 그냥 아무렇게나 사진을 찍는게 아니라 빛과 그림자 주제와 내가 보여주고 싶은 것, 이를 선명하게 하기 위한 보정법 등 다양한 것들이 있다는 것. 핵심은 항상 '작가가 하고자 하는 말이 뭔가?, 주제가 무엇인가?' 이거였다. 미술? 예술? 에 대해서 조금 더 견문이 넓어진 계기였다. 그리고 음악, 미술도 굉장히 연관성이 높다는 것들을 대학교양수업 들으면서도 느꼈다. 사실 과거에는 레오나르도 다빈치가 음악, 수학, 미술 이런거 다 했으니까.. 아 다 연결되어있구나 신기하네 생각이 들기도 했다. 하다보니 너무 어렵기도 했고 대학생활 복학하면서 수업은 그만 듣게 되었다. 뭐랄까 전문적으로 배우고 답이 있다고 생각하니까 이제는 함부로 셔터를 오히려 못누르게 되는? 회의감에 빠져 사진에 대한 애정이 식었다.. 보는 눈은 높아지는데 내 사진은 그러지 못하는 괴리감? 또한 있었다.

1. 사진동아리 경험

대학교 1학년 때 사진동아리 공고를 보고 가입! 생각해보면 이때가 인생 첫 면접이었던 것 같다. 합격할 줄은 몰랐는데 그냥 내가 사진에 대한 수업도 듣고 관심사와 열정이 느껴져서 뽑아줬다고 했다. '캐미' 3기로 가입. 1기는 거의 사라지고 2기가 다시 살린 동아리라 사실상 초창기 멤버였다. 21살 처음 동아리였는데 사진찍는것도 좋았고 술자리 하는 것도 좋았다. 그리고 가장 좋았던 점은 '나이블라인드' (서로의 나이를 모르고 그냥 반말 하는 동아리 형태)였다. 이게 왜 좋았냐면 나는 체육전공으로 스포츠과학과의 군기 문화 이런게 너무 질색이었다. 그래서 내가 어릴때부터 가장 좋아하고 로망이었던 농구동아리를 하고싶었지만, 선배들이 너무 싫어서 안했고 교내 활동도 거의 안했다.

매주 1~2회씩 친구들과 사진 출사로 서울 정말 많은 곳을 다녔다. 내가 우리학교

경험 정리 클래스 2단계 중 10개 생존경험

다시 한번 이야기하지만 성과와 결과가 있는 경험을 작성하는 것이 아

니다. 이 예시처럼 "사진"에 대한 "사진동아리"에 대한 경험들을 육하원칙에 맞게 일단 작성하면 2단계는 완성되는 것이다.

이러한 과정들을 진행하면서 스스로 굉장히 많은 생각의 정리를 하게 된다, 또한 경험이 없다고 생각한 생존이들도 생각했던 것보다 "내 경험이 그렇게 적지 않구나!"를 느끼게 되고, 경험이 많아서 "무엇을 사용해야 하나?"라는 걱정을 하던 생존이들도 이 과정을 통하여 우선순위를 정할 수 있다.

2단계 역시 하루 1시간씩 5일을 하는 것을 추천한다. 하루에 몰아서 5시간을 하는 것도 좋지만, 하루 1시간은 누구나 마음만 먹으면 투자할 수 있는 것이기 때문에 부담을 갖지 않은 상태로 5일을 투자하는 것을 추천한다.

사실 면접에서 활용할 경험은 5가지 경험이면 충분하다. 하지만 우리는 지금 면접과 더불어서 인생을 정리하고 있는 것이기 때문에 10가지 경험을 이러한 방식으로 꼭 직접 해보라고 이야기 해주고 싶다.

(3) 3단계: 경험 포장(Pakaging)

사실, 자소서나 면접이 급한 생존이들에게 가장 필요한 것은 어찌 보면 3단계 "경험 포장"이다. 이 방법 하나로 인생을 변화시킨 많은 생존이들은 공감을 할 수밖에 없다.

지금 경험이 별로 없어도, 스펙이 부족해도 사실 3단계 경험 포장 능력만 있다면 충분히 우리 생존이들은 면접관을 넘어서 인생에서 필요한 사람이 될 수 있다.

면접을 준비하면서 우리는 유사경험, 성공경험에 대한 이야기를 많이 듣게 된다. 면접에서 합격하기 위해서는 경험들이 필요한데, 나는 유사경험도 별로 없고, 성공경험이 전무하기 때문에 지금 면접을 준비하는 게 의미가 없다는 그런 생각들을 많이 하고 있다.

하지만 그 생각이 얼마나 잘못된 생각인지 챕터 8에서 실제 생존이들의 사례와 더불어 명확한 이유를 이야기해보겠다. 지금 우리는 면접, 취업 준비를 한다고만 생각하기에 자꾸 경험을 위한 경험, 준비를 위한 준비를 하는 것이다.

지금 가장 중요한 것은 과거와 현재 나의 경험들을 "경험 포장"을 활용하여 내 가치를 증명하는 것이다. 경험에 대한 포장하는 연습을 제대로 하지 않은 채, 무작정 스펙과 경험들을 채우는 행위는 본질적으로 생각이 바뀌지 않는 이상 면접장에서 경험을 나열하게 되는 경우가 많다.

많은 사례에서 증명하였듯이, 우리는 이 한 가지만 제대로 하면 된다. 하지만 3단계 경험 포장을 잘하기 위해서는 이 책의 챕터 1부터 지금까지의 내용들을 이해하고 실행해보아야 적용할 수 있다.

2단계인 인생 10개의 경험을 통하여 우리는 포장하는 연습을 계속해야 한다. 즉, 경험 포장을 아무 소재나 연습하면 되는 것이 아니라, 시간이 없는 지금 인생의 중요한 10개 경험부터 "경험 포장"하는 연습을 계속 해보아야 한다.

즉, 한 번의 기회에서 결국 내 가치를 증명하기 위해서는 흔들리지 않아야 한다. 그냥 마인드셋을 해서 "긍정적 사고"를 하라는 것이 아니라 면접관이 어떤 의도로, 무슨 이야기를 하든, 답변을 하는 나의 생각이 흔들리지 않음을 보여주어야 한다.

대부분 면접장에서 흔들리는 이유는 간단하다. 준비한 것을 물어보지 않았을 때, 우리는 흔들리게 된다. 쉬운 예시를 한 번 들어보도록 하겠다. 지금까지 우리가 준비했던 면접 준비는 이러한 방식이다.

예를 들어서 면접장에서 면접관분들이 이렇게 질문을 한다고 가정을 해보자. 분명 경험을 정리했음에도 불구하고 10명 중 8명 이상은 이러한 식으로 답변을 하는 것이 일반적이다.

<경험정리>

1. 재수
<재수> 수능 성적표를 받아들었을 때, 그야말로 처참했다. 인서울은커녕 지방 국립대도 힘든 성적이었고, 결국 20살 1월에 얼리버드 재수종합반에 등록했다. 고등학교 내내 공부는 안 했지만, 한국항공대 항공교통물류학과 진학이라는 당찬 꿈이 있었다. 어릴 때부터 공항이라는 공간이너무 좋아 조종사가 되고 싶었지만, 고소공포증이 있고 여자라는 이유로 현실적인 어려움을느껴서 비슷한 다른 직종을 알아보다가 관제사라는 직업을 알게 됐다. 그러다 한 다큐멘터리를 보게 됐고, 조종사들의 비행을 돕고 하늘 위의 교통경찰이라 불리는 관제사의 모습이너무 멋지게 느껴졌다. 그렇게 재수를 시작했지만, 고등학교 3년 동안 공부를 거의 하지 않았던 공백이 생각보다컸다. 결국 재수도 큰 성과를 내지 못하고 덕성여대 컴퓨터공학과에 진학하게 됐다. 그래도재수하면서 얻은 것도 많았다. 가장 큰 성과는 수학 성적을 6개월 만에 6등급에서 2등급으로 끌어올린 거다. 원래 못하지만 좋아했던 과목인데, 나랑 잘 맞는 선생님을 만나면서 점점자신감이 붙었다. 그때부터 나는 좋아하는 일이라면 바로 성과가 안 나와도 계속 도전해보는 근성이 있다는 걸 깨달았다. 그리고 두 번째로, '몰입'이라는 경험을 해봤다는 게 크다. 그동안 한 가지 일에 이렇게 많은 노력을 쏟아본 적이 없었는데, 재수하는 1년 동안은 정말 무언가에 몰두해서 목표를 이루려고 노력했던 것 같다. 이 경험이 이후에 내가 다른 도전을 할 때도 큰 동기부여가 됐다.
2. 뚜레쥬르 알바
재수와 반수를 마치고 처음으로 시작한 사회생활이 바로 이 일이었다. 내가 일했던 매장은이제 막 개점을 준비하던 곳이었는데, 사장님께서는 처음 장사를 시작하신 데다 주변에 경쟁업체인 파리바게뜨와 오래된 동네 빵집들이 많아서 여러 가지로 걱정이 많으셨다. 매장이처음 오픈한 만큼 빠르게 매장 운영에 적응하고, 들어오는 빵들과 손님층을 파악하는 것이중요하다고 생각했다. 빵의 종류가 수십 가지나 되었고, 손님들이 물어보면 바로 대답할 수 있어야 했기 때문에,빵 매뉴얼이 나오기 전부터 뚜레쥬르 홈페이지에 들어가 빵 정보를 검색하고 직접 그림을그리며 암기하려고 노력했다. 그 결과, 한 달 동안 매장 안정화를 도왔던 CJ 담당자분께 우수 아르바이트생으로 뽑힌 기억이 있다. 주말 오전 7시부터 12시까지 근무하면서 갓 구운 빵 냄새를 맡으며 일했던 시간은 정말 좋은 기억으로 남아 있다. 근처에는 기초수급자분들이 사는 아파트와 노인층이 많은 지역이라특수한 고객층이 많았다. 돈과 서비스에 민감한 분들이 많아, 잔돈을 몇 번씩 확인하시거나사소한 일로 사장님을 부르는 일이 빈번했다. 하지만 뿌듯했던 경험도 많았다. 단골로 오시는 할머니들이 할인이나 적립을 못 받으시는모습을 보고 안타까워 어플 설치와 가입을 도와드린 적이 있다. 내게는 작은 일이었지만, 그분들이 고마워하고 행복해하는 모습을 보며 마음이 따뜻해졌다. 이 일이 사장님 귀에 들어가면서 나는 친절한 사원으로 인정받았고, 사장님께서는 까다로운 고객 응대를 나에게 맡기곤 하셨다. 또한, 프로모션을 진행할 때마다 사장님이 나와 판촉물 배치와 홍보방식에 대해 상의하셨다.심지어 농담처럼 매니저 제안을 하시기도 했다. 비록 짧다면 짧은 시간의 아르바이트였지만,고객 응대의 중요성과 책임감을 배울 수 있었던 소중한 경험이었다.
3. 수학학원 채점보조 + 강사
처음에는 중학생 때 다녔던 수학학원에서 보충공부 시간에 채점 보조와 간단한 질문을 받는역할을 했다. 수학을 좋아하기도 했고, 학원 선생님과 꾸준히 연락을 주고받던 터라 선생님께서 특별히 도와달라고 부탁하셨다. 한 반에 7~8명 정도를 90분씩 담당했는데, 선생님께서

2단계: 10개의 인생 경험까지 정리를 했다고 가정(실제 생존이 사례)

예를 들어,

질문 1. 가장 성취감을 느낀 적은?

라는 질문을 받게 되면 우리는 10개의 경험 중 1번의 경험으로 답변한다.

질문 2. 가장 열정적으로 임해본 경험은 무엇이었죠?

라는 질문을 받게 되면 또 우리는 10개의 경험 중 2번의 경험으로 답변한다.

질문 3. 조직 생활에서 가장 중요한 것은 무엇이라고 생각하나요?

라는 질문을 받게 되면 또 우리는 10개의 경험 중 3번의 경험으로 답변한다.

대부분의 대학생, 취준생들은 이러한 식으로 면접을 준비하고 있다. "경험 정리 클래스"를 통하여 인생을 바꾼 많은 생존이들도 사실 처음에 남들이 하는 이런 방식대로 면접을 준비했었다.

면접이 가장 어려운 이유는 바로 어떤 질문이 나오는지 알 수 없고, 예상하지 못하는 질문이 나오면 대부분은 준비를 하지 못했기 때문에 자신감이 떨어지는 경우가 많다. 결국, 우리는 준비를 많이 한 상황이라도 면접이라는 이 특수한 상황이 되면, 흔들릴 수밖에 없는 것이다.

그냥 면접장에 서있기만 해도 힘든데, 질문을 받고 단시간 안에 우리는 뇌 속으로 질문에 대한 어떤 경험으로 말하면 좋을까 생각하고, 또 거기서 수많은 내 경험을 분류해서 입으로 표현을 한다? 정말 짧은 시간에 많은 것들을 하게 되는 것이다.

정말 열심히 노력을 해서 내가 준비한 질문들을 모두 받는다면 그래도 좋겠지만, 실제 면접장에서 이렇게 될 확률은 거의 없다. 그렇기 때문에 우리는 이러한 것들을 반드시 미리 준비해야 한다. 그럼 어떻게 준비하는 것이 우리가 진짜 "생존"할 수 있는 방법일까?

지금 예시처럼, 꼭 모든 질문에 수많은 경험들을 다르게 배치해야 하는 이유가 있을까?
이 전제 자체를 바꾸면 주도권 있는 면접 준비를 하게 되고, 끌려가지 않을 수 있다.

냉정히 생각해보면 우리는 면접장에서 무수히 많은 질문을 받지 않는다. 아마도 면접 경험자들은 알고 있을 것이다. 즉, 면접장에서 우리가 경험한 모든 경험들을 다 이야기할 수 없는 상황이 면접상황이다.

예를 들어, 이 질문 3가지에 "한 가지 공통된 경험"을 잘 정리하면 그 경험 하나로 답변을 모두 가능하게 만들 수 있다. 즉, 질문에 휘둘리는 경험 나열이 아닌, 2단계 10가지 생존(인생) 경험을 통해서 "경험 포장"하는 방법을 적용한다면 그 어떤 질문이 들어와도 대처가 가능하다는 것이다.

다음의 실제 사례를 통해서 그럼 어떻게 경험을 포장하는지 함께 알아보겠다.

4) 한 가지 경험으로 모든 면접 질문에 답변하는 법

<경험정리>

1. 재수
<재수> 수능 성적표를 받아들었을 때, 그야말로 처참했다. 인서울은커녕 지방 국립대도 힘든 성적이었고, 결국 20살 1월에 얼리버드 재수종합반에 등록했다. 고등학교 내내 공부는 안 했지만, 한국항공대 항공교통물류학과 진학이라는 당찬 꿈은 있었다. 어릴 때부터 공항이라는 공간이 너무 좋아 종사자가 되고 싶었지만, 고소공포증이 있고 여자라는 이유로 현실적인 어려움을 느껴서 비슷한 다른 직종을 알아보다가 관제사라는 직업을 알게 됐다. 그러다 한 다큐멘터리를 보게 됐고, 종사자들의 비행을 돕고 하늘 위의 교통경찰이라 불리는 관제사의 모습이 너무 멋지게 느껴졌다. 그렇게 재수를 시작했지만, 고등학교 3년 동안 공부를 거의 하지 않았던 공백이 생각보다 컸다. 결국 재수도 큰 성과를 내지 못하고 덕성여대 컴퓨터공학과에 진학하게 됐다. 그래도 재수하면서 얻은 것도 많았다. 가장 큰 성과는 수학 성적을 6개월 만에 6등급에서 2등급으로 끌어올린 거다. 원래 못하지만 좋아했던 과목인데, 나랑 잘 맞는 선생님을 만나면서 점점 자신감이 붙었다. 그때부터 나는 좋아하는 일이라면 바로 성과가 안 나와도 계속 도전해보는 근성이 있다는 걸 깨달았다. 그리고 두 번째로, '몰입'이라는 경험을 해봤다는 게 크다. 그동안 한 가지 일에 이렇게 많은 노력을 쏟아본 적이 없었는데, 재수하는 1년 동안은 정말 무언가에 몰두해서 목표를 이루려고 노력했던 것 같다. 이 경험이 이후에 내가 다른 도전을 할 때도 큰 동기부여가 됐다.
2. 뚜레쥬르 알바
재수와 반수를 마치고 처음으로 시작한 사회생활이 바로 이 일이었다. 내가 일했던 매장은 이제 막 개점을 준비하던 곳이었는데, 사장님께서는 처음 장사를 시작하신 때다 주변에 경쟁업체인 파리바게뜨와 오래된 동네 빵집들이 많아서 여러 가지로 걱정이 많으셨다. 매장이 처음 오픈한 만큼 빠르게 매장 운영에 적응하고, 들어오는 빵들과 손님층을 파악하는 것이 중요하다고 생각했다. 빵의 종류가 수십 가지나 되었고, 손님들이 물어보면 바로 대답할 수 있어야 했기 때문에, 빵 매뉴얼이 나오기 전부터 뚜레쥬르 홈페이지에 들어가 빵 정보를 검색하고 직접 그림을 그리며 암기하려고 노력했다. 그 결과, 한 달 동안 매장 안정화를 도왔던 CJ 담당자분께 우수 아르바이트생으로 뽑힌 기억이 있다. 주말 오전 7시부터 12시까지 근무하면서 갓 구운 빵 냄새를 맡으며 일했던 시간은 정말 좋은 기억으로 남아 있다. 근처에는 기초수급자분들이 사는 아파트와 노인층이 많은 지역이라 특수한 고객층이 많았다. 돈과 서비스에 민감한 분들이 많아, 잔돈을 몇 번씩 확인하시거나 사소한 일로 사장님을 부르는 일이 빈번했다. 하지만 뿌듯했던 경험도 많았다. 단골로 오시는 할머니들이 할인이나 적립을 못 받으시는 모습을 보고 안타까워 어플 설치와 가입을 도와드린 적이 있다. 내게는 작은 일이었지만, 그 분들이 고마워하고 행복해하는 모습을 보며 마음이 따뜻해졌다. 이 일이 사장님 귀에 들어가면서 나는 친절한 사원으로 인정받았고, 사장님께서는 까다로운 고객 응대를 나에게 맡기곤 하셨다. 또한, 프로모션을 진행할 때마다 사장님이 나와 판촉물 배치와 홍보방식에 대해 상의하셨다. 심지어 농담처럼 매니저 제안을 하시기도 했다. 비록 짧다면 짧은 시간의 아르바이트였지만, 고객 응대의 중요성과 책임감을 배울 수 있었던 소중한 경험이었다.
3. 수학학원 채점보조 + 강사
처음에는 중학생 때 다녔던 수학학원에서 보충공부 시간에 채점 보조와 간단한 질문을 받는 역할을 했다. 수학을 좋아하기도 했고, 학원 선생님과 꾸준히 연락을 주고받던 터라 선생님께서 특별히 도와달라고 부탁하셨다. 한 반에 7~8명 정도를 90분씩 담당했는데, 선생님께서

실제 생존이의 인생경험 10개

예를 들어서 위와 동일하게 질문을 받는다고 가정해보겠다. 10개의 생존 경험을 위 예시처럼 정리하면서 각 경험들에 대한 정리를 해보았을 것이다. 그렇다면 우리는 이 경험들에 대하여 나만의 WHY+ME(와이나)를 고민해보았기 때문에 경험에 대한 내 생각이 흔들리지 않을 수 있다. 이렇게 된 상황이라면 그 어떤 질문을 받더라도 흔들리지 않을 수 있다.

2번 뚜레주르에서 알바 했던 경험으로 다음의 모든 질문에 답이 가능하다는 것을 지금부터 함께해보자.

Q1) 가장 성취감을 느낀 적은?

A) 제가 짧은 인생을 살아오며 가장 성취감을 느꼈던 적을 생각해 보면(공감, 쿠션의 법칙) 아마도 대학생 시절 첫 알바였던 "뚜레주르"에서 일을 하였을 적이 떠오릅니다.

하루 300명 이상 고객분들이 방문하시는 매장에서 근무를 하다 보니 고객분들이 원하시는 것을 조금만 늦게 캐치하고 처리가 늦어도 식은땀을 빼는 상황들이 이어졌습니다. 비록 아르바이트가 처음이었지만 잘하고 싶은 마음에 일주일동안 매일 퇴근 후 빵 종류를 생각하고, 또 고객님들이 좋아하시는 빵을 기억했다가 먼저 챙겨드리게 되었습니다.

이 과정에서 고객분들의 작은 한 마디와 칭찬이 저에게는 너무나 동기부여가 되었고, 경험이 없더라도 어떤 자세와 태도로 무엇을 하느냐에 따라 상황을 바꿀 수 있다는 것을 배웠습니다.

이 경험을 통하여 앞으로 ○○기업에서도 (어떠한) 신입사원이
되겠습니다.

　이렇게 먼저 뚜레주르의 경험을 바탕으로 질문 1에 대한 답변을 누
구든지 할 수 있다. 역시 중요한 것은 2단계인 생존 경험 10개를 반드
시 고민해서 작성하며 경험을 단단하게 만들었을 때 암기 없이 나만의
WHY+ME(와이나)를 통한 답변을 할 수 있다는 것이다.

　그렇다면 2번째 질문을 바로 이어서 들어가 보겠다. 우리는 역시 뚜레
주르 2번 경험으로 이 질문에 대한 답을 하는 연습을 하는 것이니 다음 예
시를 미리 확인하지 말고, 내가 만약에 해당 경험을 하였고, 2번의 질문을
받게 된다면 어떻게 표현할지 생각해본 후 예시를 확인해보면 많은 도움
이 될 것이다.

Q2) 가장 열정적으로 임해 본 경험은 무엇이었죠?

A) 제가 짧은 인생을 살아오며 가장 열정적으로 임해 봤던 적을 생
각해보면(공감, 쿠션의 법칙) 대학생 시절 첫 알바였던 "뚜레주
르"에서 일을 하였을 적이 떠오릅니다.

이 당시 처음으로 아르바이트라는 것을 해보았던 시점이라, 모든

것이 신기하고 즐거웠습니다. 하지만 일을 해본 경험이 없었기 때문에 실수들을 하였지만, 그 실수들로 인하여 의기소침하면 안 된다는 생각을 하게 되었고, 제가 더 잘할 수 있는 것을 해보고자 하였습니다.

특히 제가 일을 했던 매장은 고령층 고객분들이 많이 방문하셨는데 할머니하고 오랜 시간을 보낸 저로서는 고령층 고객분들이 낯설지가 않았고, 저희 매장에 조금 더 즐겁게 방문하실 수 있도록 '6GO데이', '7GO데이', '손자왔수' 등 주말까지 반납하며 다양한 이벤트를 직접 기획해보고 조금 더 쉽고 편안하게 방문하실 수 있는 공간으로 만들고자 노력했습니다.

이 작은 경험을 통하여 (어떠한) 것을 배우고 느꼈으며(배느알 법칙) 이를 바탕으로 (어떠한) 작은 기여를 하는 신입사원이 되겠습니다.

이 예시를 확인해보면 1번의 경험과 2번의 경험이 동일함을 알 수 있다. 즉, 뚜레주르 알바 경험 하나로 2가지 질문 모두 답을 할 수 있다는 것을 확인할 수 있다.

가장 열정적으로 임했던 경험에서 무엇보다 중요한 것은?

- 이 지원자가 "언제, 가장" 열심히 했지?

- 그 경험을 얼마나 "열정적"으로 했지?
- 그 경험을 통하여 무엇을 배우고 느꼈지?

이 정도면 생각하면 충분하다. 이 예시답변에는 중요한 3가지가 모두 포함되어있다.

첫째, 아르바이트를 처음 했기 때문에 당연히 누구나 열심히 할 수밖에 없다. (이러한 상황 조성을 글과 말에 포함한다면 면접관 입장에서는 조금이라도 납득이 된다)

둘째, "얼마나 열정적으로 했지?" "그냥 열심히 했어요!"가 아니라 이 생존이는 "6GO데이', '7GO데이', '손자왔수' 등 주말까지 반납하며…"라는 문장을 구성하였는데 이러한 활동들이 "열정"으로 상대방에게 보인다.

생존이들이 면접관이라면 '6GO데이', '7GO데이', '손자왔수' 이러한 단어들이 궁금하지 않을까? 물론 질문을 하지 않을 수도 있지만 이러한 프로모션을 스스로 기획하고 주말까지 반납했다는 이야기를 들으면 충분히 면접관 입장에서 "열정"이라고 생각할 수 있다.

셋째, 경험에서 끝나지 않고 배느알 법칙이 적용되어 있기 때문에 이 역시 면접관들에게 "나 그냥 경험을 나열하는 사람이 아니에요"라는 생각을 전달할 수 있다.

1, 2번 분명 모두 같은 경험이다. 하지만 "관점을 전환"하게 되면 손쉽게 이 질문들에 대한 답을 누구나 할 수 있다. 다음 마지막 예시를 통하여 확신을 갖기를 바란다.

Q3) 조직 생활에서 가장 중요한 것은 무엇이라고 생각하나요?

A) 저는 조직 생활에서 무엇보다 중요한 것은 조금 귀찮고 어려운 일을 먼저 하는 자세라고 생각합니다. 대학생 시절 첫 알바였던 "뚜레주르"에서 6개월 정도 일을 경험하며 많은 것들을 느끼고 배웠습니다.

단지 판매만 하면 되는 줄 알았던 첫 알바였는데, 직접 일을 해보니 상품 진열, 발주, 마케팅, 고객 응대, 민원 처리, 청소 등 너무나 많은 것들을 할 수밖에 없었습니다.

아직까지도 기억에 남는 일이 그 당시 같이 일을 하던 알바생분이 매일 20분 일찍 출근하시고, 또 시키지도 않은 매장 밖 청소까지 변함없이 하시는 모습을 보면서 사실 좀 부끄러웠던 적도 있었습니다. 결국, 이 알바생분의 영향으로 저도 자연스럽게 출근을 미리 하게 되었고 청소도 같이한 생각이 납니다.

→ 타인의 좋은 사례를 바탕으로 배느알 법칙 적용.

조직 생활에서 주어진 역할을 잘하는 것도 물론 중요하지만, 남들이 조금은 귀찮고 하기 힘든 일을 어떠한 태도로 하느냐가 얼마나 중요한지 느낀 소중한 경험이었으며 이 경험을 바탕으로 ○○회사에서 (어떠한) 자세로 일하는 신입사원이 되겠습니다.

3번 질문 역시 뚜레주르 경험에서 이렇게 답변을 충분히 할 수 있다. 즉, 우리가 뚜레주르에서 알바를 했다는 것은 절대 하나의 경험이 아니라는 것을 1-3번의 예시를 통해서 확인할 수 있다.

이러한 방식으로 연습을 하다 보면 그 어떤 면접 질문을 받더라도 당황하지 않을 수 있다. 즉, 지금까지 대부분 생존이들이 준비했던 면접 준비의 방식과는 완전히 다른 방식이다. 아무리 좋은 공식이 있더라도 내가 적용하지 못하며 말짱 도루묵이다.

경험 정리 클래스에서 진행하는 방법을 공유하는 이유는 단 한 가지이다. 경험이 딴딴해지고 약간의 스킬을 배우면 누구라도 이와 같은 방법으로 면접 준비를 주도권 있게 할 수 있기 때문이다.

이렇게 챕터 7에서는 우리들의 경험을 바탕으로 가치를 올리는 방법을 살펴보았다. 총 15시간으로 면접 준비는 물론, 우리들의 인생이 변화될 수 있는 시간이 될 수밖에 없다.

꼭 이 방법대로 실행해볼 것을 추천한다.

Chapter 8

경험 · 자격증 · 스펙이 부족해도 합격을 만드는 경험 포장 방법

챕터 8만 잘 활용해도 생존이들의 인생은 충분히 변화할 수 있다. 생존면접 클래스, 경험 정리 클래스의 수많은 사례들을 통하여 이번 챕터에서는 우리의 평범한 경험이 "관점 전환"을 통하여 어떻게 바뀌게 되는지 살펴보겠다.

이어지는 내용 중 일부는 "실제 경험 정리 클래스" 내용을 바탕으로 실제 생존이들의 사례를 공유하였으니 조금 더 공감할 수 있는 이야기가 될 것이다. 우리는 지금껏 면접을 잘 보는 방법을 "스피치"와 "경험의 크기" 그리고 "스킬"의 관점에서 대부분 배우고 적용해온 것이 일반적이다.

하지만 이번 챕터에서는 앞의 내용들을 차곡차곡 학습한 상태라면 그 내용들을 바탕으로 어떻게 내 평범한 경험을 포장을 해야 하는지 알아보도록 하겠다.

생존 사례 1. 평범한 카페 알바에서 생존 경험으로

(1) 상황

최초 경험 정리 클래스를 진행할 때 이 생존이의 솔직한 생각은 이러했다. 누구나 할 수 있고, 누구나 1-2번 경험이 있는 카페 아르바이트였기에 "이 경험이 과연 도움이 될까?"라는 생각이었다.

(2) 생존이의 최초 생각

"사실 저는 '이 경험을 면접에서 사용해도 될까?'라는 생각을 갖고 있어요. 남들보다 특별한 경험도 아니었고, 딱히 성과도 없었거든요"

먼저 경험 포장을 하기 전, 반드시 이전 챕터에서 이야기한대로 ① 경험 나열 ② 인생 10개 경험을 기록하는 그 과정이 있어야 한다. 그리고 그 과정에서 선발된 한 가지의 경험을 바탕으로 3단계인 경험 포장을 하는 것이다.

혼자 경험 포장을 하려면 사실, 어려울 수 있다. 이 생존이 역시 이러한 방법으로 진짜 경험 정리를 한 적은 처음이었기 때문에 분명히 1, 2단계를 하였음에도 불구하고, 이 평범한 경험을 어떻게 포장해야 할지를 어려워했다.

(3) 생존이의 솔직 TALK - 보여 주려고 하지 말고 진짜 내 경험을 꺼내는 것부터

본질적으로 경험 포장을 못 하는 이유는 이미 내가 보여주고 싶은 어떤 A라는 역량을 보여준다는 생각을 먼저 갖고 있기 때문이다. 지금부터는 순서를 조금만 바꾸면서 스스로 진짜 경험을 꺼내보도록 하겠다.

생존이는 평범한 카페 알바를 한 것이 맞다. 하지만 중요한 핵심정보가 모두 빠져있는 상황이었다.

- 알바를 한 기간?
- 평균 알바 시간?
- 알바를 하면서 실제 했던 일
- 알바를 하면서 뿌듯했던 기억
- 알바를 하면서 힘들었던 적?

이것들에 대한 생각을 진실성 있게 해보지 않고, "알바"의 경험이 "면접에서 어떻게 활용될 수 있을까?" 처음에는 고민을 하였다. 이러한 현상은 대부분 대학생, 취준생들이 경험하는 현실이다. 이러한 상황에서는 "편한 질문"들을 던져주면 스스로 내용을 정리할 수 있다.

실제 경험 정리 클래스를 통하여 이 생존이와 자연스러운 대화를 하면서 이런 사실들을 알게 되었다.

- 알바를 한 기간: 약 6개월
- 평균 알바 시간: 오후 3-10시, 약 7시간, 주말 알바
- 하루 평균 고객 방문: 약 30-40명
- 알바를 하면서 실제 했던 일: 고객 응대, 음료 제조, 뒷정리, 홍보 등

"경험 정리 클래스"를 통하여 편안하게 이야기를 하면서 이러한 내용들을 확인할 수 있었다. 혼자서 생각할 때는 이런 부분까지 생각해보지 못했지만, 이렇게 편안하게 이야기를 하면서 스스로의 경험들을 재정의해볼 수 있었고, 이러한 내용을 바탕으로 충분히 경험 포장이 가능하다는 것을 알게 되었다.

예를 들어서, 카페에서 알바를 하였을 당시, 이 생존이는 주말 이틀 동안 아르바이트를 하였고, 하루 평균 약 30명의 고객을 응대했다고 한다. 사실 많은 고객이 방문한 그런 매장은 아니었다. 누군가는 이런 경험이 "면접"에서 쓸모없는 경험이라고 생각하고, 처음부터 "경험 나열"부터 제대로 하지 않은 채 "버린 카드"로 생각할 수 있지만 우리는 그 관점부터 뒤

집어야 한다.

　하루 평균 30명의 고객, 주말 이틀이면 이 생존이는 약 60명의 고객을 직접 응대하는 경험을 한 것이다. 그렇다면 1주당 60명 * 4주면 한 달 동안 240명의 고객분들을 만난 것이고, 6개월을 지속하였기 때문에 약 1,440명의 고객분들과 직접 현장에서 소통하며 고객의 관점에서 생각하고 다양한 사람들의 성향을 이해하는 것은 물론, 능동적인 소통방법으로 작은 문제들을 해결하며 생존하는 법을 익혔을 것이다.

　누군가 이런 비슷한 경험이 있다면 이렇게 표현하는 것이 일반적이다.

　　"저는 카페 아르바이트 경험에서 매출 2배를 증대시켰습니다."

　하지만 『생존면접 바이블』을 읽고 있는 생존이들이라면, 위와 같은 생각과 방법으로 메시지를 전달하기보다 지금까지 본 "경험 포장"으로 고차원적인 면접 준비를 할 것을 추천한다. 즉, 영업을 잘한다는 것만 강조하는 것이 아니라 "나는 1,440명"의 다양한 고객들을 만나보면서 이런저런 것들을 느끼고 배운 사람이(배느알 법칙)라고 어필을 한다면 훨씬 지금보다 더 많은 공감을 받을 수 있다.

　이 사례에서 "경험 포장"이 된 것은 이 부분이다.

　고객수를 계산한 이 과정을 유심히 살펴보아야 한다. 누군가는 이러한 계산을 단 한 번도 해보지 않고, 내 경험의 크기를 섣부르게 판단한다. 그러다 보니 내 경험에 대해서 자신감을 갖지 못하는 것이다.

하지만 이와 같이 숫자로 생각해보고 관점을 전환해본다면 "지극히 평범하고 중요하지 않은 내 경험"에서 "1,440명의 고객"을 만나서 소통하고 고객의 관점으로 생각한 경험으로 관점을 전환할 수 있다.

이 모든 것의 시작은 "관점 전환"부터이다.

항목	생존 경험
경험 제목	주말 카페 알바
기간·투입	2023.03-08.(6개월) 주말 7h×2일≒14h*4*6=336h
최초 생각	"평범한 카페 알바라서 면접에 못 쓸 듯…"
핵심 행동·숫자	30명/일×2 → 주 60명, 6개월 1,440명 고객 응대, 음료 제조, 재고 정리
배느알 법칙	많은 사람들과 소통해보며 알게 된 것은 작은 관심을 먼저 보일 때 상대방과의 신뢰관계가 훨씬 더 빨리 형성될 수 있음을 알게 됨
경험 포장	다양한 고객분들과의 소통 경험(1,440명)을 통하여 어떠한 상황에서도 웃는 얼굴로 기분 좋은 하루를 시작하게 만들 수 있는 힘을 가진 지원자로 어필 (이 생존이는 언어, 비언어가 일치하였음)
생존 키워드	고객 관점 사고/신뢰의 중요성/능동적 태도 등

생존 사례 2. 평범한 근로장학생 아르바이트에서 생존 경험으로

(1) 상황

스스로 생각하기에도 너무나 평범한 경험이었고, 근로장학생 일을 하는 대학생들이 너무 많았기에 "이 경험이 과연 나에게 경쟁력이 될까?"라는 의문을 갖고 있었다.

(2) 생존이의 최초 생각

"누구나 학교에서 하는 아르바이트인데 이 경험은 면접에서 활용하는 게 좀 힘들 것 같아요. 사실 알바 자체가 꿀 알바여서 여기서 특별히 무언가를 어필하는 것보다 조금 더 역량을 보여주는 경험들을 이야기하는 게 맞는 것 같습니다."

(3) 생존이의 솔직 TALK

다른 알바에 비해 꿀이었다. 하지만 팀장님 한 분이 모든 일을 했던 상황이었다. 한번은 충전기를 두고 갔는데 주말에 온 가족분들이 나와서 업무를 하는 너무 안쓰러운 상황을 목격했다.

그 후 자발적으로 일을 하기 시작했다.

WHY 이렇게까지 했는가? 팀장님이 지시했나? NO! 팀장님 지시가 아니었다. 근로장학생들이 일이 없는 상태로 쉬다 가는 상황이 발생했다. (그러나 다른 팀장님들이 대신해서 업무를 시킬 수 없었음)

역시 이런 상황에서 이 생존이는 누구나 한 번쯤 해보는 "근로장학생" 알바에 대해서 확신이 별로 없었다. "솔직 TALK"를 통해서 이야기를 편하게 해보았을 때 스스로 이 알바를 "꿀알바"라고 이야기했을 만큼 편하고 좋았다는 생각만 하였기 때문이다.

하지만 실제 "경험 정리 클래스"를 진행하며 "1단계 경험 나열"을 다시 한 번 해보고 이야기를 나누는 과정에서 굉장히 중요한 내용들을 확인할 수 있었다.

다른 알바에 비해 굉장히 "꿀알바"였기에 사실 시간만 때우다가 퇴근을 해도 누가 뭐라고 하지 않았던 상황이었다. 하지만 주말 어느 날, 조금은 까칠했던 팀장님의 가족분들까지 나오셔서 업무를 하시는 모습들을 보면서 그 팀장님을 조금이라도 이해할 수 있었고, 작은 보탬이 되고자 하는 능동적인 생각과 행동을 하게 되었다. (이 생존이의 진심이었음)

이러한 터닝포인트가 있었기에 스스로 마음을 더 쓰게 되었고, 근로장학생 역할이 이 생존이 혼자 한 것이 아니라, 다른 학생들과 인수인계를 받으며 진행하였기에 모두가 불필요한 시간을 줄인다면 팀장님의 업무 효율은 물론 팀도 좋아진다는 생각을 갖게 되었다.

그래서 그때부터 인수인계서를 스스로 만들었고, 누군가 사람이 공백이 생기더라도 내용들을 모두가 공유하며 업무 차질을 조금이라도 줄이고자 하였다.

(4) 경험 포장

처음에 명시된 "근로장학생" 경험으로만 보면 사실 어떤 면접 질문에 어떻게 활용을 해야 할지 잘 모르는 경우가 많다. 하지만 이러한 상황과 "생존 TALK"를 나누면서 이 경험의 진정한 스토리를 스스로 느끼는 것이 먼저이고, 이 한 가지의 경험으로 많은 것들이 변화될 수 있음을 생존이는 느낄 수 있었다.

만약 최초의 생각대로 이 생존이에게 이 경험을 물었다면 아마도 처음 생각대로 "근로장학생 경험이 꿀알바여서 어떤 역량과 매칭되는지 모르겠어요"라고 했을 확률이 높다.

그렇다면, 이 경험을 "경험 포장" 한다면 어떠한 변화가 생길까? 예를 들어서, 지금 이 경험에는 굉장히 많은 것들을 보여줄 수 있는 스토리가 있다.

이 생존이의 경우, 이러한 경험을 통하여 많은 것들을 배우고 느끼고 알게 되었을 것이라 생각한다. 근로장학생 일을 하며, 다음과 같은 것들을 느꼈을 것이다.

① 작은 조직에서 어떠한 태도와 마인드로 일을 하는 것이 조직을 위한 것인지에 대한 생각도 하게 되었을 것이며,

② 또 나의 작은 관심과 행동 하나가 조직에 얼마나 영향을 미치는지도 알게 되었을 것이다.

③ 또한 자본주의 사회에서 내가 받은 만큼 일을 해야 한다는 나만의 어떠한 직업관, 가치관이 생기게 되었을 수도 있고,

④ 어떤 일을 하든 간에 내가 어떠한 마음으로 하느냐가 얼마나 중요한지도 알게 될 수도 있다.

우리에게 필요한 것은 지금 이러한 구조로 생각을 해보는 그 과정이다. 만약 이 경험을 면접의 답변으로 풀어낸다고 생각한다면 "쓸모없는 경험"으로 생각할 수밖에 없는 것이 현실이다.

하지만 이 경험에서 "자신만의 스토리"와 WHY가 분명히 존재하였고 그렇게 생각하고 행동하게 된 나만의 ME가 있었기에 차별화된 답변이 가능했다.

그럼 면접장에서 이 경험을 어떻게 활용해볼 수 있을까?

이 생존이는 이 경험을 하면서 자본주의 사회에서 "등가교환"에 대해서 생각해볼 수 있었을 것이다. 즉. 사회생활이든 조직 생활이든 결국 서로의 무엇인가를 바꾸는 행위를 우리는 지속해야 한다.

조직 생활 역시 각자 맡은 바 책임을 다하여야 하는데, 누군가는 눈치만 보며 시간을 보내기도 한다. 하지만 이 생존이의 경우 이 "근로장학생 경험"을 바탕으로 1인분의 역할을 WHY 능동적으로 해야 하는지에 대한 이유를 스스로 느낄 수 있었고, 이 작은 역할이 조직 생활에 얼마나 중요한지를 알게 되었다.

이러한 마인드와 태도, 그리고 경험은 "조직 생활"에 대한 나의 생각을 전할 때 굉장히 중요한 나만의 생각을 갖게 해준 경험으로 활용할 수 있다. 예를 들어서,

- 조직 생활에서 무엇보다 중요한 것은?
- 신입사원으로서 가장 중요하다고 생각하는 것?
- 본인이 생각하는 조직 생활이란?

등의 질문을 이 경험 하나로 모두 답변을 가능하게 할 수 있다.

예시 5. 너무나도 평범한 근로장학생 경험이 생존경험으로

경험제목	'꿀알바' 교내 근로장학생
생존경험 (기간 포함 표기)	2023.06 - 2024.02 주 10h × 36주 ≈ 360h
생존이 최초 경험정리	"앉아서 시간만 채우면 되는 알바, 면접에 쓸모 없겠지…"
생존행동 (숫자·행동 세부)	• 팀장님 1명, 영세기업 지원업무 과부하. 하지만 알바이기에 그냥 버팀. 그러나 주말 출근한 팀장님과 가족들을 보며 도와줘야겠다는 생각을 하게 되었음. • 공통서류취합, 예외 항목분류 → 검토 속도 3일 → 1일 단축 • 군대 경험 활용 '신송노트' 인수인계 매뉴얼 1권 제작, 모두가 1인분 역할만 잘하면 된다는 생각으로 자발적 인수인계 • 놀고 시간 때우는 행위 근절
배느알법칙 배운·느낀·알게 된 점	• 배: 작은 역할도 능동적 행동을 하면 조직을 바꾼다. • 느: 자본주의 사회에서 무엇보다 중요한 "등가교환"에 대한 생각 • 알: 목적의식이 있으면 생각과 행동이 달라지는구나
경험포장	① 주말까지 야근하던 팀장님을 보며 처음으로 돕고싶다는 생각을 하게 되었으며 '작은 생각 하나가 팀을 바꿀 수 있다'는 걸 깨달았음. 그 뒤로 업무 크기와 상관없이 먼저 책임지고 개선을 실천하는 사람이 되겠다는 생각 - 회사에서도 작은 일부터 끝까지 완성해 조직 가치를 키우는 1인 ② 군생활간 몸으로 배운 신송노트로 경험을 통하여 생각보다 빠르게 메뉴얼화를 완성시키며 팀장님의 업무효율에 작은 도움을 드림→군 생활간 사실 별 의미없이 한 행동인 줄 알았는데 모든 경험이 중요함을 느낌→팀장님의 웃음을 보며 보다 능동적 자세를 갖게 됨→책임감 ③ 많은 서류들을 검토, 취합하며 어떤 일을 할 때 우선순위를 왜 선정해야하는지에 대한 중요성을 느꼈으며 우선순위를 정할 때 자신만의 기준점이 필요하다는 것을 느낌→향후 입사 후에도 어떤 일을 하던지 시작 전 우선순위를 한 번 더 확인하고 실행하는 직원
생존역량	능동적 실행, 책임감, 조직적마인드, 프로세스 개선, 업무우선순위

"생존면접 클래스"에서 이와 같은 방법으로 템플릿을 구성해서 경험을 포장하는 연습을 하고 있다. 물론 이 또한 처음을 조금이라도 쉽게 해주는 방법 중 하나이다.

이 예시에서 조금 더 경험을 포장해본다면 어떻게 활용할 수 있을까? 분명히 조금 전까지 근로장학생의 경험이 그렇게 좋은 경험이라고 생각하지 않았지만 경험 포장을 통하여 "이 정도만 되더라도 그래도 할 말은 있겠다"라는 생각을 가질 수 있다.

이번에는 이 경험으로 2-3가지 이상 되는 직무역량을 충분히 도출할 수 있다는 것을 예시를 통하여 확인할 수 있다. 즉, 근로장학생 알바 경험을 하며 우리는 한 가지 경험만을 하는 것이 아니다. 다양한 경험을 하고 다양한 상황들을 맞이한다.

그 상황에서 분명히 배우고, 느끼고, 알게 된 것이 생기게 된다. 이 "배느알" 법칙이 우리의 포인트가 된다. 즉, 이 예시에서 경험 포장 1-3단계가 존재한다. 이것들 모두 각자의 경험 스토리이며 이러한 스토리를 통하여 나만의 WHY+ME(와이나)가 생기게 된다.

즉, 이러한 방식으로 생존이들도 활용해본다면 한 가지 경험에서 많은 것들을 뽑아낼 수 있다. 근로장학생 알바 경험으로 한 가지 직무역량만 도출할 수 있는 것이 아니다. 능동적 실행, 책임감, 조직적 마인드 등 배우고 느끼고 알게 된 것들이 있다면 그 어떠한 것이든 직무역량으로 우리는 활용할 수 있다는 것을 꼭 기억해야 한다.

즉, 경험 자체가 중요한 것이 절대 아니다. 혹시나 아직도 "이게 무슨 말이지?"라고 생각하는 생존이들이 있다면 이거 하나만 기억하면 된다. 한 가지 경험을 통하여 "배느알 법칙"을 뽑아내는 것이 가장 중요하고, 이것만 제대로 된다면 경험 포장은 어떠한 방식으로든 할 수 있다.

생존 사례 3. 혼자만의 노트를 작성하던 그 경험이 생존 경험으로

(1) 상황

이 생존이는 평소 걱정이 많은 성향이었다. 그래서 오래전부터 "걱정
관리노트"라는 것을 혼자서 오랜 시간 동안 작성하였다. 최초 "경험 정리
클래스"에서 1단계인 "경험 나열"에서 이 사례를 포함시키지 않았지만
면접중대장이 판단하기에 이 스토리가 자신만의 WHY+ME(와이나)를
담고 있다고 생각하였고 2단계인 생존(인생) 경험 10개에 포함시키도록
하였다.

(2) 생존이의 최초 생각

"면접을 보아야 하는 입장에서 걱정관리노트는 너무 치명적인 것 같아요."
"제가 한 행동은 맞지만, 왠지 기업 입장에서는 안 좋아할 것 같아요."

(3) 생존이의 솔직한 TALK

이 생존이의 생각대로 우리들 대부분은 이런 고민을 갖는 것이 일반적이다. 걱정관리노트 자체가 걱정이 많고, 부정적으로 보일 수 있다는 생각으로 이 행동을 꾸준히 했음에도 면접장에서 스스로 버린 카드로 생각하는 경우가 많다.

실제 이 생존이는 "걱정관리노트"를 통하여 굉장히 많은 것들이 달라졌다. 우리가 자라온 환경, 삶의 궤적, 가치관등에 따라 우리는 모두 각자의 생각으로 세상을 살아간다. 똑같은 A현상을 경험하며 누군가는 미치도록 공포스럽고, 또 누군가는 아무 일 없다는 듯이 넘기기도 한다. 즉, 내가 어떻게 느끼는지는 모두가 다 다르다는 이야기다.

이 생존이의 경우 불안감이 상대적으로 다른 사람들보다 높았다. 그래서 그 걱정을 조금이라도 덜어내기 위해서 시작한 것이 "걱정관리노트"라는 것이었고, 이 행위를 하면서

① 스스로를 매일 돌아볼 수 있는 시간을 확보할 수 있었고
② 하루를 정리하며 내일을 계획해보는 생각을 하게 되었고
③ 자기객관화를 지속적으로 하며 살아가는 힘을 기를 수 있었고
④ 스스로를 돌아보며 둥글게 사는 법을 배울 수 있었다.

즉, "행위"는 단지 "걱정관리노트"를 작성하는 것이었지만 본인만의

WHY가 모든 행동들에 있었고 이 시간을 통하여 스스로의 삶을 주도적으로 끌고 가는 힘을 가질 수 있었다.

하지만 이 생존이는 스스로 이와 같은 행동들을 하였지만 위와 같은 방식으로 생각을 해보지 않았기에 그동안 스스로 해온 행동에 대한 경험의 확신을 하지 못하였다.

(4) 경험 포장

이 경험을 "생존이의 솔직 TALK"를 통해서 이야기해보니 전혀 다른 스토리가 되는 것을 알게 되었다. 즉, 같은 경험이더라도 내가 어떻게 생각하고 "관점을 전환"하느냐에 따라 전혀 다른 스토리가 된다는 것을 우리는 느껴야 한다.

억지로 암기를 하라는 것이 아니다. 누군가는 최초 생각처럼 생각을 계속할 수 있다. 하지만 그런 생각을 계속 갖고 있다면, 소재에 집착을 하게 될 것이고 나보다 더 좋은 소재는 이미 다른 누군가도 있기에 차별화를 시키기 어렵다. 우리는 지금부터 이러한 경험 포장 연습을 매일 꾸준하게 하는 환경을 만들어야 한다.

그렇다면 이 경험을 어떤 면접 질문에 적용할 수 있을까? 우리는 또 이렇게 생각을 바꿔보아야 한다. 그래야 실질적으로 활용할 수 있기 때문이다. 이전 챕터에서 살펴보았지만 경험 하나만 제대로 생각하고 포장하면 그 어떤 질문도 답변이 가능하다.

예를 들어서,

- 인생에서 가장 잘한 선택?
- 성취를 느꼈던 경험?
- 최근까지 꾸준하게 무엇인가를 한 행동?
- 인생을 살면서 실패해본 경험?

등에 대한 질문은 물론 그 어떤 질문이 나오더라도 이 탄탄한 스토리를 바탕으로 "경험 포장"을 할 수 있다.

예시 6. 평험한 노트 기록이 생존경험으로(걱정관리노트)

경험제목	걱정관리노트 1,000일 기록
생존경험 (기간 포함 표기)	2022.01 - 2024.09(33개월) 매일 20분 × 1000회 → 20,000분 = 333H
생존이 최초 경험정리	"걱정이 많아 보이면 기업이 싫어할까봐…"쓰면 안될 것 같아요.
생존행동 (숫자·행동 세부)	• 평소 걱정이 너무 많은 성향, 스스로 걱정을 덜어내기 위해 시작 • 걱정노트 1,000회 작성, 하루 20분 스스로 돌아봄
배느알법칙 배운·느낀·알게 된 점	• 느: 기록은 불안을 정리해 내일을 설계하는 힘이 된다.
경험포장	• 1,000일의 루틴→한 번 시작한 일은 어떻게든 끝까지 하고자 하는 성향으로 변함' • 작은 기록들이 미래를 변화시킬 수 있다는 확신을 갖게 됨

	• **꾸준한 성찰** → 어떠한 상황에서도 불평불만보다 현재 상황에서 주어진 역할을 어떻게 잘할 수 있을까?라는 마인드로 전환 • 기록 → 계획 →행동 나만의 생존 프로세스 정립 → 목표 실행력 체계화
생존역량	자기객관화, 안정적 의사결정, 끈기, 인내, 목표, 실행력 등

  마찬가지로 템플릿을 활용하여 정리를 해보면 "평범했던 노트 기록" 경험이 어떻게 경험 포장으로 관점 전환 하게 되는지 알 수 있다. 누군가에게는 이 경험이 단지 "노트 기록" 정도로 아직도 여겨질 수 있다. 하지만 꾸준하게 "관점 전환"하는 연습을 하였다면 이 1천 번의 걱정관리노트 경험이 얼마나 중요한지 스스로 느낄 수 있다.

  "노트기록"이라는 수단만 생각하면 사실 차별화가 되지 않는다. 하지만 내가 WHY 이 행동을 하게 되었고, 이 행동을 통하여 내가 무엇을 배우고, 느끼고, 알게 되었는지를 생각한다면 경험 포장과 직무역량은 쉽게 도출할 수 있다.

생존 사례 4. 리더십과 조직 갈등만 생각한 학생회장 경험이 생존 경험으로

(1) 상황

이 생존이는 코로나 당시 학생회 회장으로서 역할을 수행해야 했던 상황이었다. 학생들을 직접 만날 수 없는 상황이었지만 이러한 상황에서도 회장으로서 학교와 학생들 사이에서 유기적인 연결을 하기 위한 노력을 해야 하는 상황이었다.

(2) 생존이의 최초 생각

"학생회장 경험이니까 조직 생활에서 갈등도 있었으니 그 경험을 활용하면 될 것 같아요."
"기업에서 리더들을 좋아하니까 그 경험으로 어필하면 될 것 같아요."

(3) 생존이의 솔직 TALK

학교생활을 하면서 리더로서 역할을 한 경험이 있는 생존이들이 의외로 많다. 하지만 대부분 비슷한 경험이기 때문에 이런 경험에서 "리더십"이나 "갈등" 경험으로만 활용하면 된다는 생각을 갖고 경험을 분해하기 시작한다.

이 생존이 역시 그렇게만 생각하였다. 하지만 "경험 정리 클래스"를 통하여 솔직한 TALK가 시작되었고, 이 생존이의 다양한 경험들을 알아갈 수 있었다. 학생회장을 하면서 굉장히 많은 활동들을 하였는데, 내가 관심을 갖고 들었던 내용은 바로 이 부분이었다.

코로나 시기에 학생들이 학교에 참여를 하지 못하면서, 자연스럽게 학교에 관심을 갖지 못하게 되는 현상이 발생되었고, 그렇다 보니 학생회장으로 어떻게든 비대면 활동으로라도 학생들의 참여율을 높여야만 하였다.

그리하여 그때부터, 이 생존이는 SNS를 활용하여 다양한 도전을 시도하게 되었다.

학생들의 참여를 위하여,

① 지금 학생들이 어떠한 활동에 관심이 있는지를 찾았으며
② 그런 내용들을 바탕으로 SNS를 운영하였고

③ 처음에는 어떻게 해야 하는지도 몰랐지만 "목적"이 분명하였기에 방법을 찾기 시작하였다.

④ 이렇게 조금씩 다양한 SNS를 운영해보면서(인스타, 카드뉴스 등)

⑤ SNS가 왜 중요한지, 또 어떠한 방법으로 마케팅을 해야 하는지 알 수 있었고

⑥ 학생들이 글로 된 공지사항을 읽지 않아서 "어떻게 하면 조금이라도 볼까?"라는 생각으로 시작한 카드뉴스를 제작하며 "상대방에 대한 관점"은 물론 핵심메시지의 중요성과 마케팅이 얼마나 중요한지를 알 수 있었다.

처음 생존 TALK를 시작하기 전에는 이 생존이에게 "학생회장" 경험은 그냥 "리더십", "갈등" 경험이었다. 하지만 학생회장 1년의 경험에서 우리들이 활용할 수 있는 경험은 무궁무진하다.

우리들 대부분은 면접이라고 하면 좋은 경험, 멋진 경험만을 이야기해야 한다고 생각한다. 그러다 보니 지금처럼 "나만의 WHY"를 찾지 않고 무턱대고 역량과 연결을 시키려고만 한다.

생존이들이 지금 해야 할 것은 이 로직처럼 생각을 확장하는 것이다. 이 생각 하나만으로 지금 새로운 경험 포장의 사례와 직무역량이 쏟아질 수 있다.

(4) 경험 포장

우리는 이번 사례를 통하여 "단지 학생회장"에서 우리가 처음 생각했던 경험만을 나열하는 것이 아닌, 다른 관점으로 생각을 확장하는 법을 배웠다.

항목	생존 경험	생존 꿀팁
경험 제목	코로나 시대 학생회 경험	
기간·투입	2020.03-2021.02(12개월)	날짜·빈도·총시간
최초 생각	"리더십·갈등 사례면 충분하지 않을까?"	솔직한 생각
핵심행동·숫자	• 비대면 환경에서 SNS 2채널(인스타·카드뉴스) 개설·운영 • 카드뉴스 13종 제작 → 공지 핵심 시각화	행동·숫자만 간단히
배느알	배: 상대방의 관점이 왜 중요한지를 몸으로 느낀 경험이었으며, 억지 참여가 아닌 진심과 원하는 것을 능동적으로 찾는 노력을 하였을 때 "조직"과 "커뮤니티"는 활성화가 된다는 것을 알게 되었음	나만의 한 줄
경험 포장	• 어떠한 상황에서도 문제를 해결하려는 태도를 배움 → 조직 생활 포기하지 않는 태도 • 카드뉴스 13종 제작 → 상대방의 관점에서 생각 → 고객, 조직에 대한 관점 • 한 번도 시도해보지 않았던 경험 → 문제해결에는 다양한 방법이 있구나 몸소 느낌 → 어떠한 상황에서도 문제해결을 할 수 있는 접근	
생존 역량	포기하지 않는 태도, 관점형 커뮤니케이션, 문제 해결	경험 포장을 통한 역량 도출

"학생회 경험"을 템플릿의 내용처럼 순서대로 하나씩 작성을 하다 보면 나도 모르게 사고가 확장된다. 지금 우리는 처음 이런 연습을 했기 때문에 어색하고 적용이 잘되지 않는 것이 당연하다.

지금 마음이 급한 상황이라고 무턱대고 "경험 포장"만을 생각하기보다 앞의 예시들을 천천히 읽어보면서 "관점 전환" 하는 연습을 먼저 해야 한다. 아직 익숙하지가 않기에 "학생회장"의 경험에서 카드뉴스를 통한 사례만을 연습하고 있지만, 잘 생각해보면 엄청나게 많은 사례들이 이 한 가지의 경험에서 나올 수 있다는 것을 알 수 있다.

예를 들어서, 지금 이 생존이가 학생회장의 역할을 했던 기간은 절대 짧은 기간이 아니다. 무려 약 1년 동안 주도적으로 무엇인가를 생각하고 진행하면서 다양한 경험들을 해보았기 때문에 다시 "경험 나열"을 해본다면 엄청나게 많은 경험 포장의 요소들이 재탄생하게 된다.

지금까지는 우리들의 경험을 조금 포장하는 법에 대해서 함께 알아보았다. 이 과정을 처음 해보는 생존이들은 아직도 적응이 어렵겠지만 2-3번만 반복하다 보면 자연스럽게 적응할 수 있다.

그럼 지금부터 우리 생존이들에게 정말 중요한 실전 면접장에서 바로 적용시킬 수 있는 경험 포장의 사례에 대해서 알아보겠다. 단 실전 포장 사례는 반드시 이 과정을 1-2회 이상 경험해본 후 하는 것을 추천한다.

마음만 급해서 바로 면접장에서 써먹을 수 있는 방법만 찾는다면 결국 활용을 하는 힘이 부족할 수밖에 없다. 그렇기 때문에 반드시 이론을 실습한 후, 예시를 따라서 실습해보는 것을 추천한다.

[실전 생존 사례] 한 번쯤 해 보는 학원 강사 경험이 생존 경험으로

A생존이는 대학 생활 동안 학원 수학강사로서 일을 한 경험이 있다. 이런 경험을 갖고 있는 생존이들은 분명 많을 것이다. 그렇다면 이번 실전 생존 사례에서는 "이 경험을 바탕으로" 어떻게 실전에서 바로 적용할 수 있는지에 대한 이야기를 해보겠다.

이제 면접이 얼마 남지 않았다면 우리는 실전 면접을 준비해야 한다. 실전 면접을 준비한다는 것은 내가 받을 수 있는 질문과 함께 다양한 질문에 모든 스크립트를 작성하는 것이 절대 아니다. 아직까지도 이런 생각을 갖고 있는 생존이들이 있다면 다시 이 책을 앞에서부터 천천히 정독하기를 바란다.

실전면접에서 무엇보다 중요한 것은 "본질"이다. 그 본질은 바로 "내 경험의 알맹이"다. 그렇기 때문에 앞서 연습을 하였듯이 하나의 경험에서 다양한 질문에 답변할 수 있는 내공을 쌓아야 한다. 아래 사례를 확인하면 바로 이해를 할 수 있다.

이렇게 연습을 해보면 그 어떤 질문을 받더라도 당황하지 않고 우리들의 이야기를 할 수 있다. 예를 들어서 "주변에서 어떤 평가를 받나요?"라는 질문에 대부분 우리는 한 가지의 답변만 생각한다. 물론 정말 좋은 한 가지의 답변을 완벽하게 이야기하면 너무 좋겠지만, 그렇게 연습을 하게 되면, 그 질문이 100% 나올지도 모르고, 또 준비된 질문이 나오지 않으면 불안감을 계속 갖고 면접을 진행해야 한다.

지금부터 우리가 활용할 방식은 "수학강사라는 경험" 하나에서 다양한 관점으로 여러 개의 답변을 해보는 연습을 하는 것이다. 분명히 우리들의 뇌 속에는 "수학강사" 경험이 하나로만 생각된다. 하지만 실제 수학강사 활동을 하며 다양한 경험들을 했을 것이다. 그 전제부터 바꾸고 시작하는 것이 중요하다.

(1) 주변에서 어떤 평가를 받나요?

면접 질문	생존 경험(상황, 행동)	경험 포장(생존 답변)	생존 키워드
주변에서 어떤 평가를 받나요?	수업 뒤에도 학생들의 생일·취미를 챙기며 관계 유지	"저는 작은 인연도 소중히 생각하는 사람이라는 평가를 받습니다."	작은 인연, 소중
	오답 카드 자료를 직접 만들어 학생 수준별로 공유	"저는 누군가의 성장을 위해 함께 힘을 북돋는 사람이라는 이야기를 자주 듣습니다."	성장, 힘 붙는 사람
	주 1회 수학 팁 뉴스레터를 자발적으로 발송	"작은 지식을 나누는 것을 행복해하는 사람으로 불립니다."	지식 공유, 행복

가정환경·성향을 메모해 맞춤 피드백 실시	"사소한 변화에 먼저 귀 기울이는 사람이라는 평가를 받습니다."	사소한 변화, 귀 기울이는
수업 후 간식·퀴즈 이벤트를 마련해 동기 부여	어떤 상황에서도 동기부여 역할을 해주는 사람이라는 말을 듣습니다."	어떤 상황, 동기부여

면접 질문은 "주변에서 어떤 평가를 받아요?"라는 질문 하나지만, 우리는 지금 "수학강사"라는 경험을 대입시키는 연습을 하고 있는 것이다. 이 생존이 역시 수학강사 경험을 하였고 이 경험을 바탕으로 면접을 준비하였다.

처음에는 수학강사 한 가지 경험에서 면접 질문 하나만 답변하는 연습을 하였으나, 이 방법을 알고, 적용한 후부터 면접의 주도권을 확실하게 가져갈 수 있었다. 우리가 면접 준비를 할 때 간과하는 것이 있다.

바로 한 가지 질문에 한 가지 경험이 적용된다는 우리들만의 생각이다. 하지만 이 생존이 역시 분명히 "수학강사" 하나의 경험이었지만 이 경험에서 굉장히 다양한 사례들이 있었다. 예시에서 "5가지 생존 경험"으로 수학강사의 경험을 나눠볼 수 있으며 이를 또 "경험 포장"을 하여 5가지 면접 답변으로 구성됨을 알 수 있다.

"주변에서 어떤 평가를 받아요?"라는 질문에 우리는 많은 생각을 하게 될 수밖에 없다.

하지만 이와 같은 방법으로 하나의 질문에 3-5가지 답변을 도출하는 "경험 포장" 방법을 연습한다면 어떤 질문을 받더라도 두렵지 않다. 그 이유는 간단하다. 나 스스로 "수학강사"라는 경험에 대한 WHY+ME(와이나)를 사전에 정리를 해두었기 때문에 나의 행동과 생각에 대한 이유가 있는 것이다.

혹시나 이해가 되지 않는 생존이들을 위하여, 위 예시 하나를 풀어서 설명해보겠다.

첫 번째 예시의 "생존 경험"은 수업 외에도 학생들의 생일과 취미를 챙겼다는 생존이의 행동이었다. 이는 누구나 할 수 있는 평범한 경험이지만 이 평범한 경험을 우리는 의미를 담아서 "경험을 포장"하는 연습을 해야 한다.

누군가는 이 행동이 뭐가 대단한 거냐고 생각할 수 있지만, 수학강사로서 사실, 수학만 가르치고 퇴근할 수도 있었지만 이 생존이의 경우 아이들을 좋아했고, 진심 어린 마음으로 아이들의 생일과 취미를 챙겼던 것이기에 "저는 작은 인연도 소중히 생각하는 사람이라는 평가를 받습니다"라고 경험 포장을 할 수 있다.

만약 이렇게 WHY를 이야기를 한 후, "그럼 혹시 그런 사례가 있나요?"라고 면접관이 질문을 한다면, 이 수학강사의 경험(ME)을 이야기하면 충분하다.

두 번째 생존 경험은 수학강사를 하면서 학생들 수업을 조금이라도 더 잘하기 위해서 원장님이 시키시지도 않으셨는데, 자발적으로 오답카드 자료까지 만들어서 학생 수준별로 공유를 했던 경험이다. 이 또한 누군가는 "이게 뭐가 특별한 경험이야?"라고 생각할 수 있지만 우리는 "관점 전환"과 "경험 포장"이 2가지만 생각하면 된다.

결국, 면접 질문은 동일하다. "주변에서 어떤 평가를 받아요?"라는 질문을 받았을 때, 이 생존 경험을 생각하며 "저는 누군가의 성장을 위해 함께 힘을 북돋는 사람이라는 평가를 받습니다"라고 이야기를 할 수도 있다.

즉, 이러한 방식으로 "생존 경험"을 먼저 생각하고, 이 경험과 상황에 맞는 "경험 포장"하는 연습을 이와 같이 해본다면, 비록 "수학강사" 경험은 하나이지만 적어도 3-5가지 이상의 "생존 경험이" 생각 날 것이며, 그 경험들을 "포장"하는 연습을 이렇게 해본다면 다양한 관점에서 내 경험을 돌아보는 것은 물론, 경험에 대한 확신을 가질 수 있다.

이와 같은 방법으로 3-5번의 사례를 적용해보면 된다. 즉, 우리는 이번 "수학강사" 경험 사례를 통하여 면접 질문 하나에 "5가지" 면접 답변으로 포장하는 연습을 해보았다. 경험 정리 2단계 인 10단계 인생 경험을 이와 같은 방법대로 연습을 해본다면, 엄청난 내공이 쌓일 수밖에 없다.

다음은 2번째 실전 사례이다.

(2) 어려움을 극복했던 본인만의 방법?

면접 질문에서 이런 질문의 유형은 상당히 빈도수가 높다. 하지만 우리가 준비를 했다고 해서 이 질문이 반드시 나오는 것은 아니다. 그렇기 때문에 우리는 "질문"에 포커스를 두기보다 "경험에 기반"해서 면접을 준비해야 한다.

사실, 이러한 방법은 시중에 출시된 교과서 같은 면접책에는 존재하지 않는다. 수많은 시행착오와 경험을 통하여 이와 같은 방법을 찾아낸 것이기 때문에 꼭 적용해보는 것을 추천한다. 이 질문 역시 "수학강사"의 경험 하나로 모두 해결할 수 있다.

이번에는 조금 더 바로 적용할 수 있도록 간소화하여 템플릿을 구성하였으니 생존이들도 이러한 로직으로 생각을 해보았으면 한다.

면접 질문	생존 경험(상황·행동)	생존면접 답변
어려움을 극복했던 본인만의 방법?	〈상황〉 ① 중1·2 학생 7명, "수학은 시간 때우기" 분위기. ② 인생 첫 강사. 설명을 해도 고개조차 들지 않는 교실에서 자존감이 크게 흔들렸음.	"제가 생각하는 어려움은 결과보다 마음의 벽에서 시작된다는 것을 느낀 경험이 있습니다."(쿠션 법칙) 인생 처음으로 학원 강사에 도전했지만, 학생들은 저에게 눈도 맞추지 않았습니다. 수학강사는 문제만 잘 풀고, 강의만 하면 된다는 생각이었는데, 막상 이 역할을 해보니 모든 것들이 어렵고 사실 힘들었습니다.

		무엇보다 준비를 열심히 해도 학생들과의 거리감이 줄어들지 않았고, 어떻게든 이 상황을 이겨내고 싶은 마음으로 이야기를 무작정 듣기 시작했습니다.
	〈행동(액션)〉 ① 문제는 수학실력이 아니라 마음의 거리라 판단하고 학생 개인 관심사(게임·아이돌)를 기록. ② 매 수업 전·후 5분, 간식·잡담으로 공감대, 신뢰 형성. ③ 관심사와 연계한 예시 문제를 직접 만들어 첫 질문을 이끌어냄.	이 작은 행동하나는 빠른 시간 안에 학생들의 마음의 문을 열게 하였고, 작은 신뢰를 하나씩 쌓으며 그 상황을 이겨냈습니다. 저에겐 이 경험이 '어려움은 사람의 마음을 이해하려는 순간부터 풀린다'라는 인생의 교훈을 얻게 되었고, ○○기업에서도 고객과 동료의 진짜 필요를 먼저 듣고, 작은 행동이라도 진심을 담아 신뢰를 쌓아 가는 구성원이 되겠습니다."

이렇게 조금 더 실전 가능한 방법으로 빌드업을 해볼 수 있다. 즉, 수학 강사 경험에서 벌어졌던 ① "생존 경험" 중 한 가지의 경험을 생각하고 ② 그 상황에서 내가 했던 행동(액션)을 세부적으로 생각한 후 ③ 경험 포장을 통한 답변을 구성해보는 것이다.

첫 번째 5-1번 사례부터 천천히 연습을 해보면 5-2번 실전사례처럼 적용하는 것도 쉽게 할 수 있다. 계속해서 "관점을 전환"해서 생각을 비트는 연습을 해보는 것을 추천한다. 다음은 다시 한번 "어려움을 극복했던 본인만의 방법" 예시이다.

면접 질문	생존 경험(상황·행동)	생존면접 답변
어려움을 극복했던 본인만의 방법?	〈상황〉 ① 대학 1학년, 첫 학원 강사. ② 나이와·경험이 많은 원장님, 선배 강사. 학부모님과의 소통이 어려운 상황. ③ 회피하고 싶었지만 어떻게든 스스로 이겨내고 싶었음 〈행동(액션)〉 ① 이야기를 듣고 어떻게 문제를 해결해야 할지 몰랐지만 일단 끝날 때까지 이야기 듣기 ② '아이들 잘한 일, 보완해야 할 일 등 당일 날 저녁 간단한 메시지 보내기 ③ 꾸준하게 한 달간 실시, 너무나 달라진 어머님들의 모습	"인생을 살면서 어려움은 항상 있다고 생각합니다. 하지만 그 상황을 어떻게 극복하느냐가 퓨처셀프로 연결된다고 생각합니다.(쿠션 법칙) 대학시절 학원 수학 강사를 했던 적이 있습니다. 그 당시 정말 아무것도 몰랐고 수학만 잘 가르치면 시급이 높다는 이야기에 일을 덜컥 시작했습니다. 하지만 생각했던 일과 해야 하는 일은 많이 달랐습니다. 수학을 가르치는 것은 너무 기본이었고, 그 외 원장님을 비롯한 많은 어머님들과 소통을 하면서 사실 리액션과 응대 방법에 어려움을 느껴서 일을 그만두고 싶은 적도 많았습니다. 하지만 스스로 결정으로 시작한 일이었기에 어떻게든 스스로 해결하고 싶었습니다. 항상 어머님들께서 요구하시는 것이 많았기에 진심으로 나도 엄마의 입장에서 생각해보기로 하였고, 그렇게 생각을 해보니 아이들의 교육 태도, 숙제, 오늘의 기분 등 궁금한 것들이 꽤 많아졌습니다. 그래서 이 사소한 것들을 매일 정리해서 수업 후 어머님들에게 한 달 동안 같은 시간에 전달드렸고 이렇게 하니 어머님들이 너무나 좋아하시면서 심지어 고맙다고 간식을 놓고 가시는 분들도 계셨습니다.

		이 경험을 통해서 정말 상대방의 관점에서 생각하는 것이 얼마나 중요한지를 알게 되었고 이 일을 계기로 항상 타인의 관점에서 생각하고 행동하려고 노력하고 있습니다. 아직은 부족하지만 ○○기업에서도 고객과 동료, 선배분들의 입장에서 항상 생각하고 먼저 행동하는 직원이 되겠습니다."

이 2가지 "생존 경험"과 "생존면접 답변(경험 포장)"을 보면서 우리는 또 한 가지를 알 수 있다. 분명 "수학강사" 한 가지의 경험임에도 이전 질문(5-1번 사례)인 "주변에서 보는 나"와 함께 "어려움을 극복했던 본인만의 방법" 역시 한 가지의 경험(수학강사)에서 나왔다는 것이다.

계속 이런 사례를 공유하는 이유는 우리 생존이들 역시 처음에는 이런 질문을 받게 되었을 때 주춤거리고, 자꾸 어떤 경험이 더 좋을지 생각하며 본인의 이야기를 하지 못하는 경우가 많았다. 하지만 이와 같은 연습을 반복하면서 어떠한 질문도 "경험 기반"으로 답을 하게 되었다. 분명한 것은 이 방법으로 "기적 같은 생존을 한 생존이들이 많이 생겼다는 것"이다.

처음에는 어렵겠지만 일주일만 한 개의 경험을 매일 5번 정도 생각 비틀기 연습을 해본다면 충분히 가능하다. 다음은 마지막 사례인 "인생에서 가장 열심히 했던 경험"에 대해서 실습을 해보겠다. 이 질문 역시 우리는 "수학강사"의 경험으로 답변을 연습하면 된다.

이렇게 연습을 하는 이유는 단 하나이다. 우리들 대부분은 "경험이 부족하고", "경험이 없어서" 면접에서 불합격한다고 한다. 하지만 사례들을 보면서 "경험 하나의 가치"가 얼마나 중요한 것인지 스스로 느꼈으면 한다.

(3) 인생에서 가장 열심히 했던 경험?

3번째 실전사례 역시 "수학강사" 하나의 경험에서 해결될 수 있다. 다양한 사례들을 확인하면서 "이렇게도 생각과 적용을 할 수 있구나"라는 것을 느꼈을 것이다. 우리는 이러한 질문들을 면접장에서 받게 되면 당황하는데 그 이유 중 하나가 "가장"이라는 단어인 경우가 많다.

인생을 살면서 우리들 대부분은 열심히 산다. 그런데 "가장"이 앞에 붙으면 왠지 내 인생에서 최고로 열심히 살았던 경험을 빠른 시간 내에 찾아서 가장 멋지게 이야기해야 한다는 생각을 갖게 되는 게 사람의 심리이다. 물론 미리 경험을 잘 정리한 생존이들은 언제든 답변을 잘할 수 있겠지만 대부분은 그렇지 않기 때문에, 지금 이와 같은 트레이닝을 하는 것이다.

즉 "수학강사" 하나의 경험으로 다양한 질문에 답변이 가능하게끔 하는 연습을 하는 이유는 짧은 순간에 우리는 판단하고 메시지를 전달해야 하기 때문이다. 그러기 위해서는 "경험 기반"으로 생각하고 전달하는 것이 가장 빠르고 나의 이야기를 정확히 할 수 있는 방법이다.

이 생존이는 사실 "수학강사"의 경험이 가장 열심히 했던 경험이 아니었다. "경험 정리 클래스"를 진행하면서 느낀 것은 굉장히 어린 나이부터 삶의 주도권을 갖고 능동적으로 수많은 알바를 스스로 하면서 20대를 보냈던 친구이다.

내가 본 이 생존이의 가장 열심히 했던 경험은 어떠한 한 국면이 아닌 수없이 많은 알바를 하면서 살아왔던 20대의 알바경험이었다. 즉, 삶의 태도와 자세가 남달랐던 친구이며 외적으로도 겸손과 밝음이 느껴졌다. 하지만 이러한 스토리를 갖고 있는 생존이도 "면접장"에 가면 왠지 정답을 이야기해야 할 것 같은 생각을 갖게 된다.

나는 정말 이 생존이가 스스로의 모습을 보여주었으면 좋겠다는 생각을 하였고 이 과정을 통하여 자신만의 스토리를 하나씩 쌓아나갈 수 있었다. 그 과정 중 하나가 바로 "이 연습"을 하는 과정이었다.

즉, 20대 모든 활동에 최선을 다했지만 일단 "수학강사" 경험에서 내가 가장 열심히 했던 것에 대한 생각과 "경험 포장"을 할 줄 알아야, 다른 경험들도 나만의 WHY+ME(와이나)로 전달이 가능한 것이다.

실제 사례를 확인하면서 이와 같은 방법으로 우리 생존이들도 꼭 "경험 포장" 연습을 해보기를 바란다.

면접 질문	생존 경험(상황·행동)	생존면접 답변
인생에서 가장 열심히 했던 경험은?	〈상황〉 ① 대학 1학년, 첫 정식 수학 강사. ② 중3 7명 전원이 '수학 포기' 상태, 성적 평균 40점 대. 〈행동〉 ① 하루 2시간씩 추가 자습서 제작. 90일간 180h 사전 준비. ② 학생별 오답 분석표·맞춤 워크북 40쪽 제작. ③ 매주 토요일 1:1 30분 피드백&학부모 간단 리포트 전달.	"제가 정의하는 '열심'은 '상대가 바뀔 때까지 나를 갈아 넣는 집중'입니다."(쿠션 법칙) 첫 강사 시절, 성적 40점 대의 중3 반을 맡았습니다. '수학은 포기 과목'이라는 말을 듣고, 누군가의 첫 교사가 된다면 제대로 해보자고 마음먹었습니다. 그래서 매일 수업 후 두 시간을 더 들여 오답 카드와 40쪽짜리 맞춤 워크북을 만들고, 토요일마다 1:1 피드백 시간을 열었습니다. 90일 동안 180시간을 투자했더니 아이들 평균 성적이 22점 올랐고, 출석률은 95%로 유지됐습니다. 이 경험으로 "열심은 결과가 아니라 변화를 만들 때 완성된다"는 교훈을 얻었습니다. ○○기업에서도 고객과 조직이 체감할 변화를 만들 때까지 준비하고 실행하는 집중형 인재가 되겠습니다.
	〈상황〉 ① 대학 1학년, 첫 학원 강사. ② 중3 7명 모두 "수학은 지루하다"는 반응 → 설명이 귀에 안 들어온다는 피드백. 〈행동〉 : '말하기' 집중 프로젝트 ① 출·퇴근 30분씩 스마트폰 녹음-재청취, 하루 1h 별도 연습 → 60일간 90h 투자.	"제가 정의하는 '열심'은 '말이 입 밖에 나오기 전까지 갈고닦는 끈기'입니다."(쿠션·상황 극대화) 첫 강사 때, 아이들이 "무슨 소리인지 모르겠다"는 반응을 보였습니다. '교사는 말이 생명이다'라는 생각에 하루 2시간씩 말하기 연습을 시작했습니다. 출·퇴근길에는 설명을 녹음해 발음과 속도를 고쳤고, 밤마다 학생 관심사로 만든 비유 24개를 테스트했습니다. 60일 동안 90시간을 갈아 넣었더니 "다시 설명해 달라"는

	② 학생 관심사(게임·아이돌·편의점 신메뉴)를 모아 비유·사례 24개 제작. ③ 동아리 친구 앞에서 즉석 3분 스피치―발음·속도·손짓 피드백 수집.	요청이 절반으로 줄고, 개념 퀴즈 정답률이 두 배로 올랐습니다. 이 경험으로 '전달력이 바뀌면 결과가 바뀐다'는 확신을 얻었습니다. ○○기업에서도 고객과 동료가 이해하기 쉬운 언어로 핵심을 전달해 성과를 끌어올리는 인재가 되겠습니다."
	〈상황〉 ① 대학 1학년, 첫 수학 강사. ② 중3 7명 모두 "수학은 지루하다"는 반응, 맞벌이·한부모 가정 비율 高. ③ 수업보다 "마음을 모르겠다"는 것이 더 큰 장벽임을 깨달음. 〈행동〉 : '경청 노트' 프로젝트 ① 매일 수업 뒤 학생 한 명당 10분씩 이야기 듣기→ 주 70분, 8주간 약 9h 순수 경청. ② 들은 내용은 이름 대신 별명으로 기록한 경청 노트에 60쪽 작성(가정·취미·걱정). ③ 노트 속 공통어(게임·아이돌·진로 불안)를 다음 수업 예시·퀴즈에 반영. ④ 2달 뒤 "선생님, 오늘은 제 차례죠?" 자발적 상담 요청↑, 지각률 40% → 10%	"제가 정의하는 '열심'은 말하기보다 먼저 귀를 비워 두는 끈기입니다."(쿠션·상황 극대화) 첫 강사 때, 저는 수학을 잘 설명하면 해결될 줄 알았습니다. 하지만 아이들은 공식보다 자기 이야기를 들어 줄 어른을 원했습니다. 그래서 두 달 동안 수업 뒤 매일 10분씩 아이들의 이야기를 듣고, 경청 노트 60쪽에 기록했습니다. 노트에 나온 고민과 취미를 수업 예시로 연결하자, 지루해하던 아이들이 "오늘은 제 얘기부터 들어 주세요"라며 먼저 다가왔고 지각률은 40%에서 10%로 떨어졌습니다. 이 경험으로 '진짜 열심은 상대의 목소리를 다 들을 때 완성된다'는 교훈을 얻었습니다. ○○ 기업에서도 고객과 동료가 전하고 싶은 이야기를 먼저 듣고, 그 언어로 해결책을 제시해 신뢰를 키우는 인재가 되겠습니다."

실전 생존 사례를 확인하면서 아마도 "이렇게도 답변을 할 수 있겠구나. 별거 아닌데?"라는 생각이 들었을 것이다. 지금 우리들이 챕터 1-8까지 생존을 위해서 함께했지만 결국, 면접장에서 챕터 8에 나오는 "경험 포장"만 잘한다면 면접에서 분명한 1승을 할 수 있다.

하지만 그 경험 포장을 위해서는 마인드부터 생존 필살기, 그리고 자기 확신 등이 필요하기에 챕터별로 구성을 해놓은 것이다. 실제 사례의 레퍼런스를 참고해서 내 것으로 만드는 것이 가장 빠른 지름길이다. 그렇기 때문에 위 예시들을 반복하면서 현재 내 상황에 맞는 경험 포장 연습을 오늘부터 꼭 해볼 것을 추천한다.

혹시나 사례가 조금 부족하다고 느끼는 생존이들이 있다면 "생존면접 클래스"를 통하여 다양한 사례를 확인한다면 관점 전환과 더불어 합격 생존이들의 다양한 경험 포장 사례를 확인할 수 있다.

지금까지 탄탄한 내공을 쌓아왔다면 이제는 시간을 빠르게 줄이면서 효율적으로 면접 준비를 할 수 있는 방법을 함께해보고자 한다. 지금 시대에 특히 AI를 어떻게 활용하느냐가 굉장히 중요하다. 그래서 챕터 9에서는 지금 우리들에게 필요한 AI활용법과 더불어 9개월 동안 만들지 못했던 지원동기를 단 10분 만에 6가지 버전으로 만들 수 있었던 "생존소대장 AI"에 대해 알아보도록 하겠다.

9개월 고민을 10분 만에 해결하게 만든 AI 10분 솔루션

1) 활용 현실

이번 챕터에서는 현재 취업과 커리어 변화를 고민하는 모든 생존이들이 반드시 알고 적용해야 할 내용 중 하나이다. 과거의 면접 준비와 현재의 면접 준비를 비교했을 때, 사실 달라진 점은 크게 없다. 면접의 본질은 "동일"하기 때문이다.

물론, 빠르게 변화하는 사회적 트렌드에 따라서 기업들 역시 사람을 선발하는 기준과 방식이 조금씩 변화되고 있지만, 크게 변하지는 않았다는 것이 나의 생각이다.

즉, 사람을 선발하는 본질적인 요소는 크게 변화되지 않았지만 기업들이 원하는 인재의 방향성은 조금씩 달라지고 있기 때문에 이런 트렌드와 방향성들을 AI를 활용하여 어떻게 준비된 인재인지를 보여주는 것이 중요한 시점이다.

아마도 자소서와 면접을 준비하면서 한 번쯤은 AI를 활용해서 준비를 해보았을 것이다. 누구에게는 AI가 좋은 결과를 가져다주었을 수도 있고, 또 누군가에게는 좋지 않은 결과를 주었을 수도 있다. 이처럼 AI를 활용한다고 해서 모두가 좋은 결과를 낼 수 있는 것은 아니지만 그럼에도 불구하고, 지금부터 우리들이 AI를 활용해야 하는 몇 가지 이유가 있다.

(1) 많은 시간을 줄여 준다

면접을 준비할 때 챗GPT를 활용하는 대학생, 취준생들이 많다. 많은 이들이 AI를 활용하는 이유 중 하나는 바로 "시간을 줄여준다는 것"이다.

취업(면접) 준비를 하는 지금, 우리에게 무엇보다 중요한 것은 "시간"이다. 이전에는 A 기업의 면접을 준비한다고 하면, 직접 관련 내용들을 검색포털을 활용하여 모두 서치하고, 정보를 취합하는 데 많은 시간을 할애하였다.

면접 준비를 한 번이라도 해본 생존이들은 알 것이다. 정보를 찾고, 취합하는 일들이 사실 끝이 없기 때문에 이렇게 작업을 시작하면 맹목적으로 정보를 계속 찾는 것에 집중하는 경우가 많다. 즉, 주객이 전도된 상황으로 면접에서 가장 중요한 "본질"을 놓치는 케이스가 많다.

하지만, AI를 활용하게 되면 이렇게 주객전도 되는 현상을 조금이나마 방지할 수 있다. AI에는 다양한 정보가 있고 이런 방대한 정보를 원하는 스타일대로 빠른 시간 안에 획득이 가능하기 이전처럼 필요한 정보를 오래 찾는 시간을 줄일 수 있으며 결국, 원하는 정보를 빠른 시간 안에 획득하게 해주어 면접의 본질에 집중할 수 있게 환경을 조성해주는 역할을 한다.

특히 면접 준비를 하면서 몇 가지 스크립트를 준비하게 되는 경우가 있다(지원동기, 1분 자기소개, 입사 후 포부 등) 이런 필수질문을 대비할 때 이전까지는 혼자서 창작을 하며 힘들어 하는 상황이 많이 발생하였다.

하지만 AI를 잘만 활용한다면 나만의 프롬프트로 어렵고 힘든 면접 질문에 대한 스크립트 "초안"을 빠르고 다양하게 구성할 수 있다.

후반부 "생존소대장 AI" 활용법을 확인해본다면 얼마나 시간일 절감되는지 확인할 수 있다.

(2) 내 생각보다 퀄리티가 훨씬 좋은 경우도 많다

아마도 AI를 활용해본 생존이들이라면 공감을 할 것이다. 모든 케이스는 아니지만 활용을 하다 보면 "나보다 훨씬 낫네"라고 생각이 드는 순간들이 몇 번씩 생기게 된다. 물론『생존자소서 바이블』에서도 자소서에 대한 AI 활용법을 이야기하겠지만 면접 역시 굉장히 다양한 상황을 염두하고 준비를 해야 하기 때문에 많은 고민이 필요하다.

이런 상황에서 AI를 활용한다면 이전보다 고통을 줄이고 질적으로 조금 더 나은 답변의 아이디어를 얻을 수 있다. 면접이 어려운 이유는? A라는 질문에 대해서 스스로 "창작"을 해야 하기 때문이다.

물론 『생존면접 바이블』을 제대로 읽고 "경험 포장" 연습만 제대로 한다면, 문제가 전혀 되지 않는다. 하지만 "경험 포장"에 대해서 알지 못하거나 아직까지도 기존과 동일한 방법으로 스크립트를 모두 준비하는 면접 준비를 한다면 "창작의 고통"에서 벗어나기까지 굉장히 많은 시간과 스트레스를 받을 수 있다.

결국, AI를 잘 활용하여, 지금 내가 갖고 있는 생각의 아이디어보다 "조금 더" 나은 표현과 전달 방법을 찾으면 되는 것이고, 한 번이 아닌 자투리 시간을 활용하여 "프롬프트"를 입력한다면 내가 원하는 방향의 답변 예시들을 덜 스트레스 받으면서 만들 수 있다.

(3) 다양한 케이스들을 직접 확인해 볼 수 있다

결국, 나보다 AI가 나은 것은 비교할 수 없을 정도로 많은 정보를 갖고 있다는 것이다. 면접 준비를 꾸준히 해왔다면 사실 AI의 도움을 받을 필요는 없다. 하지만 10명 중 7명 이상은 면접 직전에 준비를 하는 것이 현실이기에, 이런 시간싸움에서 AI를 활용하여 다양한 실제 케이스 및 기출 문제, 유형 등에 대한 정보를 확인하면서 내가 앞으로 어떻게 준비를 해야 하는지에 대한 방향성을 설정할 수 있다.

물론, 면접이라는 카테고리가 일상생활에서 모두가 찾는 그런 카테고리가 아니기 때문에 사실 AI로서 엄청난 정보를 얻는다는 생각보다 짧은 시간 내, 내가 원하는 케이스들을 다양하게 확인한다는 생각으로 AI를 활용하면 좋다.

2) 면접 준비 1년을 해도 모르는 AI 10단계 활용법, 종류

약 7-8개월간 다양한 AI 툴을 활용해보았다. 이렇게 오랜 시간 동안 다양한 AI를 활용하면서 느낀 것은 정말 좋게 활용하면 너무나 좋은 도구이지만, 잘못 활용하게 되면 오히려 시간을 더 뺏기고 면접을 망칠 수 있다는 것이었다.

이번 챕터 역시 실제 생존이들의 다양한 사례를 경험하며 우리 생존이들이 꼭 알았으면 하는 내용을 바탕으로 구성을 하였다. 실제 면접(취업) 준비를 오래 하였지만 지원동기조차 없는 우리들의 현실, 공백기와 퇴사 사유에 대한 질문을 받는다는 것을 알지만 미루고 미루다 준비하지 못하는 현실이다.

경험 정리 클래스와 생존면접 클래스, 그리고 스크립트 첨삭 과정을 통해 경험하고 활용한 사례를 바탕으로 지금 우리들이 어떻게 AI를 활용해서 면접 준비를 하면 좋은지에 대한 이야기를 해보고자 한다.

취업(면접)을 준비하는 우리 생존이들에게 항상 걱정되는 것이 있다. 정보의 의존도가 너무 높다는 것이다. 우리는 누구나 심리적으로 지금보다 나은 생각, 답변을 생각한다. 지금 내가 70점이라고 생각하면, 조금 더 정보를 활용하여 80점을 만들고 싶고, 90점을 만들고 싶은 것이 사람의 기본적인 욕구이기 때문이다.

물론, 긍정적인 측면도 많지만 "정보가 넘치는 이 시대"에 정보만으로 무엇인가 차별화할 수 있다는 생각을 버려야 한다. 면접(취업)이든, 조직 생활이든, 인생이든 지금은 누가 더 많은 정보를 알고 있느냐가 아니라 그 정보를 제한된 시간 내에 내가 어떻게 활용할 수 있는지가 중요한 시대라는 것을 꼭 기억해야 하고, 우리가 준비하는 "면접" 역시 어떻게 활용하느냐가 면접의 성패를 달리할 수 있다.

먼저 면접(취업)을 준비하면서 활용할 수 있는 AI 종류는 너무나 많다. 하지만 대부분 많이 활용하는 AI를 소개하고 지금껏 활용해보면서 느낀 점을 공유해보고자 한다.

어떤 AI가 더 좋다? 그런 것은 전혀 없다. 각자의 생각과 원하는 퀄리티가 다르기 때문에 각자의 목적에 맞게끔 활용해보았으면 한다.

취업을 준비하는 취준생들의 경우, 자소서부터 면접까지 AI를 활용해서 요즘은 준비하는 경우가 많다. 하지만 실제 "원데이 부트캠프"에서 어떻게 생존이들이 AI를 활용하는지 살펴보면 같은 AI이지만 활용법이 너무나 다르다.

즉, 같은 AI를 활용하지만 누군가는 더 시간이 오래 걸리고 방향성을 잃는 방법으로 AI를 사용하고, 누군가는 굉장히 효율적이고 원하는 답을 얻는 목적으로 AI를 사용하는 경우를 볼 수 있었다.

다시 한 번, 우리가 이 상황을 이해해 보아야 한다. 우리가 지금 다양한 AI를 활용하는 이유는 빠르게 정보를 탐색해서 면접 상황에서 내가 잘 활용하기 위함이다. 취업에 성공해서 또 다른 목적으로 AI를 삶의 적용시키는 것은 너무나 좋으나, 취준생 대부분은 이 힘든 취준을 이겨내기 위한 용도로 AI를 활용하고 있다.

그렇다면, AI를 활용할 때 무엇보다 중요한 것이 무엇인지부터 정확히 알아야 한다.

이제는 정보가 없어서 면접 준비나 취업 준비를 못하는 시대가 아니다. 너무 많은 정보들 가운데, 어떤 정보를 어떻게 활용해서 나만의 차별화를 할지 보여줘야 한다.

그럼 "생존면접"을 위한 AI는 어떻게 활용할 수 있을까? 혹시나 AI를 전혀 경험해본 적이 없다면 아래와 같은 방법을 무료버전을 활용하여 한 번쯤은 활용해볼 것을 추천한다.

(1) 프롬프트를 입력하는 스킬을 늘려야 한다

먼저 같은 AI를 활용하면서 누군가는 AI가 하라는 대로만 따라하고, 누군가는 AI를 활용하여 내가 원하는 정보를 정확히 얻고 있다. 그 차이가 바로 "프롬프트"를 입력하는 방법에 있다.

프롬프트란?

AI에게 건네는 '지시문 + 맥락 + 기대치'라고 이해하면 된다.
우리가 GPT에게 "이렇게 만들어 달라"고 부탁하는 한 줄(또는 여러 줄)의 글이라고 생각하면 된다.

예를 들어, 지금 면접 준비를 하는데 면접관의 꼬리질문, 압박질문이 걱정될 수 있다. 이러한 상황에서 우리는 다음과 같이 프롬프트를 입력할 수 있다.

A 생존이는 "프롬프트"가 무엇인지도 모르고, 그냥 친구가 AI를 활용해보라고 해서 무턱대고 활용하고 있다. 반면 B 생존이는 전략적으로 AI를 활용하여 원하는 결과를 만들어가고 있다.

같은 AI를 분명히 활용하고 있는데 왜 전혀 다른 결과값이 나오는 것일까?
바로 "프롬프트"가 중요성을 인지하지 못했기 때문이다.

다음은 A 생존이의 프롬프트 사례다.

구분	사례
프롬프트	꼬리 질문 좀 만들어 줘
AI 출력	Q1) "지원 동기는 무엇인가요?" Q2) "본인의 장점을 말해 보세요." Q3) "팀워크 경험을 알려 주세요."
A 생존이 반응	"아니, 내가 지금 면접 준비 하는데 꼬리, 압박질문이 걱정돼서 AI를 활용했는데 이런 뻔한 것을 이야기하면 어떡하냐고…" 이러면서 검색·재질문·복사·붙여넣기를 반복. → 시간만 소모.

A 생존이의 경우 실제 GPT를 3개월째 활용 중인 상황이었다. 하지만 이와 같은 "프롬프트" 입력으로 원하는 결과를 얻는 데 매번 실패하였다. 심지어 유료버전을 활용하고 있었음에도 이러한 방법으로 "프롬프트"를 입력하다 보니 당연히 시간은 소모되고 결과는 나오지 않았던 것이다.

A생존이의 경우 면접에 두려움이 있었고, 그 두려움은 "압박, 꼬리질문"을 받았을 때 더욱 심해졌다. 그러한 상황에서 미리 준비를 하기 위하여 GPT를 활용하였는데, 프롬프트 입력을 "꼬리질문 좀 만들어 줘"라고만 했기 때문에 누구나 뽑을 수 있는 형식적인 질문 외에 추가적 정보를 얻을 수 없던 것이다.

이렇게 GPT를 활용하는 많은 생존이들이 있다. 프롬프트를 활용한다는 것은 질문을 잘 하는 것이다. 질문을 잘하기 위해서는 "상대방"의 입

장에서 생각하고 "내가 원하는 것이 무엇인지"를 정확히 생각하면 조금
은 쉬워진다. 즉, 질문을 잘하기 위한 연습이 바로 "생존 필살기"에 나오는
"티포인트"적 사고를 갖는 것이다.

"티포인트적 사고"를 해온 생존이들은 AI를 활용하여 단기간 안에 원하
는 결과물들을 충분히 만들어 낼 수 있다. 혹시나 위와 같이 A 생존이처
럼 여태껏 AI를 활용했다면 빠르게 프롬프트를 입력하는 스킬을 늘려야
한다.

반면 B 생존이의 사례를 함께 보겠다. B 생존이는 마찬가지로 면접을
준비 중이다. B 생존이는 A 생존이보다 프롬프트를 보다 구체적으로 입
력해 보았다.

구분	사례
프롬프트	마케팅 경력 2년 6개월, 11개월 공백 후 자동차 산업, 영업 직무, 대기업 1차 면접 상황. ① 공백·연봉·조직문화 관련 압박/꼬리 질문 3세트 만들기. ② 각 질문에 60초 분량 모범 답변 2종. ③ 답변 끝마다 추가 꼬리 1개 포함.
AI 출력	Q1) "11개월 공백, 직무 감 잃은 것 아닌가요?" Q1-1) 공백기 때 무엇을 했나요? Q2) 왜 저희 ○○자동차에서 마케팅을 하고 싶은 거죠? Q2-1) 꼬리: 마케팅 관련 경험이 있나요? Q3) "저희 회사 기업문화"와 어떤 면이 잘 맞는다고 생각하세요? Q3-1) 꼬리: 혹시 팀워크가 잘 안 되었던 경험 있나요?
B 생존이 반응	원하는 압박·꼬리 3세트 + 답변 6개 10분 안에 확보

이번 예시는 답변보다 "프롬프트"를 어떻게 활용하면 좋은지에 대한 설명이기 때문에 "프롬프트"를 통하여 A, B 생존이를 비교해보는 것을 추천한다. B 생존이의 경우 "프롬프트"를 입력 시 굉장히 많은 상황들을 입력하였다.

① 내가 어떤 경력이, 어느 정도 기간을 보유하였는지
　　→ 2년 6개월, 수치화
② 그런데 공백기가 얼마나 있었는지
　　→ 11개월, 수치화
③ 또한 어떤 산업과 직무로 지원을 해야 하는지
　　→ 자동차 산업, 세일즈 직무

즉, AI는 우리에 대해서 알지 못한다. 그렇기 때문에 프롬프트를 내가 어떻게 입력하느냐에 따라 AI가 우리들의 상황을 인식한다. AI를 많이 활용해본 생존이들에게는 너무나 당연한 내용이지만 아직도 많은 생존이들이 이런 기본적인 내용조차 확인하지 않은 채 매달 유료결제를 하며 AI를 활용하고 있다.

B 생존이의 경우는 최대한 본인의 상황을 이해하기 쉽게 정리하여 전달하였고, 또한 원하는 결과값이 무엇인지까지 구체적으로 프롬프트를 입력하였다. 즉, B 생존이가 원하는 정확한 목적과 현재 나의 상황을 입력하면 A 생존이보다는 훨씬 구체화되고, 개인화된 답변을 얻을 수 있다.

약 5일만 제대로 된 "프롬프트" 트레이닝을 하게 된다면 사실 웬만한 면접 준비를 할 수 있게 된다. 보다 자세한 내용은 "면접중대장" 채널의 영상들을 참고해본다면 도움이 될 수 있다.

이렇게 AI를 활용하다 보면, 주변에서 이런 이야기를 들을 수 있다.

"생존아~ 요즘 AI도 종류가 너무 많아. GPT 말고, 재미나이가 최고래!"
"글 쓰는 데는 클로드가 최고래."

AI도 한 가지 종류가 아니기 때문에 다양한 사용자들의 경험을 듣고 우리들의 팔랑귀는 움직이기 시작한다. 다시 한 번, 이야기하지만 제한된 시간이 아닌, 모두 스스로 경험하고 선택을 하는 것이 가장 좋지만, 우리에게는 그럴 시간과 여유가 없다. 그래서 많은 생존이들을 위하여 활용해본 내용들을 솔직하게 공유해보려고 한다.

(2) 여러 가지 AI를 활용해 본다

① GPT
사람들이 많이 사용하는 AI 중 하나이다. 대중화가 되어있기 때문에 많은 2030 청년들이 활용하고 있다. 물론 무료버전과 유료버전의 차이가 존재하지만 사실 면접 준비를 하는 데 굳이 유료버전을 활용하지 않아도 된다는 것이 개인적인 생각이다.

사용자들이 많다는 것은 그만큼 많은 데이터가 확보되어 있다는 것이기에 우리들에게 필요한 정보가 많다고도 볼 수 있다. 하지만 많은 사용자들이 이용하는 만큼 나만의 차별화를 위한 면접 답변은 "프롬프트" 활용을 어떻게 하느냐에 따라 달려있다.

생존이들 입장에서 가장 먼저 활용해보면 좋은 AI라고 생각하며, 뒤에서 소개할 "생존소대장 AI" 역시 GPT를 바탕으로 활용하고 있기 때문에 개인적 생각으로는 GPT가 좋냐 vs 안 좋냐가 아닌 어떻게 활용하느냐가 중요하다.

② 클로드
클로드는 아직까지 생존이들이 많이 활용하지 않는 AI이다. 물론 활용을 상당히 잘하고 있는 생존이들도 있겠지만 GPT 대비하여 활용도는 조금은 낮다. 클로드의 경우 확실한 장점이 있는데 그중 하나가 바로 "글쓰기"에 특화되어 있다는 점이다.

『생존면접 바이블』에서는 면접을 이야기해야 하는데 글에 특화된 클로드를 공유하는 이유는 단 하나이다. 결국, 면접을 잘 보기 위해서는 주도권을 확보하는 것이 중요한데, 주도권을 확보하는 좋은 방법 중 하나가 "자소서"를 잘 작성하는 것이기 때문이다.

클로드를 활용하는 방법들은 추후 영상에서 공유될 예정이기에, 이 책에서는 "클로드"가 무엇이고 어떻게 활용하며 좋을지만 기억했으면 하는 바람이다.

그동안 다양한 AI들을 경험해보면서 그 어떤 AI툴보다 글쓰기에 특화되어있고, 나만의 문체와 어투로 문장을 구성한다는 생각을 갖게 되었고, 면접이 아직도 어색하거나 AI 면접로봇이 되어간다고 생각하는 생존이들이라면 스크립트부터 수정을 해보면서 "나에게 맞는 옷"을 찾아보는 것도 좋은 방법이 된다.

③ 재미나이(Gemini)

요즘 GPT 대신 "재미나이(Gemini)"를 활용하는 사용자들이 증가하고 있다. 이 AI는 구글 데이터를 바탕으로 활용할 수 있는 장점이 있다. 사실, 취업(면접)만 생각하는 것이 아니라면 전 세계의 모든 정보들이 "구글"에 너무나 많기 때문에 일상생활, 정보 등을 활용하는 AI로서 "재미나이"만큼 좋은 것은 없다고 생각한다.

하지만 우리는 지금 "면접(취업)"에 대한 AI를 이야기하고 있기 때문에 지금 생존이들이 "재미나이"를 활용하면서 얻을 수 있는 장점은 출력값이 GPT에 대비해서 상대적으로 조금은 더 빠를 수 있다는 점이다. 물론 더 많은 장점과 단점들도 있겠지만 우리는 지금 면접(취업)에 대한 부분만 이야기하기에 이 정도까지만 내용을 공유해보겠다.

이외에도 상당히 많은 AI들이 존재한다. 하지만 우리가 면접(취업)을 준비하면서 이 모든 AI를 활용하는 것도 시간낭비가 될 수 있다. 이러한 트렌드를 쫓는 것이 도움이 되는 사람들도 있겠지만 정보만 찾다가 시간을 버리고 계속 AI에 의존한 채 방향성을 잃는 경우도 많기 때문이다.

만약 호기심이 많은 생존이들이라면 이렇게 해보면 도움이 될 듯하다. 이 3가지의 AI를 한 번씩 경험해보고 싶다면 시간을 먼저 정하는 것이다. 하루 1시간씩 3일 정도 각 AI를 경험해본다면 총 3시간의 사용경험이 생기게 될 것이고, 그 경험을 하면서 분명히 "나에게 뭐가 더 맞다"는 AI를 선택할 수 있다.

약 7-8개월 이상 AI를 활용하여 면접, 자소서, 취업, 커리어 관련 활용법을 연구해본 결과, 한 가지 알게 된 사실이 있다. 지금 공유되고 있는 이 AI들은 앞으로도 엄청나게 빠른 속도로 개발이 될 것이고, 주변에서는 항상 "뭐가 더 좋대"라고 이야기한다는 것이다.

절대 "어떤 것이 더 좋냐?"를 쫓지 말고, 이렇게 3일 3시간의 사용경험을 바탕으로 나만의 WHY+ME(와이나)로 결정을 하고 프롬프트에 대한 고민을 하는 것이 훨씬 효율적으로 AI를 활용하는 방법이 될 수 있다.

(3) 나에게 맞는 AI 툴 하나만 선정한다

이렇게 총 9시간의 AI의 사용경험으로 누군가는 GPT가 더 끌릴 수도 있고, 누군가는 클로드가 끌릴 수도 있고, 누군가는 재미나이가 끌릴 수도 있다. 다시 한번 강조하지만 "무조건 이 AI가 좋다"는 없다.

이 사용경험을 바탕으로 한 가지 AI를 선정했다면 그 다음부터는 꾸준히 활용하면 된다. 지금의 예시는 그래도 아직까지 가장 많은 사용자들이 사용하는 GPT로 예시를 들어보겠다.

"생존소대장 AI" 역시 GPT를 통하여 완성하게 되었다. 사실, 면접(취업) 준비를 하는 데 이 정도만 된다면 그 이상은 필요 없다는 것이 나의 생각이다. 만약 GPT를 활용하는 생존이들이 있다면 "프로젝트" 기능을 꼭 활용해보기를 바란다.

이 프로젝트 기능이란? 우리의 프롬프트를 모두 저장해놓은 공간이라고 생각하면 된다.
예를 들어서, 우리가 "새채팅"으로 매번 내 상황을 입력하고, 질문을 하면서 GPT를 이용해도 괜찮지만, 매번 그렇게 하다 보면 '같은 말"을 반복해야 하는 상황들이 발생한다.

나는 AI를 활용하여 내 시간을 줄이고, 편하게 사용하고 싶어서 "유료결제" 등을 하였는데, 매번 내 상황을 입력한다면 불편하다는 생각을 할 수 있다. 우리 생존이들 중에 이러한 생존이들이 굉장히 많았다. 그래서 "프로젝트" 기능을 알려주었더니 너무나 좋아했다.

그럼 "프로젝트" 기능이 무엇이냐? 나의 모든 기본정보를 입력하면 그 정보를 GPT가 기억하게 된다. 이렇게 되면, 나중에는 내가 묻고 싶은 질문만 잘하면 원하는 결과값을 도출할 수 있는 것이다.

즉, 앞의 사례에서 보았지만 "꼬리질문 만들어줘"라고 했을 때는 일반적인 답변밖에 얻을 수 없다. 하지만 "내 상황은 이런 상황이야. 그리고 내자소서는 이렇게 작성했어"라는 정보를 공유했을 때 원하는 답을 얻기가 훨씬 빠르고 편해진다.

"프로젝트" 기능은 나에 대해서 GPT에게 소개하는 기능이라고 생각하면 되고, 이 정보는 계속 유지가 된다. 그렇기 때문에 불필요한 시간낭비를 하지 않을 수 있고, 수많은 질문들이 누적되기 때문에 GPT는 내가 어떤 상황이고, 어떤 질문을 하고, 어떤 것이 어려운지를 데이터를 쌓아가면 활용하게 된다.

요즘 많은 2030청년들이 "취업운", "취업점"을 많이 보는데 "프로젝트" 기능만 잘 활용하여도 웬만한 고민은 해결될 수 있다. 그래서 이렇게 예를 들어서 GPT로 내가 앞으로의 커리어를 준비하겠다는 생각을 갖게 되었다면 "프로젝트" 기능을 꼭 활용해보는 것을 추천한다.

(4) 면접에 대한 자료조사를 시작한다

이렇게 면접(취업) 준비를 하기 전에 나와 "결"이 맞는 "AI"선정이 끝났다면 이제부터 본격적인 면접(취업) 준비를 해야 한다. 다시 한 번 이야기하지만 AI는 우리의 시간을 줄여주고 본질에 집중할 수 있도록 서포트 하는 역할임을 인지하고 활용하는 것이 좋다.

지금 면접기간에 얼마 남지 않았다면 "면접"에 대한 정보들을 빠르게 수집하는 것이 중요하다. 정보를 수집하기 위해 수많은 전문가들의 "글"과 "영상"들이 있지만 우리는 그 많은 정보들 중에서 실제 면접장에서 활용할 내용들을 빠르게 취합해야 한다.

좋은 정보가 넘쳐나지만 특히 면접 준비를 할 때는 정보에 집착하면 안 된다. 좋은 것을 찾다 보면 시간을 무한정 투자하게 되기 때문에 진짜 중요한 것을 하지 못하게 되는 경험을 하게 되는 경우가 많다. 이런 상황을 경험하는 생존이들에게 다음과 같은 방법으로 빠르게 정보를 확인해서 진짜 면접 준비를 하라고 이야기한다.

(5) 나와 가장 "결"이 잘 맞는 유튜브 채널 선택

면접 준비를 할 때, 무엇보다 중요한 것은 나와 "결"이 맞는 멘토들의 이야기를 내 것으로 만드는 것이다. 만약 지금 이 책을 읽고 있는 생존이들이라면 아마도 어리를체인지에서 생존한 다양한 생존 사례를 확인하며 "면접중대장"의 생각과 가치관 등을 어느 정도 알고 있을 것이다.

그리고 다양한 사례들을 확인하면서 "나도 이렇게 될 수 있겠구나"라는 생각을 하며,『생존면접 바이블』과 유튜브 영상 등을 시청하게 될 것이다. 이러한 "확신"을 갖는 것이 면접의 상황에서 그 무엇보다 중요하다. 이러한 확신이 있어야 스스로 이야기를 할 때 자신감 있게 이야기할 수 있기 때문이다.

즉, 면접을 미리 준비하든, 며칠 남아있지 않든 나와 비슷한 생각을 갖고 있거나, 가치관이 비슷하거나, 내가 닮고 싶은 멘토를 반드시 찾아보자. 굳이 이러한 방법을 추천하는 이유는 내가 닮고 싶거나, 내가 내용을 들으면서 납득이 된다면, 그 분들의 생각을 내 것으로 만드는 것이 훨씬 시간을 단축시키는 행위이기 때문이다.

엄청난 답변을 혼자 창작하는데 너무 많은 시간을 들이다가 결국 중간에 로봇답변으로 마무리를 하는 수많은 생존이들이 아직도 많다. 평소라면 1-2개의 유튜브 채널이나 블로그를 참고하면 좋지만, 시간이 임박하다면 1개의 유튜브 채널이나 블로그를 참고하는 것이 훨씬 좋다.

유명한 강사, 권위자분들이 너무나 많은 시장이다. 구독자가 많다고 무조건 좋은 것도 아니고 영상의 조회수가 높다가 그 답이 무조건 정답도 아니다. 물론 대중들에게 많은 선택을 받았다는 것은 참고할 만하나 면접은 내 답을 찾기 위한 게임이기 때문에 "나와 가장 잘 맞는" 멘토를 찾는 것이 중요하다.

참고로 멘토를 찾는 방법 중 가장 먼저 해야 할 것은 유튜브 영상을 찾는 일이다. 물론 주변의 숨은 고수분들도 계시겠지만, 적어도 유튜브를 통하여 면접에 대한 생각과 많은 사례들을 공유하고 있는 그런 분들을 멘토로 찾는 것이 생존이들에게는 훨씬 유리하다. 수많은 권위자들이 "내가 최고라고 하는 시대"이다.

검증되지 않은 수많은 자칭 전문가들이 많은 시대인 만큼 특히나 스스로의 메시지를 세상에 드러내면서 과정을 보여주는 멘토를 찾아보자.

① 영상 30개 요약·정리

나와 "결"이 맞는 멘토를 찾았다면, 그때부터 최대한 빠르게 그 멘토의 생각을 정리하는 것이 필요하다. 하지만 짧은 시간에 모든 내용을 확인하고 정리하기는 어렵기 때문에 우리는 이러한 내용들을 AI로 활용하여 빠르게 활용할 수 있다.

예를 들어, 면접중대장과 "결"이 맞는 생존이들의 경우 이러한 방식으로 30개 영상을 찾고 내용의 핵심을 파악하면 된다. 즉, 어떠한 멘토의 영상을 30개 정도만 이해한다면, 그 멘토가 갖고 있는 "생각", "방향성" 등을 읽을 수 있다. 그렇기 때문에 약 30개의 영상을 최단시간 아래와 같은 방법으로 활용하여 내 것으로 만들어야 한다.

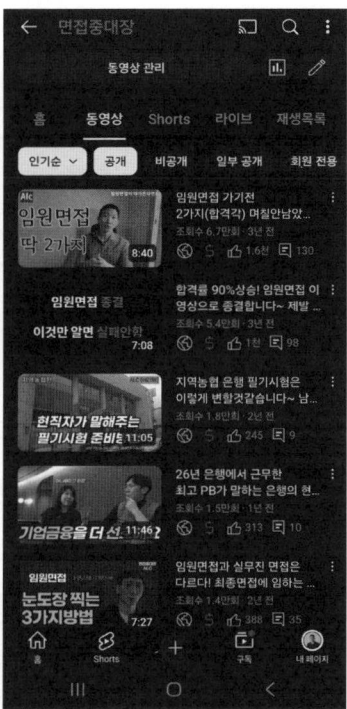

먼저, 유튜브 영상에서 ① 동영상 탭을 누른다 ② 인기 영상 순으로 정렬해서 30개의 영상을 카카오톡으로 나에게 보내기를 한다. ③ 이렇게 30개의 영상을 일단 취합하면 된다.

② 매 영상의 잠재의식 미션을 진행한다

잠재의식미션이란? 영상의 내용들을 시청하고, 내 입장에서 중요하다고 생각하는 내용이나 단어들을 짧게라도 "댓글"로 작성하면서 스스로 키워드를 기억하는 트레이닝이다.

지금 30개의 영상을 모두 시청하면 되는 것이지만 최대한의 효율을 위해서는 먼저 글로 핵심 메시지를 이해하고 이동하면서 영상을 시청하면 효과는 배가된다. 그럼 지금부터 가장 빠르게 이 행동을 할 수 있는 방법을 공유해보겠다.

첫째, 다글로를 검색한다. (이 사이트 외 다른 사이트도 많음)
둘째, 오른쪽 하단 "유튜브 링크"를 클릭.

셋째, 내가 원하는 영상을 이렇게 선택 (공유버튼) 클릭.

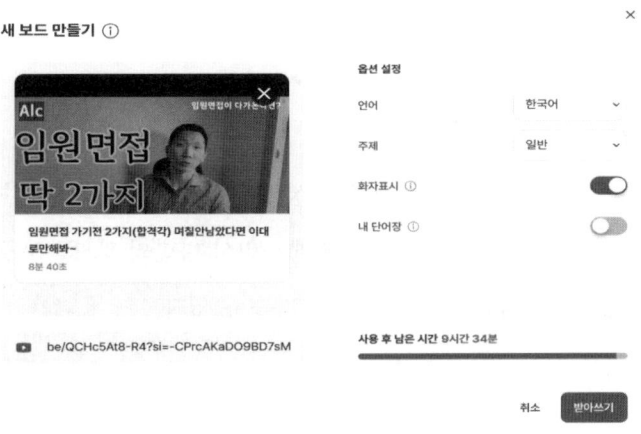

넷째, 이 창이 나오면 "공유" 링크 복사 붙여넣기 후 받아쓰기.

다섯째, 이렇게 하면 완성. 유튜브 내용을 한글로 정리, 끝.

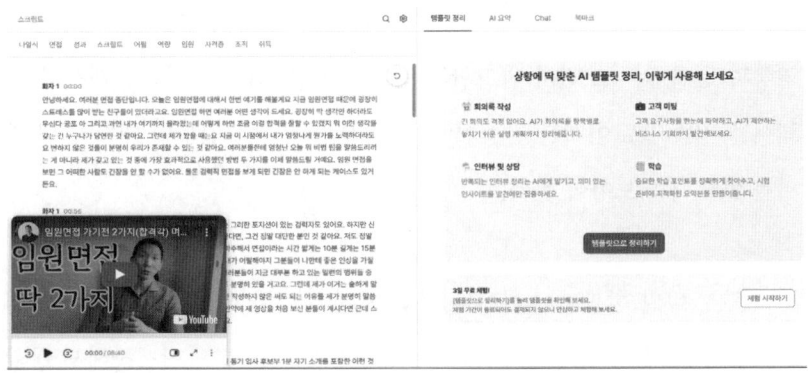

여섯째, 모든 내용들이 좌측처럼 스크립트로 구성되며, 스크립트를 전체 다운 받기 하면 된다.

이러한 방식으로 약 30개의 영상들을 "한글"이나 "워드"를 통하여 정리를 하면 1시간 이내로 모든 내용들을 종합할 수 있으며 쉬는 시간, 이동시간에 내용들을 언제 어디서든 숙지할 수 있다.

또한 운동시간이나 이동시간에 "영상"을 통하여 내용을 다시 한 번 복습하면서 확실한 "잠재의식"미션을 진행하면서 나만의 WHY+ME(와이나) 구조의 답변을 생각하는 시간과 힘을 기를 수 있다.

이 예시는 "다글로"라는 특정 사이트를 공유하였지만, 이 외에도 많은 AI 툴이 존재한다. 역시 내가 가장 활용하기 편한 AI를 활용하여 시간과 불필요한 에너지를 줄이면 된다.

이렇게 면접의 기본적인 내용들과 사례들을 나와 "결"이 맞는 멘토들의 영상과 글을 읽어보면서 참고함과 동시에 내가 작성한 자기소개서와 이력서를 기반으로 어떠한 질문이 받을 수 있는지 예상질문에 대한 답변 준비를 반드시 해보아야 한다.

이 역시 나만의 관점이 아닌 AI를 통하여 상대방의 관점에서 어떠한 질문들을 받게 될 수 있는지 미리 시뮬레이션을 해본다면 면접장에서 당황하는 것을 줄일 수 있다.

일곱째, 내 경험을 입력한다.

앞서 이야기하였지만 GPT는 나를 알지 못한다. GPT를 단지 "수단"이 아닌 "가상의 친구"라는 생각으로 내 경험을 입력해본다. 나에 대한 내용을 많이 알수록 답변의 퀄리티가 좋아지기에 최대한 나의 경험을 입력하는 것을 추천한다.

이때, 많은 생존이들이 실수하는 부분은 자꾸 면접에 대한 생각만 하면서 면접 답변을 요구하는 경험을 생각하고 전달하려고 하는 것이다. 우리가 AI를 활용하는 것은 우리보다 뛰어나기 때문이다. 내 스스로 "내 경험"은 이 직무역량과 이 기업에만 활용할 수 있어" 라고 생각한 생존이들은 반드시 그 프레임 밖으로 뛰쳐나와야 한다.

어떠한 직무역량과 필살기를 생각하지 말고, 일단 내 경험을 GPT에게 최대한 세부적으로 입력하는 것이 시작이다.

여덟째, 자소서 기반 예상질문을 도출한다. (약 20개-30개)

먼저 GPT를 활용하여 자소서 기반 예상질문을 도출한다면 이렇게 활용해보면서 수정을 하나씩 해보는 것을 추천한다.

① 먼저 내가 작성한 자기소개서 or 이력서를 GPT에 파일로 첨부한다.
② 그리고 이 내용을 바탕으로 예상질문 20-30개를 도출한다.
③ 역시 "프롬프트"를 어떻게 활용하느냐가 중요하며, 일부러 어려운 질문만이 아닌 상대방 관점에서 예상질문을 받아보며 그 질문에 대한 답변을 준비한다.

아홉째, 예상 답변을 정리한다. (키워드 정리)

위와 같이 "자소서 예상질문"에 대한 답변 역시 GPT를 활용하면 훨씬 내용을 빠르게 정리할 수 있다. GPT가 정해주는 답변대로 하라는 것이 아니다. 이 또한 프롬프트를 활용하는 능력에 따라서 답변의 퀄리티가 상당히 달라질 수 있다.

면접에서 자기소개서는 너무나 중요하다. 내가 지원하는 기업을 위해 직접 작성한 내용이기 때문에 기업의 입장에서는 이 내용에 대한 사실검증은 물론, 왜 이런 생각을 하게 되었는지, 그 경험이 무엇이었는지를 묻는 것은 너무나 당연하다.

하지만 아직도 많은 생존이들이 자소서를 형식적으로 작성하는 경우가 많다. 그러다 보니 면접장에서 예상하지 못한 질문을 받게 되고, 면접관분들 입장에서는 이러한 현상들을 보며 로열티를 확인할 수 있는 것이다. 면접의 가장 기본은 자기소개서이며, 혹시나 스스로 자기소개서의 내용이 부족하다고 생각한다면 AI를 활용하여 다양한 관점으로 생각해보고 답변의 초안등을 확인해보면서 나만의 WHY+ME(와이나)를 만들어 가는 과정이 필요하다.

AI를 활용하여 면접 준비를 한다면 앞서 말한 9단계만 잘 활용해도 사실 충분하다. 하지만 『생존면접 바이블』을 통하여 차별화를 하고 싶다면 아래 내용을 확인한 후 적용해보는 것을 추천한다.

열째, 이 히스토리를 기반으로 1분 자기소개, 지원동기, 입사 후 포부, 공백기, 퇴사이유 등을 작성한다.

"경험 나열"을 시작으로 우리가 어려워하는 1분 자기소개, 지원동기, 입사 후 포부, 공백기 등의 질문에 대한 "나만의 답변"을 만들면 된다. 많은 생존이들은 합격자 1분 자기소개, 지원동기 등에 대한 스크립트를 많이 찾는다.

물론 AI를 활용하여 합격자 답변을 찾아서 벤치마킹하는 것도 좋은 방법이지만, 결국 면접이란 나만의 언어로 나라는 사람을 드러내야 하는 것이다. 뒤 예시를 확인해보면 알겠지만 "생존소대장 AI"를 활용하여 나만의 스토리라인을 전개할 수 있다.

즉, 우리가 AI를 활용해서 준비해야 할 것은 합격자들의 답변만은 아니다. 나라는 사람, 그리고 내가 갖고 있는 생각, 나만의 경험을 통해 나라는 사람을 어떻게 표현하고, 이 일이 왜 하고 싶은지, 이 일을 하기 위하여 무엇을 얼마나 준비했는지 등을 포장하는 연습을 해야 하는 것이다. 앞의 8단계에서 나에 대한 경험을 최대한 나열했다면 이 스토리를 바탕으로 GPT에게 1분 자기소개부터 다양한 질문에 대한 답을 요청해보면 된다.

열한째, 말하기 연습을 한다. (핵키픽+촬영)

이렇게 몇 번, GPT를 활용하다 보면 나만의 스크립트가 구성된다. 완성본을 바탕으로 이를 암기하는 것이 아니라 "핵키픽"을 활용하여 키워드를 반복하는 것이 필요하다. 이 트레이닝이 바로 자연스럽게 "잠재의식"미션 이 되는 것이다.

즉, 우리가 AI를 활용한 것은 철저하게 시간을 줄이는 용도였으며, 많은 에너지를 들이지 않고, 효율적으로 초안을 구성하는 용도였다. 그리고 몇 번의 이러한 과정을 경험하며 "진짜 내 스토리"를 꺼내는 과정을 AI를 통 하여 하였던 것이다.

GPT를 어떻게 활용하느냐에 따라서 면접의 성패는 달라질 수 있다. 수 단에 끌려다닐 것인가, 수단을 활용할 것인가의 핵심은 프롬프트의 능력 이며, 이는 티포인트적 사고로부터 시작된다.

만약 면접 준비를 하면서 AI를 어떻게 활용해야 할지 모르겠다면 이 10 단계 내용만 반복하더라도 어떤 면접 준비라도 가능하다. 사실, 이렇게 AI를 활용하여 면접, 자소서, 취업, 커리어 고민을 해결하는 방법들을 공 유하였지만 결과값이 모두 다른 현상들을 보게 되었다.

분명 알려준 내용대로 했다고 하지만 모든 사람들의 생각이 같지 않기 에, 프롬프트를 입력하고 경험을 정리하는 방식들이 모두 달랐던 것이다. 그리하여 약 7-8개월 동안 다양한 AI를 활용하여 우리 생존이들이 덜 스 트레스 받고, 빠르게 실행할 수 있는 방법들을 고민하였다.

그 결과, "생존소대장 AI"를 시작할 수 있었고, 많은 생존이들의 시간과
에너지를 절약시키며 다양한 케이스들을 공유하고 있다.

3) 생존소대장 AI 실전 생존 사례

最근까지 다양한 AI를 활용하면서 들었던 생각은 복불복이 너무 심하다는 생각을 하였다. 많은 생존이들의 결과물들을 보면서 차라리 AI를 활용하지 않았으면 하는 생각도 있었다. 이렇게 생각한 이유는 우리들의 사고가 닫히기 때문이다.

아마도 "작심5일 매십경"을 지속하는 생존이들은 강제적으로 "티포인트적 사고"를 해야 할 수밖에 없다. 하지만 지금과 같은 이러한 환경에서 우리는 빠른 결과를 생각하고 행동하는 경우가 많다.

물론 AI를 잘 활용한다면 너무 좋겠지만, 목적 없이 또 그냥 나의 상황만 입력해서 "답을 달라고"만 하는 생존이들의 모습을 보면서 이 역시 티포인트적 사고가 얼마나 중요한지 알 수 있었다.

지금 시대에서는 더욱 "질문을 잘하는 것이 중요하다". 이는 사회생활을 할 때도 마찬가지이다. 내가 원하는 정보를 찾는 것은 너무나 쉬운 세상이 되어버렸고, 이제 사람들은 어떤 정보를 많이 알고 있다고 해서 그 사람을 신뢰하지 않는다.

면접 역시 마찬가지다. 면접관분들이 우리가 이야기하는 기계 같은 지식에 반응하지 않는 이유 역시 "자신의 관점"을 빠트린 채 현상에만 집중하기 때문이다. 그래서 우리는 티포인트적 사고를 하는 것이고, 그렇게 노력한 생존이들은 합격은 물론 현장에서도 잘하고 있다.

결국, AI를 활용할 때도 질문을 잘해야 한다. "그냥 알려줘"는 누가나 할 수 있는 이야기이기 때문에 내가 어떻게 프롬프트를 입력하느냐가 굉장히 중요하다. 하지만 이 모든 것들을 옆에서 알려줄 수가 없었기에 답답하였고, 약 7-8개월 동안 다양한 AI를 활용해보며 "생존소대장 AI"라는 우리만의 "생존취업 AI"를 구성하였다.

"생존소대장 AI"는 현재 어리를체인지에서 전달하는 "생존 필살기"를 비롯하여 면접중대장의 관점과 미래지향적 생각 등을 바탕으로 데이터를 학습시켜 놓았다. 그렇기 때문에 "WHY+ME(와이나)"를 바탕으로 가장 빠르게 나만의 답을 찾는 AI라고 생각하면 된다.

100점짜리 답변이냐고 묻는다면? NO라고 이야기할 수 있다. 100점의 기준이 모두 다르기 때문이다. 하지만 최단 시간 내 다양한 사례를 도출하며 관점을 넓히기에는 굉장히 좋다.

지금 『생존면접 바이블』에 나온 모든 내용들과 이전 합격자, 불합격자들의 다양한 사례, 또 경험 정리 클래스에서 함께 스토리를 한 생존이들의 데이터를 누적시켜놓았으며, 생존이들이 현재 나의 상황과 목적만 제대로 입력하면 그렇게 힘들고 어려운 지원동기, 입사 후 포부, 1분 자기소개 등이 순식간에 만들어진다.

물론, 1차 가공, 2차 가공, 3차 가공이냐에 따라서 퀄리티는 달라진다. 하지만 "생존소대장 AI"를 "12주 라이프 리부트캠프"를 진행하는 생존이를 비롯한 많은 생존이들에게 적용해보며 혼자서 스트레스 받으며, 창작의 고통을 느끼기보다 조금이라도 이 상황을 즐기며 능동적으로 취준을 할 수 있는 도구로 활용하며 좋겠다는 생각을 하였다.

우리가 AI를 활용하는 이유는 시간을 줄이고, 내가 한 것보다 더 좋은 결과물을 얻기 위해서이다. 실제 취준생 한 명과 모의면접을 진행하면서 "생존소대장 AI"를 활용하여 10분 만에 지원동기 5가지 유형을 만들어 주었더니, 너무나도 놀라움을 감추지 못하였다.

우리들이 지금껏 생각하는 지원동기는 100점짜리 지원동기 1개, 100점짜리 1분 자기소개 1개, 100점짜리 입사 후 포부 1개이다. 하지만 "생존소대장 AI"를 활용하여 단 10분 만에 각 질문에 3-4가지 유형의 스크립트와 답변방식이 나오게 된다.

뒤에 나오는 QR영상을 시청해보면 확인해볼 수 있지만, 이 생존이는 약 9개월간 승무원을 준비했던 생존이었다. 나름대로 열심히 승무원이 되기 위하여 학원도 다니고 준비도 하였지만 모의면접에서 "왜 지원했나요?"에 대한 답변을 너무나 평이하게 하였다.

물론 평범하다고 잘못된 것은 아니다. 하지만 내가 지원한 산업과 기업에 대한 로열티가 있어야 면접에서 역시 나의 가치를 알아봐줄 수 있는 것이다. 물론 승무원이라는 특수한 직업의 면접은 일반 대기업 면접과 평가기준과 선발기준이 다를 수 있다.

하지만 분명한 것은 그렇다 하더라도 내가 지원하는 기업과 산업에 대한 관심이 드러나야 하며, 남들과 똑같은 미소, 똑같은 멘트만 준비하면 차별화가 생기지 않는다는 것이다. 그래서 이 생존이의 경우 "생존소대장 AI"를 활용하여 약 5개의 지원동기를 10분도 안 걸려서 스토리 구성을 할 수 있었다.

9개월 동안 열심히 승무원을 위해서 준비를 했음에도 단 한 번도 진지하게 고민하지 않았던 지원동기였다. 100점짜리 지원동기를 만들려고만 생각하다 보니 어려웠고, 생각을 할수록 그 상황을 회피하게 되었던 것이다.

결국, 부담을 느끼는 우리들 대부분 이러한 현실에 직면한다. 이런 상황에서는 정말 가볍게, 그리고 다양한 경우의 수가 있다면, 생각을 다양하게 할 수 있고, 관점이 전환된다. 결국, 이 생존이의 그동안 경험과 스토리를 "경험 정리 클래스(이즈미)"를 통하여 "생존소대장 AI"과 공유하였고 10분 만에 그 고민은 해결될 수 있었다.

물론 이 프로그램을 확대할 생각은 없다. "12주 라이프 리부트캠프"나 "경험 정리 클래스" 그리고 스크립트 첨삭을 신청하는 생존이들을 위해

데이터를 쌓아서 구성한 것이며 그 이상도 이하도 아니기 때문이다.

내가 생각하는 AI 활용은 바로 이런 것이다. 우리가 어렵고 고민되는 그 질문과 내용들을 획기적으로 시간을 줄여주고, 지금 내 답변보다 퀄리티가 좋은 상태를 처음부터 받을 수 있다면, 그것을 시작으로 "나만의 스토리"를 만들어가는 데 훨씬 수월할 수 있다.

하지만 지금 우리는 아직도 시작을 하는 것이 힘들다. 100점짜리 지원동기, 100점짜리 공백기 답변만 생각하다가 결국, 뒤로 미룬 채 시간을 보낸다. 다음 영상을 확인해보면서 직접 느껴보았으면 한다.

9개월 동안 만들지 못한 지원동기 10분 만에 5가지 유형 만든 법(FT. 생존소대장 AI 활용)

그리고 다음 케이스는 정말 10분 만에 1차 가공된 "생존소대장 AI"롤 활용한 스크립트의 일부 내용이다. 영상을 참고하면서 하나씩 케이스를 확인해보면 더욱 도움이 될 것이다.

사실, 지원동기는 면접 준비를 하면서 가장 준비하기 어려운 유형 중 하나이다. 하지만 단 10분 만에 그 자리에서 이렇게 6개의 케이스가 "생존소대장 AI"를 통하여 공유받을 수 있었고 이 초안을 시작으로 생존이는 면접에 대한 자신감을 갖게 되었다.

- 생존 경험: 친척 사업장 고객 응대, 시몬스·데카트론 알바, 리뷰 개선
- 생존 키워드: 고객 응대 실전 경험, 서비스 센스, 문제 해결력
- 연계 포인트: 대한항공에서의 '서비스 변화'와 연계

지원동기 예시

고객을 직접 마주하는 업무를 여러 차례 경험하며, '서비스는 표면적 친절을 넘어 공감력과 문제해결력의 총합'이라는 걸 체감했습니다. (나만의 WHY+ME) 친척의 온라인 쇼핑몰에서 CS와 반품응대 업무를 맡았을 때, 단순히 정확하게 처리하는 것보다 고객이 겪은 불편을 공감하고 원인을 설명하는 방식으로 바꿨더니 리뷰가 180도 달라졌고, 실제로 매출도 50% 이상 증가했습니다.

이 경험을 통해, 고객의 '상황'과 '감정'을 동시에 이해하는 응대가 가장 어렵고도 보람찬 일임을 알게 되었습니다. (배느알 법칙) 이는 항공 서비스의 본질과도 닮아 있다고 느꼈습니다.

저는 단순히 하늘을 나는 승무원이 아니라, 고객의 감정을 가장 가까이서 공감하고 변화시킬 수 있는 '지상에서 가장 높은 서비스'를 실현하는 승무원이 되고 싶습니다.

특히 대한항공은 '고객중심 서비스 혁신'을 지속해온 브랜드이며, 저는 앞으로 그 변화 속에서 고객의 경험을 더 세심하게 설계하고 전달하는 구성원이 되고 싶습니다.

생존 사례 2 라이프스타일 공감형 - "이 직업은 나의 삶의 방식과 맞는다"

- 생존 경험: 군대, 동아리, 다양한 도전들 속 유연함
- 생존 키워드: 변동성, 실전 대응, 긴장 속 몰입
- 연계 포인트: 글로벌 항공환경의 변화 대응력

지원동기 예시

어떤 일이든 정해진 대로 움직이는 것보다, 현장에서 빠르게 상황을 판단하고 움직이는 환경에 더 몰입하게 됩니다. 군 복무 당시 대사관 경비, 미군과의 협업, 행사 지원, 산불 진화 등 매번 다른 환경 속에서 임무를 수행하며, 변화와 돌발상황에 유연하게 대응하는 능력을 키웠습니다.

대한항공은 최근 글로벌 항공수요 회복과 다양한 국제노선 확장, 그리고 고객 맞춤형 기내 서비스 강화를 추진하고 있습니다. 이처럼 끊임없이 변화하는 환경 속에서, 저는 주어진 매뉴얼만이 아닌, 현장에서 '순간의 판단력과 인간적인 감각'을 겸비한 서비스로 차별화된 경험을 제공할 자신이 있습니다.

앞으로 항공 산업이 AI, 자동화로 변해갈수록 사람의 감각과 판단이 더 중요해 질 것이라고 생각합니다. 저는 변화에 유연하게 적응하고, 상황마다 고객에게 맞는 최적의 감정 표현과 행동을 할 수 있는 승무원이 되겠습니다.

변화 도전형 - "내가 달라졌고, 그걸 나누고 싶다"

- 생존 경험: 이미지/보이스 트레이닝, 연기·발성 수업
- 생존 키워드: 표현력 개선, 자기관리력, 서비스 전달력
- 연계 포인트: 대한항공의 브랜드 이미지와 어울림

지원동기 예시

사람들 앞에서 제 감정이나 메시지를 제대로 전달하지 못하던 제가 승무원을 꿈꾸며 이미지 개선, 보이스 트레이닝, 연기 수업까지 도전하며 표현력과 자신감을 얻었습니다. '말하는 방식' 하나만 바꿔도 누군가의 하루가 달라질 수 있다는 걸 깨달았고, 그때부터 '제 말을 통해 누군가의 기분을 바꿔주는 직업'인 승무원이 되고 싶다는 생각이 들었습니다. (나만의 WHY+ME+공감+쿠션의 법칙)

대한항공은 국가대표 항공사로서, 브랜드 자체가 신뢰와 고급스러움의 상징. 저는 단지 예쁘게 미소 짓는 서비스가 아니라, 고객이 진짜 신뢰를 느낄 수 있도록 태도, 말투, 눈빛까지 일관된 표현이 가능한 승무원이 되고 싶습니다.

앞으로는 기내에서 단순한 응대를 넘어, 브랜드를 경험하게 만드는 '대한항공의 얼굴'로서의 역할을 하겠습니다. 변화된 저의 모습으로 고객의 감정을 더 풍부하게 읽고 전달할 수 있는 서비스 전문가로 성장하겠습니다.

가치관 중심형 – "책임지는 직업, 진심으로 의미 있다"

- 생존 경험: 군 생활, 대사관 경비, 안전 중심 경험
- 생존 키워드: 책임감, 공공성, 믿음을 주는 존재
- 연계 포인트: 안전서비스, 신뢰 기반 브랜드 가치

지원동기 예시

군 복무 중 대사관 경비와 대형 행사 안전 관리 업무를 하며, '사람의 안전을 책임진다'는 것이 어떤 의미인지 직접 체감한 적이 있습니다. (나만의 WHY) 단 1초의 긴장을 놓쳤을 때 발생할 수 있는 결과의 무게를 경험하며, 그 어떤 직무보다 철저한 책임감과 신뢰감이 필요한 직업이 바로 승무원이라는 확신을 가졌습니다.

대한항공은 단순히 국내 1위 항공사가 아닌, 국가의 얼굴로서 전 세계 고객에게 '대한민국의 신뢰'를 전달하는 상징적인 브랜드입니다. 저는 이 책임감 있는 브랜드에 소속되어, 고객의 불안함은 줄이고, 신뢰는 높이는 '안정적 존재감'을 가진 승무원이 되고 싶습니다.

앞으로도 항공 산업이 안전, 친환경, 고도화 서비스로 발전해 나가는 흐름 속에서, 변화 속에서도 '기본에 충실한 신뢰'로 고객에게 안정감을 주는 사람으로 자리매김하고 싶습니다.

지원동기 예시

저는 '비행기를 타는 날'의 설렘을 누구보다 선명히 기억하는 사람입니다. 여행이든 출장이든, 공항에서 비행기 탑승을 기다리는 그 순간의 분위기와 기분이 제게는 늘 특별했습니다. 그래서 누군가의 그런 설렘의 시작이 되는 사람이 되고 싶다는 마음이 자연스럽게 자리 잡았습니다. (나만의 WHY+ME)

하지만 막연한 꿈에 머물지 않기 위해, 저는 실제로 현장 방문(FA5050) 등 항공업 특화 공간을 직접 방문하고, 20-30명의 고객 인터뷰를 진행하며 고객들이 어떤 순간에 감동하고, 어떤 부분에서 불편을 느끼는지를 리서치했습니다. (지원회사를 위한 노력)

고객들은 단순한 친절보다 '진심 어린 대응'과 '예상하지 못한 배려'를 기억에 남는다고 말했습니다. 이 말은 제가 추구하는 승무원의 방향성과도 정확히 일치했습니다. (나의 뇌피셜이 아닌 고객의 메시지를 전달한다는 느낌+로열티 UP)

특히 저는 대한항공의 브랜드가 주는 '국가대표로서의 상징성'과 '품격 있는 서비스'에 깊은 애정을 갖고 있습니다. 기내식, 제복, 이미지 하나하나가 설렘을 만들어내는 요소라고 생각하며, 저 또한 고객의 여행의 시작을 품격 있게 책임지는 사람이 되고 싶습니다.

앞으로 대한항공이 글로벌 항공 경쟁에서 더욱 프리미엄화되는 흐름 속에서, 저는 서비스의 '디테일과 진심'으로 브랜드의 차이를 만들어내는 승무원, 매일을 고객의 '설렘의 첫 순간'으로 바꿔주는 브랜드 경험 설계자가 되겠습니다.

이상 지원동기 5가지 생존 사례를 확인하면서 어떤 생각이 들었는가? 누군가는 "별론데?"라고 할 수도 있고 또 누군가는 "괜찮다"라고 할 수 있다. 이는 각자만의 생각이 다르기 때문에 좋다 vs 나쁘다로 구분하는 것은 바람직하지 않다.

다만, 이 챕터는 "AI를 활용해서 우리의 목적을 달성하는 것"이다. 이 생존이는 현재 치열한 1승을 위해 아직도 노력 중이다. 하지만 이러한 과정을 경험하며 "관점 전환"이 되었고 "AI에 대한 생각과 활용법"을 이전보다 훨씬 효율적으로 하고 있다. 책 출간에 완료되는 시점에서 원하는 항공사로 생존하였다.

지원동기를 꼭 이 사례처럼 5개로 구성할 이유는 없다. 하지만 단 10분 만에 이 정도의 내용이 확인되었다는 것은 엄청난 시간 절약과 더불어 스스로 생각하지 못했던 "관점을 넓히는 데" 큰 도움을 받았을 수밖에 없다.

우리는 AI를 이러한 방식으로 활용해야 한다. 즉, 9개월 동안 취업(면접) 준비를 하면서 이러한 다양한 사고를 하지 못했다는 것은 그만큼 우리의 생각이 닫혀있다는 것이고, 면접 지원동기는 A처럼 준비해야 된다는 사고가 고착화되어 있는 경우가 많다.

다음의 사례들 역시 실제 면접 준비를 하는 생존이들의 경험을 바탕으로 "생존소대장 AI"를 활용한 것이다. 결국, "생존소대장 AI"의 강점은 경험 정리 1단계-3단계를 바탕으로 나만의 "경험 포장"으로 답변을 구성하게 도와주기 때문에 일반적인 AI 활용과 조금은 다른 스토리라인 전개가 가능한 것이다.

4) 생존소대장 AI를 활용한 지원동기 5유형

생존 사례 1 백화점 아르바이트 경험을 포장한 사례

Q) 입사를 위해 노력한 것?

A) "저는 단순히 '일자리를 얻는 것'이 아니라, **백화점 현장을 제대로 경험해보고 싶어서** 아르바이트를 시작했습니다.(나만의 WHY, 재정의) 백화점 식품관 매장에서 일하며, 단순한 판매원이 아니라 **고객 흐름, 구매 패턴, 동선 설계**까지 관찰하고 배우려 노력했습니다.

특히, 어떤 포지션에 있을 때 고객이 가장 오래 머무는지, 어떤 시간대에 어떤 상품이 가장 잘나가는지 **현장 데이터를 직접 기록하고 분석**해봤습니다.(ME + FA5050 행동)

예를 들어, 주말 오후 시간대에 **테스트 마케팅**을 해보면서, **동선이 막히는 위치에 시식 코너를 설치**했더니 통상 대비 15~20% 매출이 상승하는 걸 현장에서 직접 체감했습니다.(배느알 법칙)

그 과정에서 백화점은 단순히 상품을 파는 곳이 아니라 **고객 경험을 설계하는 공간**이라는 것을 배웠습니다. 입사 후에도 저는 **고객을 이해하고, 데이터에 근거한 매장 운영을 통해 차별화된 고객 경험을 만드는 직원**이 되고 싶습니다."(티포인트)

생존 사례 2 유통업 영업관리자 지원 시 세일즈 경험을 포장한 사례

Q) 입사하셔서 해보고 싶으신 게 있나요?

A) "저는 유통업을 단순히 상품을 파는 일이 아니라, **고객의 선택과 만족을 설계하는 일**이라고 생각합니다. 특히 현장에서 고객을 만나 직접 반응을 보고 배우는 것이 다른 산업에서는 얻기 힘든 매력이라고 느꼈습니다.(나만의 WHY, 재정의)

○○○에서 하루 50명 이상의 다양한 고객을 만나 니즈를 파악하고, 설득하고, 만족시키는 경험을 해왔고, 카페 아르바이트를 통해 **발주, 재고 관리, 고객 응대, 매장 운영**까지 현장 전반을 경험하며 **문제를 발견하고 해결하는 감각**을 키웠습니다.(ME, 경험)

입사 후에는 **매장 운영과 고객 응대 기본기를 다지는 것**을 최우선으로 하고, **매출 데이터와 고객 피드백을 분석해 판매 전략과 상품 운영을 개선하는 실질적인 기획력**을 키워나가겠습니다. 또한, **우수 점포의 운영 사례**를 벤치마킹하고, **현장 중심의 리더십**을 체득하기 위해 노력할 계획입니다.(ACTION)

장기적으로는 **고객과 현장을 가장 잘 이해하는 매장 관리자**가 되어, **팀원과 함께 성장하고, 고객 만족을 넘어선 '고객 경험'을 만들어내는 리더**가 되고 싶습니다. 단순히 주어진 매장을 관리하는 것이 아니라, **고객이 다시 찾고 싶은 공간을 만드는 매니저**가 되겠습니다."(티포인트)

생존 사례 3 **교육업 영업관리자 지원 시 세일즈 경험을 포장한 사례**

Q) 입사하셔서 해보고 싶으신 게 있나요?

A) "저는 교육을 **지식을 전달하는 일**이 아니라, **한 사람의 성장을 함께 설계하는 일**이라고 생각합니다. 그래서 지금까지도 단순한 성과보다, **사람을 이해하고 변화시키는 과정**에 보람을 느껴왔습니다.(자신만의 WHY)

○○○ 영업을 하면서도 단순한 계약이 아닌, 고객의 이해를 돕고 변화를 이끄는 것에 몰입했고, 또래상담병과 스마트폰 교육 봉사 경험을 통해 **사람의 변화가 쌓여 세상이 바뀐다는 믿음**을 갖게 됐습니다.(ME 경험)

입사 후에는 **학습센터 현장에서 학생과 학부모, 강사의 니즈를 관찰**하고, 실제 **센터 운영 데이터를 분석**하며 현장의 문제를 **개선하는 역량**을 키우겠습니다. 또한 **우수 센터장의 인터뷰 자료와 대교 교육 SNS 채널**을 지속적으로 모니터링해 **현장 성공 사례를 벤치마킹하고 저만의 노하우**를 만들어가겠습니다.(ACTION)

장기적으로는 **학습자와 학부모, 강사의 신뢰를 이끌어내는 관리자가 되는 것**이 목표입니다.
단순한 관리자가 아니라, **사람의 변화를 이끌고, 성장을 설계하는 교육파트너**로 대교의 교육 철학을 현장에서 실천하는 사람이 되고 싶습니다."(티포인트)

생존 사례 4 **직무 경험은 없지만 경험 포장으로 관심을 끈 사례**

Q) 저희 회사 왜 지원하셨어요?

A) "저는 지원동기를 단순한 '취업'이 아니라, **제 가치와 회사의 방향이 일치하는지에 대한 선택**이라고 생각합니다.(자신만의 WHY)

○○는 '한 아이의 성장이 세상을 바꾼다'는 교육 철학을 가지고

있고, 저 역시 과거 또래상담병 활동, 스마트폰 봉사 등에서 **사람의 작은 변화가 커다란 성장을 만든다는 걸 직접 경험**했습니다.(ME, 경험)

지원 준비 과정에서 ○○의 교육 프로그램, 학습센터 운영 모델을 분석하며, **단순한 관리가 아니라, 학생-학부모-강사의 관계를 이끄는 리더 역할**이라는 점에 깊이 공감했습니다. 저는 대교에서 **관계 속에서 변화를 만들어내는 교육관리자**가 되고 싶습니다.

앞으로는 한 사람, 한 사람의 성장을 통해 대교가 말하는 '세상을 바꾸는 교육'에 기여하는 사람이 되겠습니다."

생존 사례 5 공백기가 있었지만 자신만의 경험 포장으로 주도권을 확보한 사례

Q) 공백기가 꽤 있는데 뭐 하셨어요?

A) "사실 오늘 이 자리에 오기 위해, **매일 같은 루틴 속에서 제 꿈을 위해 치열하게 노력했습니다.** 오전에는 제 목표를 향해 기업과 직무에 대해 스스로 분석하고, 필요한 역량을 키우기 위해 학습과 자기관리에 집중했습니다.

그리고 생존을 위해 오후에는 카페 아르바이트를 병행했습니다. 6개월 동안 하루 평균 50명, 총 6천 명이 넘는 고객을 직접 응대하며 **단순 응대가 아닌, 발주 관리, 매장 운영, SNS 홍보까지 현장의 문제를 보고 해결하는 감각**을 키웠습니다.

그 시간 덕분에 저는 단순한 취업 준비를 넘어 **사람을 이해하고, 문제를 풀어본 실전형 인재**로 성장할 수 있었습니다. 이제는 그 경험을 바탕으로 교육현장에서 학생과 학부모, 강사의 변화를 이끌어가는 교육관리자가 되고 싶습니다."

"생존소대장 AI"롤 활용하여 자신만의 답변을 완성한 사례들은 너무나 많다. 물론 이렇게 답변을 구성해서 면접장으로 갔음에도 불구하고, 불합격을 했던 생존이들도 있다. 하지만 이 과정에서 무엇보다 중요한 것은 이 모든 것들이 "생존소대장 AI"를 활용하여 짧은 시간 안에 구성되었으며 내 경험과 매칭이 되기 때문에 말하는 생존이들 입장에서도 굉장히 편안하게 이야기를 할 수 있다는 강점이 있다.

즉, 우리들 대부분은 면접장에서 한 번의 기회를 잡기 위해 노력한다. 하지만 이런 과한 심리적 욕구로 인하여 결과에만 치중한 채 내 스토리를 전달하지 못한다. AI는 분명 사람이 아니다. 하지만 이와 같은 방법으로 "생존소대장 AI"를 활용한다면, 할 것이 많은 면접(취업) 준비를 굉장히 효율적으로 할 수 있다.

"생존소대장 AI"를 꼭 활용하라는 것이 아니다. 이렇게 적용되는 AI는 수없이 많기 때문에 이러한 것들을 어떻게 활용할지를 먼저 생각해보자는 것이며, 『생존면접 바이블』을 통하여 "경험 정리-경험 포장"의 중요성을 인지하고 AI를 활용한다면 지금과는 완전히 다른 결과물이 나올 수 있다는 것을 꼭 알았으면 한다.

그렇다면 이제는 면접의 최종고지인 임원면접에 대해서 알아보겠다. 기업에서 가장 마지막 채용 프로세스인 "임원면접"에서는 회사에서 오랜 경험과 성과를 이뤄낸 임원분들과의 만남을 갖게 된다. 여태껏 너무 잘했더라도 임원면접에서 결과가 좋지 않다면 다음을 또 기약해야 할 수 있다.

챕터 10에 나오는 생존 가이드만 제대로 확인한다면 한 번의 소중한 임원면접 기회를 꼭 잡을 수 있을 것이다.

Chapter 10

한 번의 기회를
성공으로 만드는
임원면접 생존 필살기

1) 임원면접 마인드셋

~~~

임원면접이라는 말만 들어도 우리 심장은 지금보다 적어도 1.5배속으로 빨라지게 된다. 물론 두렵고 무서워서 가슴이 콩닥콩닥 뛰는 것도 있지만, 이제 이 면접 하나면 내가 그렇게 원하는 "돈"을 벌 수 있고, 원하는 일을 할 수 있는 것이기 때문이다.

그렇기 때문에, 이쯤 되면 우리들은 스스로 기대감을 갖고 마지막을 준비하게 된다. 사실 1차 면접까지 기대를 하지 않았던 생존이들도 최종면접에 가게 되면 어깨에 잔뜩 힘이 들어가게 된다. 결국, 우리는 이러한 기대감을 갖고 준비를 하지만 반면에 이 면접에서 불합격을 하게 되면 안된다는 심각한 불안감을 갖고 나머지 기간 동안 준비를 하게 된다.

하지만 수많은 생존이들의 사례를 보면서, 또 나의 과거를 돌아보면서 이러한 생각이 스스로를 얼마나 옥죄게 하는지를 느낄 수 있었다. 유명한 인사담당자 출신, 채용전문가 출신 분들은 임원면접에 대해서 엄청나게 멋있는 정답을 제시해준다.

나 또한 그러한 이야기를 들어보고 굉장히 좋다는 생각도 하였지만 반면에 일반적인 대학생, 취준생들이 이렇게 어렵게 공식만으로 면접을 준비하기 때문에 오히려 할 수 있는 것도 못한다는 생각이 들었다.

그래서 이 책을 시작으로 우리들이 면접에 대해 갖고 있는 편견을 깨트리고, 우리만의 준비방법으로 인생을 변화시킬 수 있다는 것을 증명하려한다. 『생존면접 바이블』은 경험하고 성장시킨 실제 평범한 생존이들의 과정을 직접 함께하며 각자만의 스토리를 만들어 낸 과정이다.

함께했던 생존이들 또한 지금 우리 생존이들처럼 임원면접이기에 더움츠러들었고, 잘하지 못하는 것을 고민하고 스트레스 받으며 면접 준비를 대부분 하고 있었다.

임원면접이 무섭고 두려운 것은 맞지만, 임원들이기 때문에 무조건 더무엇인가를 의도적으로 해야 한다는 생각을 바꿔야 온전한 나에 집중할수 있다. 결국, 야구를 할 때도 농구를 할 때도 어깨에 힘이 들어가면 공이정확하게 가지 않는다.

나도 모르는 몸의 이상신호이며, 긴장의 반응이다. 면접 또한 마찬가지다. 물론 임원면접이기에 우리를 평가하는 관점이 실무진 면접과 조금은다를 수 있지만, 지금 우리 생존이들이 생각한대로, 실무진 면접은 무조건"직무", 임원면접은 "인성" 이렇게 무 자르듯이 나뉘어서 사람을 평가하지못한다는 것이다.

결국, 우리는 이런 상황을 이해하고 마지막 관문인 임원면접을 준비해야 한다. 임원분들은 적어도 회사생활을 10-20년 이상 하신 분들이 대부분이기 때문에 본인들만의 주관이 있고, 사람을 평가하는 기준이 있다.

이 또한 『생존면접 바이블』을 지금껏 함께해온 생존이들이 절대 오해하지 말아야 한다. 임원면접이기 때문에, 최종면접이기 때문에 중심 자체를 "내"가 아닌 상대방에게 맞추려고만 한다면 본질이 흔들리게 된다.

우리나라에 임원분들이 과연 얼마나 계실까? 아주 대충만 생각해도 1천 명은 넘지 않을까?

그렇다면 그 1천 명 이상의 임원분들이 과연 똑같은 기준과 잣대로 사람을 평가할지 먼저 생각해봐야 한다. 내가 생각하는 생존면접은 바로 이런 것이다.

권위의 법칙에 눌려서 ○○ 채용전문가가 이렇게 이야기하니까, △△ 인사담당자가 이렇게 이야기하니까 그 권위와 직책에 짓눌려서 내 진짜 필살기를 보여주지도 못하고 그 내용만 전달하고 오는 면접 준비는 진짜 생존을 위한 면접 준비 과정이 아니다.

우리는 수많은 기업에 지원을 해야 하고, 그것이 너무 당연하다. 임원면접 또한 채용의 마지막 프로세스로 우리를 마지막까지 검증하려고 할 것이다. 결국, 우리가 임원면접에서 준비한 나의 필살기를 보여주고 내 가치를 증명하기 위해서는 이제부터 시작하는 내용을 마지막까지 집중하고 실행해야 한다.

2) 흔히 하는 3가지 실수

임원면접을 앞둔 대부분의 생존이들은 기대 반, 걱정 반이다. 불안한 마음이지만 그래도 이 한 번을 잘 넘기며 내 인생이 달라진다고 생각하기에 대부분 최선을 다하는 노력들을 한다. 하지만 누군가는 최고의 보상을 받고, 또 누군가는 상처가 되는 결과를 돌려받게 된다.

적어도 지금부터 이야기하는 이 3가지 실수만 하지 않더라도 우리 생존이들이 최고의 보상을 받는 그 길로 가지 않을까 생각한다.

(1) 전문성·개인역량 어필

10명 중 8명 이상은 임원면접에서 나의 전문성을 어필하려고 한다. 물론 우리들의 마음은 "산업과 직무에 전문적인 지원자로 보여야 나를 선발하지 않을까?"라는 생각을 가질 수 있다. 하지만 나는 이 전략이 굉장히 위험한 전략이라고 생각하고, 우리 생존이들에게는 절대 추천하지 않는 방식이다.

즉, 우리가 임원면접에서 우리의 다양한 모습을 보여주는 것은 좋지만, 그 필살기가 꼭 개인의 역량인 전문성만으로 강조될 이유는 없다. 물론, 취준생이지만 해당 분야의 전문가처럼 지식과 경험을 보유한 생존이들이 요즘에는 가끔씩 있다.

하지만 대다수의 취준생들은 자격증, 관련 경험, 인턴 이 정도가 대부분이다. 이런 상황에서 내가 만약 지원하는 기업의 전문적인 지식을 어필하고, 어려운 용어로 설명을 하기 시작한다면, 면접관 입장에서는 그 내용에 대한 검증을 하고 싶어진다. (자연스러운 사람 심리)

이는 면접의 논리보다 "심리를 이해한다면 훨씬 쉽다". 즉, 면접관들은 이 지원자가 우리 회사에서 어떠한 역할을 할 수 있는지 궁금할 뿐이다. 이 지원자가 영업을 잘할 수도 있고, 기획을 잘할 수도 있고, 마케팅을 잘할 수도 있지만 결국 우리 회사에서 일을 한다는 것이 더 중요한 관점이라는 것이다. (지원자가 정말 괜찮다면 영업으로 선발해서 나중에 직무이동을 통해서 기획이나 마케팅으로 보낼 수도 있다)

이전에 증권사 취업을 준비하던 한 생존이가 있었다. 그 생존이는 주식투자를 오랜 기간 실제 해왔고, 웬만한 금융이슈는 물어보면 바로 대답할 수 있는 정도의 수준이었다. 하지만 우연찮게 은행의 최종면접을 준비하게 되었고, 함께 준비하는 과정에서 계속되는 전문성 어필을 하여 오히려 스스로 멘탈이 무너지는 경험을 하게 되었다.

그럼 왜 이런 현상이 발생할까? 우리가 지원하는 대부분의 기업들은 큰 조직이다. 조직은 시스템으로 운영되며, 그 시스템에는 그 일을 더 잘할 수 있는 사람들이 배치되기 마련이다.

즉, 이 생존이가 임원면접에서 본인의 전문성을 어필하기 위해서 시작한 어려운 경제용어와 이슈, 그리고 내용설명은 면접관으로 하여금, 검증해보고 싶다는 심리적 장치를 건드린 셈이다.

의도적으로 면접관과의 싸움을 피하라는 것이 아니다. 우리가 임원면접에서 보여주어야 할 부분이 개인의 역량인 전문성만이 아니라는 것이다. 즉, 면접관은 다수이고, 우리는 한 명이다. 관련 지식과 경험에 대한 전문적인 지식을 나열하고, 자랑하듯이 이야기하는 순간, 상대방은 우리가 알지 못하는 지식과 내용들을 이야기할 가능성이 높아진다.

그렇다면 우리가 지금 임원면접을 준비하면서 준비해야 할 것은 개인의 전문성, 역량만을 강조하여 자신을 꼭 선발해야 한다고 말하는 것보다는 "조직 안의 나의 역량"을 강조하는 법을 배워야 한다.

즉, 우리의 역량이 아무리 뛰어나도 결국 조직 안에서 그 역량이 드러나야 한다. 이 점을 꼭 기억해야 한다.

(2) 지식의 저주

두 번째 많은 실수를 하는 것이 첫 번째와 연결되는 것이지만 "지식의 저주"에서 빠져나오지 못한다는 것이다. 남은 기간 면접 준비를 위해서 지식을 더 채우는 것에 집중하면 안 된다.

면접의 기간이 길거나, 미리 준비를 한다면 당연히 미리 공부를 하는 것을 추천한다. 하지만 대부분의 생존이들은 단기간 면접 준비를 하는 경우가 많은데, 그 상황에서도 "지식의 저주"에 빠지는 수많은 생존이들이 많이 있다.

하지만 지금은 내가 알고 있는 지식들을 정리하고, 오히려 핵심 2-3가지의 이슈와 내용을 조금 더 탄탄히 만드는 데 집중해야 한다.

임원면접관들은 수많은 경험을 하신 분들이기 때문에 "그냥 정보를 이야기하는지", "직접 경험하고 본인의 생각을 전달하는지" 알 수밖에 없다. 즉, "내가 뭔가 경험을 많이 했다, 자격증을 많이 취득했다, 공부를 많이 했다"의 나열이 아닌 "이 경험을 통해서 ○○회사에서 (이런) 것을 (이렇게) 하면 어떤 효과가 날 것 같다"는 등의 티포인트를 반드시 면접 전 1-2가지를 준비하는 것을 추천한다.

지식을 방출하고 싶다면 한도 끝도 없는 내용들을 학습하고 준비해야 한다. 하지만 티포인트는 "관점 전환"만 제대로 되어있고, 그 연습만 몰입해서 하게 된다면 누구나 할 수 있다.

즉, 지식을 무한정 학습해서 한 마디도 못 하고 면접장에서 나오는 경험을 하게 될 수도 있는 것이고, 또 하나의 케이스는 언제, 어떤 상황에서도 티포인트라는 "생존 필살기"를 통하여 "산업, 기업"에 대한 관심을 표현하고 나올 수 있다는 것이다.

임원분들은 시간이 없는 사람들이다. 우리 회사의 상품, 고객, 서비스 등에 대한 소비자의 반응과 현실적인 코멘트, 그리고 거기에 더하여 추가적인 제안까지 받게 된다면, 그 면접 시간은 굉장히 유용한 시간이 될 것이며, 면접장에서도 이런 생각으로 말을 전달하는 생존이들을 보게 된다면, 당장이라도 선발을 하고 싶을 것이다.

모든 생존이들이 티포인트를 적용하는 것은 아직 쉽지 않은 상황이다. 하지만 결국, 우리가 면접장에서 임원분들에게 어필해야 할 것은 "관심", "성장형 인재"라는 것을 보여주어야 한다.

예를 들어서, 임원분들이 지식적인 질문을 했을 때, 답을 못하면 무조건 불합격인지 생각해본다면 답은 충분히 알 수 있다. 수많은 케이스들이 있지만 이런 사례는 거의 본적이 없다. 물론 면접의 처음부터 계속 분위기가 좋지 않고, 끌려다니는 면접을 하면서 지식적인 학습질문까지 답을 못했다면 불합격시그널이 될 수 있다.

하지만 기본적인 태도 그리고 생존 필살기인 "WHY+ME(와이나)", 티포인트, 배느알 법칙만 잘 활용했다면 지식적인 검증 하나를 놓치더라도 대부분은 큰 영향을 미치지 않는다. 지금 우리에게 중요한 것은 "지식 한 스푼"이 아니다. 이 기업을 가기 위한 나의 열정과 관심, 그리고 내가 어떠한 사람이라는 것을 임원면접에서 어필하는 것이다.

"작심5일 매십경", "작심5일 매십면", "작심5일 매십독" 등 모두가 "성장형 인재"로서 우리를 대변할 수 있는 활동이다. 혹시나 "작심5일 프로그램"을 함께한 생존이들이 있다면 "성장형 인재"임을 꼭 강조했으면 하는 바람이다.

(3) 탁상공론, 부장님 같은 이야기

마지막 세 번째는 바로 부장님 같은 멘트를 하지 않는 것이다. 의외로 많은 지원자들이 뜬구름 잡는 이야기를 굉장히 많이 한다. 학습을 한 것과 실전 경험은 별개이다. 물론 우리들이 할 수 있는 것이 학습이기 때문에 그 부분을 이야기하는 것은 어쩔 수 없지만 책에 나오는 원론적인 이야기만 하는 경우가 많다.

특히, 질문에 대한 답변을 두루뭉술하게 하는 경우가 많은데 이는 실제 현장에 대한 경험과 산업, 직무에 대한 실전 경험이 없는 상황에서 면접 준비를 하기 때문이다. 그래서 그토록 FA5050(현장 방문)을 해보라고 하는 것이다.

항상 생존이들에게 지원하는 기업의 현장을 방문하라고 하는데 실제 실행은 약 10% 내외이다.

하지만 임원면접까지 가게 된다면 반드시 현장에 방문하여 지원 기업의 고객, 서비스, 상품, 제도, 경쟁사 등에 대한 것들을 정리하며 "생존 필살기"로 만들어야 한다.

이 작은 행동 하나로 "최종오탈자"에도 ○○ 대기업에 최종합격을 한 생존이도 있었다.

결국, 임원면접에서 우리들이 보여주어야 할 것은 이론과 지식이 아닌, 내가 얼마나 지원하는 기업에 대한 관심과 열정이 있는지를 보여주는 것이다.

하지만 아직도 많은 생존이들이 부장님 같은 생각을 자소서에 작성하고, 그 내용을 면접장에서 암기한 것을 전달하는 경우가 많다. 왜 이런 현상이 발생될까?

미안하지만, 지원하는 산업과 기업에 대한 진짜 관심이 아직 없는 경우가 많기 때문이다. 우리들 대부분은 산업, 기업 분석하면, 다트를 분석하거나 기업의 재무재표 등을 보면서 이론적인 학습을 하는 경우가 많다.

조금 더 열심히 하는 생존이들은 "뉴스기사"를 찾아보며 표면적인 이슈에 집중한다.

물론, 이렇게라도 준비를 하는 것 자체가 면접을 위해 노력하는 과정은 맞다. 하지만 지금 면접장은 전쟁 중이다. 수많은 지원자들이 나와 경쟁을 하고 있는 상황이고, 심지어 우리들보다 스펙과 경험이 넘치는 지원자들이 많은 대한민국의 취준 현실이다.

그렇다면, 이런 취준 현실에서 우리들이 생존해야 하려면 절대 남들과 똑같은 생각과 행동을 해서는 안 된다는 것이다. 사실 이 FA5050(현장 방문)은 약 8년 전부터 굉장히 강조했던 방법인데 아직도 많은 청년들이 실행하기를 두려워하고 있다.

결과를 확실히 알고 무엇인가를 실행하려는 경우가 대부분이다. 하지만 우리 인생에서 그 어떤 것도 결과를 미리 확정적으로 알고 하는 경우가 없다. 무엇인가를 실행하다 보면 생각보다 좋은 방법과 문제해결이 되는 것이고 그 과정을 통하여 또 다른 새로운 것들을 알게 되는 것이다.

최근에도 역시 이 FA5050(현장 방문) 하나로 임원분들에게 주도권을 확보한 사례들이 너무나 많다. 단지 이 행동을 "현장 한 번 나가기"로 인식하는 것이 아니라 이 행동을 해보며 기업과 직원의 입장에서 생각해보고, 고객의 관점에서 바라본 그 내용들을 면접장에서 어필한다는 생각을 갖고 있어야 한다.

우리가 진짜 생존하기 위해서 FA5050(현장 방문)은 필수이다. 프레임 리부트 5050(FR5050) 과정에서는 "현장 방문"만이 아닌 다양한 방법으로 산업과 기업에 대한 관심을 표현하고 경험하며 우리들만의 스토리를 만들고 있다.

만약, 생존이들의 자소서가 탁상공론인 것 같거나, 복붙을 했거나, 누가 보더라도 열정이 없다고 느껴진다면 면접에서 더욱 FA5050을 열심히 해서 그 경험과 티포인트를 임원분들에게 전달하려고 노력을 해보는 것을 추천한다. 이런 과정이 있어야 생존할 수 있다.

3) 임원면접 전에 반드시 해야 할 3가지 행동

앞서 3가지 내용에 대해서 확인을 했다면, 이번엔 다음의 3가지를 꼭 기억하고 준비해야 한다.

(1) 배느알 법칙을 다시 한번 생각하기

특히 임원면접장에서는 답변에 대한 군더더기를 만들기보다 빠르게 현상황에 맞는 답변을 하는 것이 중요하다. 평소 말을 할 때 군더더기가 많으면 말이 길어지는데 면접장에서도 마찬가지이다.

혹시나 잘못한 것이 있거나, 실수를 한 부분, 그리고 누가 보더라도 잘 이해가 되지 않는 그런 상황들을 직면했을 때, 그 부분에 대한 궁색한 변명보다는 빠르게 그 상황에 대한 WHY를 설명하고(혹은 실수를 인정하고) 그 경험에서 무엇을 느끼고 배웠는지를 전달하는 데 집중하는 것이 좋다.

사실 임원면접관분들이 우리의 작은 경험에 관심을 갖지 못하는 것이

지극히 정상이다. 수많은 지원자들이 면접장으로 입장해서 자신의 경험 필살기를 이야기하는데, 그 경험을 모두 기억할 수 없기 때문이다.

특히 임원분들에게 중요한 것은 해당 경험을 통하여 그 경험을 왜 하였고, 무엇을 배우고 느꼈는지다. 앞으로 직장 생활을 해나가면서도 계속되는 실패의 과정 속에 작은 성취와 더불어 문제를 해결하는 그 과정이 얼마나 중요한지를 알고 있기 때문이다.

하지만 우리들 대부분은 "경험" 자체에만 매몰되어 있는 경우가 많다. 어떤 조직도 실패 없이 모두 성공을 하지는 않는다. 물론 성공경험도 너무 중요하지만, 임원면접에서는 "성공"실패"의 경험과 역량만을 어필하기보다 A라는 경험을 통해서 내가 배우고, 느끼고, 알게 된 것이 무엇인지 적어도 하나는 전달하는 것이 좋고, 마지막으로 그 과정을 통한 티포인트까지 이야기한다면 신뢰감을 높일 수 있다.

(2) "과정 있는 결과"를 정리하라

임원분들 정도 되면 회사생활을 오래 하신 분들이고 성과를 어떻게 내는지에 대한 방법도 각자만의 방법을 갖고 계신 분들이다. 그렇기 때문에 그런 분들에게 어설픈 성과 내는 법을 이야기하기보다는 "과정에서 결과를 만들어 낸 경험"들을 말씀드리면 생존이들에 대한 호기심을 갖게 할수 있는 좋은 전략이 될 수 있다.

예를 들어서, "카페 아르바이트를 통해서 약 2배의 매출을 냈습니다"라는 결과보다는, "약 180일 동안 1천 명의 고객분들을 만난 카페 아르바이트를 통해서 사람을 대하는 법, 화난 고객을 응대하는 법, 어떠한 상황에서도 웃음을 잃지 않는 법을 배웠습니다"라고 한다면,

자연스러운 꼬리질문이 이어질 수 있고, 이 경험이 진짜라면? 그렇게 생각한 나만의 WHY+ME(와이나)가 있기 때문에 우리는 당황하지 않고 임원면접장에서 내 스토리를 전달할 수 있다.

즉, 임원분들은 결과를 당연히 중시할 수밖에 없다. 하지만 그 결과가 우리 채용에 있어서 결과를 낸 사람만 선발한다는 것은 아니다. 조직 생활을 오래 하신 분들이기에 과정에서 만들어 낸 결과가 얼마나 유의미한 결과인지를 누구보다 잘 알고계실 것이다.

우리는 이런 심리상태를 인지하고, 겸손하면서 내가 느끼고 배운 이 과정에서의 결과를 드러내야 한다.

(3) "~다움"을 보여 줘라

마지막 3번째는 바로 "~다움"을 보여주라는 것이다. 최종면접이기에 어찌 보면 더 잘해야겠다는 생각으로 많은 생존이들이 면접관들의 정답을 맞히려고만 하는 경우가 많다.

그동안 많은 생존이들과 함께하며 "면접을 너무나 공포스럽게 생각했던 생존이들"도 있었다. 많은 이들이 오랜 시간 동안 면접에서 계속 불합격했던 이유 중 하나가 계속 정답을 맞히려는 면접 준비를 했기 때문이다.

공식에 대입하고, 로봇같이 기계적인 훈련을 했음에도 계속해서 최종면접에서 떨어졌던 이유는 자신만의 색깔을 전달하지 못해서이다. 그래서 그런 생존이들이 고민을 토로하면 나는 항상 "나다움"을 강조하고, 그에 맞는 방법을 제시하였다.

누군가는 지식적인 부분에 강점이 있고, 누군가는 경험요소에 강점이 있고, 누군가는 이미지에 강점이 있고, 누군가는 열정에 강점이 있다. 모두 나만의 "~다움"이 다르다는 것이다.

하지만 임원면접이기에 오히려 우리는 우리 자신을 꽁꽁 숨기고, 마지막까지 맞히려고만 하다가 실패를 계속 경험하는 현상들을 주위에서 보곤 한다.

이렇게 생각해보면 조금은 마음이 편해진다. 내가 꼭 합격하고 싶다고 면접에서 합격하는 것이 아니다. 그렇다면 이제는 방법을 한 번쯤은 바꿔보면 어떨까?

대부분 이런 결과를 지속적으로 받은 생존이들은 눈치를 보면서 어떻게든 답을 맞히려는 행동을 했을 것이다. 물론 이번 기회를 꼭 잡고 싶은 마음은 알고 있다. 하지만 적어도 이번 한 번은 "나만의 ~다움"을 표현하고 내 이야기를 해보는 것을 추천한다.

어느 누구도 면접의 결과를 예측할 수 없다. 하지만 면접에서 심리적 요소는 너무나 중요하다. 계속 면접에서 불합격을 했다면 과감하게 이 전략을 실행해보았으면 하는 바람이다.

여기서 "나만의 ~다움"은 경험 정리 단계에서 뽑아낸 나만의 스토리를 입히는 전략이다. 어찌 되었든, 내가 이러한 전략으로 면접에 임하게 되었을 때, 최악의 결과는 불합격일 뿐인 것이다.

지금껏 준비한 대로 준비하면서 또 눈치만 보다가 또 불합격을 할 수 있지만, 지금까지와는 반대의 전략으로 이번 한 번 만큼은 "나다움"을 보이면서 불합격을 할 수도 있다.

최악의 결과를 가정해봐도 우리가 어떤 선택을 해야 하는지 알 수 있다. "생존면접 클래스"를 진행한 수많은 생존이들에게 공통적으로 적용시켜보았던 방법은 바로 "생존 마인드셋"이다. 어차피 결과를 예측할 수 없다면, 그리고 같은 결과를 계속 받았다면, 내가 지금 이 기업을 위해서 준비한 "생존 필살기"를 바탕으로 "주도권" 있는 면접을 단 한 번이라도 자신감 있게 해보라고 이야기를 해주고 싶다.

면접은 "기세"다. 내가 눈치를 보기 시작하면 끝이 없고, 준비를 하면서도 불안감은 계속 커져만 간다. 결국, 임원면접 역시 중요한 것은 조직의 일원으로서 "나다움"을 어떻게 표현하고, 조직 안에서 어떠한 역할을 하는 사람이 될 수 있는지에 대한 "나다움"을 표현하는 것이다.

모든 임원분들이 고스펙을 바라고, 엄청난 경험을 바라고, 관련 성공경험만 바라는 것은 아니다. 지금 우리 생존이들만의 강점이 무엇인지, 또 나만의 강점을 통하여 지원하는 기업에 어떤 티포인트를 적용하여 조직의 발전에 기여할 수 있는지를 보여준다면 이번만큼은 지난 면접과는 다르게 주도권을 확보할 수 있다.

또한 한 가지 추가되어야 하는 "~다움"이 있다. 바로 "신입사원으로서의 '~다움'"이다. 요즘 흔히 MZ세대에 대한 이야기들이 상당히 많다. 모든 면접관들이 그렇게 생각하는 것은 아니지만, 요즘 신입직원들은 조직보다 개인적 활동을 중시한다는 그런 편견을 갖고 있다. (물론 아닌 분들도 많다)

그렇기 때문에 오히려 임원면접에서 "조직성", "사회성", "희생", "손해", "성장"이라는 키워드를 통해서 경험 포장을 해본다면 조금은 다른 관점으로 나를 어필할 수 있을 것이다. 시대가 변해도 한 가지 변하지 않는 것은 우리는 "사람"들과 일을 한다는 것이다.

임원분들 입장에서 지금 회사의 중요한 인재를 선발하는 과정이지만, 무엇보다 중요하게 생각하는 것은 단기적 성과가 아닐 것이다. 단기적 성과와 역량은 기존 직원들, 그리고 경력직원들만으로도 충분하다.

신입사원에게 정말 요구하는 것이 무엇인지 지금 5분만 생각해본다면, 임원면접에서 무엇을 어필해야 하는지 알 수 있다. 우리는 이제 사회생활을 시작할 뿐이다. 무엇보다 개인의 역량을 강조하는 것도 좋지만 "신입사원으로서의 열정", "패기", "태도", "마인드"만 잘 갖춰져 있다는 것이 보여도 임원분들은 충분히 우리를 좋은 인재라고 판단할 수 있다.

이 단어들이 굉장히 간단한 것 같지만, 사실 말 한마디에 "열정"과 "태도"를 볼 수 있고, "생존 필살기" 하나만으로도 "마인드"와 "열정"을 볼 수도 있다. 신입사원은 조직에서 굉장히 중요한 역할을 하는 구성원이다.

지금 가장 모든 것을 할 수 있다는 그 자세와 태도가 조직과 기업문화를 변화시킬 수 있기 때문이다. 『생존면접 바이블』을 읽고 임원면접장으로 가는 모든 생존이들이 이 2가지 "~다움"을 기억하고 임한다면 충분히 "생존"할 수 있다고 생각한다.

임원면접은 특히 질문과 시간이 짧다. 어떤 기술과 역량의 나열보다 나만의 WHY+ME(와이나)와 "생존 필살기"가 중요하다는 것을 다시 한번 이야기하고 싶다.

Chapter 11

면접 주도권을 위한
5가지
추가 생존 필살기

면접에서 그리고 인생을 살아가면서 의외로 크고 작은 오해들이 생긴다. 난 분명히 이러한 뜻으로 이야기했는데 상대방은 전혀 그렇게 생각하지 않는 이런 신기한 현상들이 면접장 뿐 아니라, 실제 우리 생활에서도 벌어지고 있다.

물론, 많은 이유들이 있겠지만 그 이유 중 하나가 바로 "언어와 비언어의 불일치"로 발생되는 경우가 꽤 있다. 이번 챕터 11에서는 "비언어적 표현"에 대한 중요성과 더불어 생존이들이 면접장에서, 또 누군가에게 메시지를 전해야 하는 상황에서 나의 가치를 2배 이상 높여주는 5가지 방법에 대해서 알아보겠다.

아마도 면접장에서 이런 지원자들을 본 기억이 있을 것이다. 정말 말을 유창하게 잘하는데 별로 끌리지 않는 지원자, 정말 지식이 많은 것 같은데 딱 거기까지인 지원자….

면접에는 너무 많은 변수들이 존재하지만, 그 모든 것들을 다 할 수도 없고, 해서도 안 되기 때문에 지금부터 공유하는 이 내용만이라도, 꼭 면접 전에 확인해서 면접장으로 가보는 것을 추천한다.

1) 목소리는 이렇게 하세요

결국, 면접에서 아무리 좋은 티포인트를 갖고 있다고 하더라도 그것이 내 목소리로 정확하게 전달하지 않으면 면접관은 내 이야기에 집중을 하지 못한다. 그렇기 때문에 우리는 면접 연습을 하면서 반드시 내 목소리로 전달하는 연습을 해보아야 한다.

하지만 많은 생존이들이 이를 잘못된 방식으로 개선하려고 노력한다. 물론 누구나 꿀성대의 보이스를 갖고 있다면 너무나 좋겠지만 우리들 모두가 꿀성대가 될 수는 없다.

면접에서 목소리는 나라는 사람에 대한 신뢰는 물론, 이 지원자가 어떤 사람일 것이라는 유추까지 하게 만들어준다. 그래서 많은 생존이들이 이러한 매력적인 목소리를 만들기 위해서 스피치 학원에 무작정 등록하는 경우가 많다. 물론 스피치 학원에 다니면서 매력적인 보이스를 만드는 것은 너무나 좋은 자기계발 행위이다.

하지만 시간이 얼마 남지 않은 면접 준비과정에서 "주객전도"된 방법으로 스피치 방법만 배우려고 생존이들이 의외로 많은 모습들을 보았다. 스피치 학원에서 발성, 발음, 호흡 등을 배우고 교정하는 과정도 중요할 수 있지만 지금 우리는 "진짜 생존을 위한" 면접 준비를 하는 것이기 때문에 그렇게까지 할 필요가 없다는 것을 미리 말하고 싶다.

이런 이야기를 하는 이유는 그동안 수많은 생존이들이 면접에서 불합격을 하면서 많은 원인을 스스로 찾고, 이런 "주객전도"되는 행동을 하는 모습들을 보았기 때문이다.

목소리는 남은 시간동안 대부분 바꿀 수 없다. 하지만 전달되는 말의 힘은 충분힌 단시간 내에 개선이 가능하다.

목소리 자체에 집중을 하는 것이 아니라, 내 이야기가 면접관에게 잘 전달되는지가 중요하다. 즉, 목소리가 이쁘고 안 이쁘고는 단시간 내에 우리가 어떻게 할 수 있는 부분은 아니나, 내용을 잘 전달되게끔 하는 것은 충분히 가능하고, 면접에서 핵심은 이 부분이다.

무엇보다 내 이야기가 잘 전달되기 위해서는 자신감을 갖고 힘 있는 목소리로 표현해야 한다. 특히 준비가 되지 않거나, 자신감이 없을수록 말끝을 흐리는 경우가 많은데, 의식적으로 말끝에만 힘을 주어도 자신감이 있어 보인다.

다시 한 번 이야기하지만, 목소리는 나라는 사람의 이미지를 더 높여 줄 수 있는 필살기가 될 수 있다. 하지만 면접장에서 진짜 중요한 것은 말의 힘이고, 말의 힘은 단어 끝에만 힘을 주고 말하는 연습만 하더라도 전달력이 훨씬 좋아지게 된다.

다음 사례는, 면접 연습을 오래 했던 한 생존이가 실제 5분 만에 "단어 끝"에 힘을 주고 전달만 잘하더라도 자신감이 훨씬 더 있어 보이는 실제 연습현장을 담아본 사례이다.

5분 만에 자신감 상승되는 생존 보이스 트레이닝

목소리와 눈빛은 면접의 기세를 결정하기 때문에 내가 준비가 되어있지 않더라도 평균 이상의 목소리를 반드시 내야 한다. 면접에 100% 완벽준비는 존재하지 않는다. 누군가는 70%가 준비되어있고, 누군가는 80%가 준비되어 있을 수 있다.

하지만 면접은 실전이고 우리들의 "생존"을 위해 반드시 건너야 할 코스이기 때문에 내가 어떤 준비상태이건, 이 게임에서 승리하기 위해서 가장 먼저 드러나는 "자신감 있는 목소리"는 필수이다.

이 기본적인 것을 제대로 실행하지 않고, 답변의 기술만 생각한다면 아직 생존 마인드셋이 제대로 되어있지 않은 것이다. 준비가 잘되어 있더라도, 안 되어있더라도 항상 답변에는 나만의 WHY+ME(와이나)로 답변을 한다는 생각을 갖고 있으면, 내 목소리에도 자연스럽게 힘이 생기게 된다.

목소리가 기어들어가고, 자신감이 없는 대부분은 "암기"된 답변으로 끝려가는 상황에서 많이 발생된다. 결국, 목소리가 중요한 요소는 맞으나, 그 중요한 요소에서 대부분 자신 없는 모습을 보이는 이유는 "내면(마인드셋, 관점 전환)"에서 결정됨을 알 수 있다.

우리 생존이들이 기억해야 할 것은 단 하나이다. 어떤 상황에서라도 자신감 있게 목소리를 드러내자. 그렇게 하는 가장 좋은 방법은 단어 끝에 힘을 주는 법이다. 이 한 가지만 제대로 하더라도 기세를 이어갈 수 있다.

2) 태도의 핵심은 리액션

면접을 잘 본다는 것은 사람들과 소통을 잘한다는 것이다. 사실 실제 면접은 너무나 딱딱한 상황에서 진행되지만 우리들은 이런 상황에서도 스스로 잘 적응하고 조직적인 사람이라는 것을 어필해야 한다.

그중 무엇보다 중요한 것이 바로 "리액션"이다. 대부분 면접장으로 입장하면 내가 말하는 것에만 집중한다. "이 질문에 이 대답을 해야지", "저 질문에 저 대답을 하면 되겠지" 등 나에게 포커스를 둘 수밖에 없다.

하지만 면접의 고수들은 내 이야기는 기본이고 다른 지원자들이 이야기를 할 때 진짜 경청을 한다. 여기서 경청이란 그냥 우리들이 면접장에서 인위적으로 상대방이 말할 때 고개를 끄덕이는 행위가 아니다.

정말 상대방의 이야기에 집중하고, 반응하는 "리액션"이 진정한 경청으로 보이게 된다. 면접장에서 기본적인 태도에 벗어난 행동을 하는 지원자들도 사실 꽤 있다. 하지만 대부분의 지원자들은 기본 이상의 태도를 보이기에, 우리 생존이들은 여기에 "리액션"이라는 키워드를 꼭 입력하고 면접장으로 들어갔으면 한다.

여기서 말하는 리액션은 과한 박수나 액션을 의미하는 것이 아니라, 면접관이나, 타 지원자들이 이야기하는 것을 진심으로 듣고, 거기에 맞는 감정표현을 하는 것이라고 생각하면 된다. 면접은 다양한 면을 평가하는 시스템이다. 그렇기 때문에 다양한 면접의 유형들이 존재한다.

면접에서 합격하기 위해 리액션을 학습하는 것이 아니라, 우리가 앞으로 조직 생활을 하고, 인생을 더 잘살아가기 위해서 필요한 것이고, 진심으로 사람을 대할 줄 아는 사람이 되어야 하기 때문에 지금 우리가 반드시 의도적인 연습을 해야 할 필요가 있다.

어떤 생존이들은 면접을 글로서 학습하려고만 한다. 토론 면접에서는 어떻게 나를 보여주어야 할지 등을 생각하다가 결국, 실제 면접장에서는 스스로 무엇을 어떻게 했는지도 모르고 오게 되는 경우가 많다.

이런 방법들은 전혀 추천하지 않는다. 이렇게 학습으로만 면접을 생각하면 인생이 힘들어지고, 너무나 많은 경우의 수를 생각해야 한다. 물론 머리가 아프고 경우의 수가 많아도 합격만 하면 상관없겠지만, 결국 이렇게 많은 경우의 수를 세우고, 나는 어떤 방향으로만 갈 거라고 하는 많은 생존이들은 스스로 무너지는 경우가 많다.

면접은 나라는 사람을 평가하는 자리이다. 인성, 직무, 세일즈, PT, 토론, 토의 등 다양한 상황의 면접들로 평가하는 이유는 실제 조직 생활에서 이러한 경험을 하기 때문이다. 리액션도 마찬가지이다. 『생존면접 바이블』을 읽고, "그래, 나 리액션 해야지"라고 해서 리액션을 잘하는 것이 아니다. 내가 누군가와 함께하며 내 생각을 전하고 상대방의 이야기를 듣는 그 과정에서 이 사람이 어떠한 사람인지를 유추할 수 있는 것이다.

리액션을 기계처럼 한다면 대부분의 사람들이 가식인지 아닌지 알 수 있다. 그렇기 때문에 평소에도 정말 내가 누군가의 이야기에 집중하고, 공감하려고 노력하는 사람으로 정체성을 변화시키는 것이 훨씬 면접에서 유리하다.

면접에서 리액션을 잘하려고 생각하지 말고, 지금 이 힘든 취업 준비 기간이지만 힘들더라도 그 상황에서 조금 더 웃고, 작은 이야기에 상대방에게 칭찬 한 마디를 먼저 해주고, 에너지 넘치는 반응을 한다면 나라는 사람의 평가는 긍정적이 될 수밖에 없다.

우리가 진짜 생존하기 위해서는 "책으로 면접을 배우면 안 된다". 『생존면접 바이블』에서 하는 모든 이야기는 우리의 정체성을 바꾸는 과정이다. 지금 내 성격, 경험 등을 리셋해서 오늘부터라도 누군가의 이야기에 작은 미소 한 번, 작은 칭찬 한 번 해줄 수 있는 생존이들이 되길 바라는 마음이다. 이런 마인드를 갖고 있는 생존이들이 당연히 직장 생활에서 고객들에게 좋은 기업의 이미지를 줄 수 있고, 이러한 작은 태도와 마인드가 기업을 변화시킬 수 있다.

3) 자신감의 표현, 아이컨택

세 번째는 면접장에서 면접관을 자연스럽게 보는 연습을 미리부터 해야 한다. 누구나 긴장되는 상황이기에 사실 실무진 면접이건, 임원면접이건 나를 쳐다보는 것 자체가 긴장이 될 수밖에 없다.

한 명의 면접관이 나를 볼 수 도 있고, 여러 명이 동시에 나를 쳐다볼 수 도 있다. 이 상황에서 괜히 위축될 수 있지만 평소에 이와 같은 상황을 염두하고, 상대방의 눈을 의도적으로 바라보는 연습을 하는 것이 좋다.

그렇다고 면접관과 눈싸움을 하라는 소리가 아니다. 질문에 답을 하면서 상대방의 눈을 자연스럽게 맞추는 것은 의사소통에서 굉장히 중요하기 때문에, 이 행동 하나만으로도 면접관은 이 지원자가 사람을 어떻게 대하는지 유추할 수 있다.

"모의면접"이나 "단기 경험 정리 클래스"를 진행하면 대부분 생존이들이 이런 현상을 하게 된다. 준비를 한 질문이거나 내용들을 전달할 때는 대부분 시선을 회피하지 않는다. 하지만 스스로 느끼기에 조금 부족하거나 답을 잘 못 할 것 같은 질문들에 답을 할 때면 고개를 숙이거나 시선을 회피하는 현상들을 반복한다.

물론 이렇게 시선을 회피한다고 해서 불합격을 하는 것이 아니다. 하지만 우리는 지금 면접만 보고 끝나는 것이 아니다. 직장 생활을 하면서 굉장히 난감한 상황에서 "고객"들의 눈을 보면서 불편한 민원상황을 해결하는 상황에 직면할 수도 있고, 팀장님과 프로젝트에 대해 이야기를 하면서 내 생각을 전달해야 하는 상황들을 맞이할 수 있다.

이런 상황들을 가정하고 다시 조금 전 상황으로 돌아가 본다면, 면접장에서 면접관들의 압박질문이나 꼬리질문에 자신감 없이 시선을 회피하는 것이 얼마나 위험한 행동인지 우리는 스스로 느껴야 한다.

결국, 시선을 회피하는 것은 "불안감" 때문이다. 하지만 "생존면접"에서 계속 전달했지만 우리는 이 면접을 단지 "평가"로만 생각하면 안 된다. 합격 후 직장 생활에서 민원성 고객이 내 눈을 보고 불만을 이야기할 때, 나는 고객의 눈을 바라보지도 못하고, 다른 곳을 응시하면서 회사의 방침을 전달한다면 그 고객은 어떨지를 생각해보면 지금 우리들이 어떻게 해야 할지 알 수 있다.

이 모든 행동들이 "생존"을 염두하지 못한 평가용 시스템에서 생각하고 살아왔기 때문이다. 과하게 아이컨택을 하라는 것이 아니다. 우리는 앞으로도 사람들과 소통하며 때로는 긍정적인 분위기에서, 때로는 좋지 않은 환경에서 누군가에게 신뢰를 받고 또 설득을 해야 하는 상황들에 직면할 것이다.

지금부터 나의 진심과 태도가 상대방에게 전달되도록 연습을 한다고 생각하고 면접에 임했으면 하는 바람이다. 본질은 "내면"의 자신감이 부족하기 때문에 이렇게 흔들리는 상황이 발생되는 것이다. 스스로를 믿고, 이 상황을 이겨내 볼 수 있는 연습을 해보면 된다.

내가 조금 더 떨 수 있다. 그렇다면 새로운 환경에서 모의면접을 많이 해보면서 상대방의 눈을 보는 연습들을 익숙하게 만드는 것이 중요하다.

4) 나만의 필살기, 미소

네 번째는 바로 "미소"다. 사실 이 부분은 나 역시 굉장히 어색한 부분이다. 생각만 해도 경직된 면접장에서 면접관을 바라보며 미소를 지을 수 있는 사람은 사실 크게 많지 않다.

만약 내가 스펙이 부족하거나 경험이 부족한데, 미소가 일품이라면, 그 생존이는 충분한 스펙이 되는 것이다. 여기서 말하는 미소는 "억지웃음"이 아니다. 면접을 진행하다 보면 많은 지원자들의 답변을 듣게 되는데, 정말 무표정으로 엄청난 지식들을 전달하는 지원자도 있고, 가장 행복했던 경험을 물어봤는데 그 어떤 감정표현 없이 기계 같은 답변을 늘어놓는 지원자도 있다.

면접은 언어와 비언어가 일치하는 그 순간 상대방에게 "신뢰"가 전달된다. 가장 행복했던 경험을 말할 때 당연히 그 상황이 머릿속으로 연상되어야 하고, 그 생각을 하면서 답변을 해야 면접관도 그 감정을 조금이라도 느낄 수 있다.

하지만 우리들 대부분은 스크립트에 의존한 면접 답변을 하기 때문에 빨리 말을 해야 한다는 강박을 갖고 있다. 엄청난 미소가 아닌, 적어도 감정이 전달되는 작은 미소가 나올 수 있도록 연습을 한다면 굉장히 강력한 필살기가 될 수 있다.

한 예로, 약 3년간 면접에 계속 불합격을 했던 생존이가 있었다. 이 생존이는 기계 같은 답변을 하였지만 표정은 그 어떤 변화도 없었다. 당연히 이 생존이는 이 상황 자체가 지옥 같았을 것이다. 그런 것들이 표정으로 드러났던 것이고, 면접관들은 아무래도 그런 것들을 보며, 그 친구를 굳이 선발해야 할 필요성을 느끼지 못했을 것이다.

미소 또한 연습을 해야 한다. 그래서 이 친구에게 "매일 아침 기상하자마자 웃으면서 영상을 10초라도 찍어서 보내는 미션"을 약 7일 동안 시켰다. 처음에는 어색했지만 하다 보니 웃음이 나왔고, 이렇게 일주일 동안 해보며 믿기 어렵겠지만 많은 부분이 개선될 수 있었다.

4년간의 취준 생활 종료, 최종면접 결과발표 순간

결국, 면접은 생기고, 이쁜 지원자를 뽑는 그런 선발이 아니다. 아무리 내용을 잘 전달하더라도 나만의 진심이 담겨있어야 하고, 그 필살기를 더 업그레이드해 주는 것이 바로 "미소"라는 것을 꼭 기억해야 한다.

미소가 어렵다면, 매일 아침 웃는 연습을 이렇게 해보면 또 다른 재미가 생긴다. 혼자하기 어렵다면 함께 단톡방을 만들어서 이렇게 해보는 것도 좋은 경험이 될 수 있다.

5) 다 못 해도 이거 하나면 끝

마지막 다섯 번째는 바로 "긍정의 표현"을 하는 것이다. 앞에서 이야기한 1-4번째가 어려운 생존이들이 있다면, 마지막 다섯 번째만이라도 반드시 의식적으로 해야 한다.

사실 이 부분은 비언어적 표현에만 해당이 되지 않지만, 굉장히 중요하기 때문에 마지막으로 내용을 정리해본다. 결국, 면접은 나를 드러내고 표현해야 하는 자리이다. 하지만 누군가는 면접을 논리적인 평가시스템으로만 생각하고 논리만 생각하는 경우가 많다.

물론, 이렇게 합격을 해서 인생을 변화시키는 사람들도 있지만, 우리는 이러한 접근보다 어떠한 상황과 환경에서도 그 상황을 긍정적으로 생각하고 표현하는 것을 연습해야 한다.

예를 들어 면접 질문 중에 모르는 질문이 나왔을 때, 대부분 답변의 기술에 초점을 맞춘다. 면접을 경험한 인생선배들은 알겠지만 답변 1개를 못했다고 면접에서 불합격되는 케이스들은 거의 없다. (치명적인 답변 제외)

즉, 답변을 못 할 수도 있지만 그 상황에서 내가 어떠한 표정과, 비언어적 표현, 그리고 나만의 정중한 답변으로 위기를 헤쳐 나가는지가 중요하다.

그러기 위해서는 항상 내가 본래 갖고 있는 긍정적인 생각, 미소, 태도 등이 자연스럽게 연결될 수밖에 없다. 이는 우리가 인생을 살아가면서도 마찬가지이다.

『생존면접 바이블』을 통하여 합격을 넘어 인생의 또 다른 성공스토리를 쓴 수많은 생존이들이 생겼고, 앞으로도 그럴 것이다. 하지만 조직 생활을 또 시작해야 하기에 지금 우리가 배우고, 적용시킨 이 생존면접의 스킬들이 향후 조직 생활을 시작하면서도 분명한 차별화를 주게 될 것이다.

결국, 사람의 모든 행동은 사고에서 시작된다. 그 사고의 관점을 긍정적으로, 또 어떻게 해결할 수 있을까? 하고 생각하고, 표현하는 사람이 결국 면접이든 인생이든 인생의 터닝포인트를 스스로 만들어낸다.

어리를체인지에서 "작심5일 매십경", "작심5일 매십면", "작심5일 매십독"을 통하여 매일 진행되는 "잠재의식 미션"을 하는 이유도 이와 같다. 무의식적으로 좋은 글을 읽고, 내 손으로 직접 작성을 해보고, 또 표현해 보면서 스스로에 대한 생각이 변화되고 그러한 것들이 무의식에 내재되면서 나만의 인사이트를 가져다주기 때문이다.

무조건 "긍정적"인 생각만 하라는 것이 아니다. 결국, 조직 생활을 위해서는 그 어떤 상황에서도 그 상황을 긍정적으로 해석하고, '어떻게'의 관점에서 문제를 바라보고 시도하려는 사람들이 조직의 핵심인재가 될 수밖에 없다.

이 또한 "면접에 합격"하기 위해서 "긍정표현"을 해야 한다고 한다면, 그 사람이 생각할 수 있는 부분은 딱 그 정도이다. 우리가 진짜 생존하기 위해서 그리고 조직 생활에서 주도권을 갖는 1인이 되기 위해서 지금부터 이 연습을 해야 한다.

이러한 마인드와 태도가 자세로 드러날 것이고, 이렇게 내공이 탄탄한 사람들은 면접장에서 면접관들에게 좋은 인상을 줄 수밖에 없다. 이번 챕터에서 생존 필살기를 더 업그레이드 해줄 5가지에 대해서 알아보았다. 반드시 미리 이 5가지를 준비한다면 외우지 않고, 눈치 보지 않는 면접에 임할 수 있을 것이다.

'할 수 있을까?'가 아닌 '어떻게 할까?'를 생각하기

이 책의 마지막을 읽고 있는 많은 생존이들에게 마지막으로 하고 싶은 말이 있다. 하고 싶은 이야기는 정말 너무나 많지만 최대한 그동안의 경험과 실제 생존이들이 사례를 책 한 권에 담아보고자 하였다.

여태껏 경험하고 본 면접은 회피의 대상이었다. 하지만 그런 생존이들을 보면서 면접(발표)에 대한 생각을 변화시키고 싶었다. 물론 말을 하는 기술, 면접의 전략 등은 굉장히 중요하다. 하지만 내가 만나본 약 80% 이상의 청년들은 면접이라는 이 상황 자체에 압박을 느꼈다. 이 시작을 변화시키는 방법은 단 하나이다.

"주도권"을 갖고 면접(발표)에 임하는 것이다. 그렇게 되기 위해서 책에 나온 "생존 필살기"와 다양한 사례들이 필요한 것이다. 이 책 하나로 모든 것이 해결될 수는 없겠지만 면접을 너무 딱딱한 프로세스로만 생각하고 정답이 존재하는 게임이라고 생각하지 않았으면 좋겠다.

단지 면접의 기술만을 위해 필요한 책으로 기억되고 싶지 않았다. 실제 어리를체인지에서 활동하며 과정에서 각자만의 스토리를 만들었던 생존이들의 사례로 이 책을 시작했던 것은 누구나 이 과정을 통해서 충분히 가능하다는 확신을 주고 싶어서였다.

우리에게는 각자의 강점이 있다. 그 강점을 더 디벨롭하고, 내가 살아온 그 발자취에서 내 진짜 경험을 돌아보면서 "경험 포장"하는 연습을 한다면 누구라도 면접에서 간절한 1승을 할 수 있다.

면접은 "기세"다. 기세가 발휘되기 위해서는 스스로 "확신"이 생겨야 하며, 그 확신은 내 눈으로 직접 보고, 듣고 느꼈을 때 발휘될 수 있다. 대한민국 취업 준비 시장에서 약 1,500일 넘게 비대면으로 면접(스피치)을 준비하는 커뮤니티(작심5일 매십면)을 운영하고 있는데, 이는 우리들 스스로 확신을 갖는 데 이만큼 좋은 환경이 없기 때문이다.

우리는 지금도 "내가 토익이 부족한데 할 수 있을까?", "자격증이 없는데 가능할까?" 이런 생각들을 하고 있다. 지금부터는 그 생각 자체를 변화시켜야 한다. "면접장에서 어떤 생존 필살기를 보여줄까?", "티포인트를 1번으로 할까, 2번으로 할까?" 이 생각 하나가 우리들의 인생을 변화시킬 수 있다.

이 책을 지금까지 읽었다는것은 그만큼 스스로 인생의 변화를 위해 주도적으로 생각하고 변화를 위해 노력하고 있다는 것이다. 면접을 테스트로만 생각하지않고 주도적 인생을 시작하는 스스로 인생의 첫 시작이라고 생각하고 준비해보았으면 하는 바램이다. 우리는 이제 시작일뿐이다.

상황이 어떻건 그 상황에서 나만의 WHY+ME(와이나)를 통해 내 가치를 증명하는 그 시작점이 되었으면한다. 진정한 생존을 위해서 무엇보다 중요한것이 "환경"이기에 이 환경에서 함께 시작해볼것을 추천한다.

우리들의 진짜 생존을 위하여!

간절한 1승을 위해서 오늘도 치열하게 "생존"하는 생존이들이 활용하면 좋은 커뮤니티와 공간을 공유해본다.

부록

1. 어리를체인지 커뮤니티

어리를체인지 커뮤니티는 청년들 중 특히 "성장"에 집중하는 생존이들이 모여 있는 공간이다. 단지 면접에 대한 정보나 공고만을 공유하는 것이 아닌, 매일 아침 "책 한 줄" 스스로 생각하며 힘든 취준을 이겨낼 수 있는 커뮤니티이다.

인원이 많은 공간이기에 "대화는 금지"되어 있지만 앞으로 우리들의 "진짜 생존"을 위해 2030들에게 필요한 내용들과 "성장정보" 등을 공유하고 있다. 물론 현직자가 이미 된 생존이들도 아직도 이 방에서 에너지를 주고받고 있다.

어리를체인지 오카방 링크: 참여코드 2501

2. 작심5일 커뮤니티

앞이 보이지 않는 취업 준비기간에 묵묵히 자신의 길을 걸어가는 것은 생각보다 힘들다. 그래서 "함께"하는 힘이 중요하고 그 힘이 우리를 올바른 목적지를 가는 데 굉장히 큰 영향을 준다. 다양한 커뮤니티를 운영하는데 애로사항도 많지만, 약 1,500일 넘게 다양한 커뮤니티를 운영하면서 단 한명이라도 "작심5일 프로그램"으로 인생이 변화된다면 그 가치는 이루 말할 수가 없기에 지금까지 운영하고 있다.

취업 준비는 취업만을 준비하는 시간이 아니다. 인생을 주도적으로 처음 시작하는 20대~30대에 내 시간을 통제해보고, 스스로 목표를 설정하면서 내 인생에 대한 방향성을 찾고 목표를 위해 치열하게 하루하루 성장하고 부딪히고 달려보는 그 과정과 시간이다.

최초 모든 프로그램을 "한 달 단위"로만 운영했었다. 물론 대부분 처음 1-2주차는 의욕에 넘쳤지만 그 후에는 스스로 포기하는 현상들이 벌어졌다. 이런 경험들을 하며 알게 된 것은 우리 스스로 아무리 의지가 강하고 열정이 있다고 하더라도 그 열정들이 더 타오를 수 있게 기름을 부어주는 역할이 얼마나 중요한지 알게 되었다.

그리하여 "작심5일"을 강조하게 되었고, 단 5일만이라도 이런 좋은 습관들을 유지하며 살아보자는 생각으로 지금까지 운영을 하게 된 것이다. 이 커뮤니티에서 상위 20%의 결과를 낸 생존이들은 직장에 입사해서도 그 이상의 역할을 대부분 하고 있다.

즉, 취업만을 준비한 사람과 이러한 프로그램을 능동적으로 참여하며, 스스로 루틴을 세우고, 목표를 매주 달성하기 위해 노력하면서 그 과정을 촘촘히 쌓아온 사람과는 "관점" 자체가 다를 수밖에 없다. 이 책을 읽고 있는 생존이들이 꼭 참여했으면 하는 바람이다.

1) 작심5일 매십경(매일십분경제)

"매십경"은 매일십분경제의 줄임말이다. 약 5년 전부터 유튜브 영상을 통하여 매일 10분 경제신문을 함께 읽기 시작하였다. 이 프로그램을 시작한 이유는 넘치는 스펙과 역량을 갖고 있는 수많은 생존이들이 면접장에서 그 좋은 스스로의 필살기를 활용하지 못하는 모습을 보았기 때문이다.

결국, 면접에서 우리는 엄청나게 많은 질문을 받을 시간이 없다. 단, 몇 가지의 질문으로 나를 보여주어야 하는데, 지식은 많지만 "지식의 저주"에 걸려서 나열을 하고 있는 생존이들이 많았다. 그래서 그 방법을 변화시키는 것이 무엇보다 중요하다고 생각하였고 그때부터 "관점 전환"과 더불어서 "티포인트적 사고"를 만드는 데 집중하였다.

이 커뮤니티는 누구라도 참석이 가능하다. 처음에는 "금융"과 "금융권 취업"을 준비하는 생존이들이 많았지만 이제는 공무원, 공기업, 일반 취업 준비생, 경제, 사회에 관심 있는 청년, 아무것도 모르지만 경제신문을 쉽게 읽고 싶은 청년 등 다양한 생존이들이 모여서 "관점을 전환"하는 연습을 함께하고 있다.

결국, 이 과정에서의 우리는 매일 3가지 미션을 실시하며, 경제신문을 읽고, 쓰고(오피니언), 타인의 결과물들을 보면서 하루하루 치열한 삶을 사는 원동력이 된다.

2) 작심5일 매십면(매일십분면접, 스피치)

이 프로그램 역시 "매십경"과 함께 시작하면 좋은 프로그램이다. "매십면" 역시 엄청난 의도를 갖고 시작한 것은 아니다. 면접이라는 게임에 정답이 없는데 대부분 청년들은 이미 이론적인 답을 갖고 면접을 준비하기 시작한다.

물론 결과가 좋으면 상관이 없겠지만, 그렇게 준비한 대부분의 청년들은 좋지 않은 결과를 받을 수밖에 없었다. 원인들을 찾아보니 평소 말을 하는 것을 좋아하거나, 남들 앞에서 발표를 하는 상황에 놓였던 친구들은 어떠한 상황에서도 이겨냈지만 나와 같은 평범한 80%인 친구들은 말하는 환경에 놓여있지 않았기 때문에 당연히 이런 결과가 나올 수밖에 없었다.

그래서 그 당시 "비대면"으로라도 말을 일단 시작할 수 있게 해보자라는 취지로 "매십면"을 기획하게 되었고 지금까지 유지되고 있다. 어리를체인 지에서 인생을 변화시킨 생존이들 대부분 동시에 진행하는 것이 "매십경" 과 "매십면"이다. 사실 이 2가지만 꾸준히 지속한다면, 어떠한 상황에서도 흔들리지 않는 강철체력이 될 수 있다.

역시 하루 4가지 미션으로 ① 잠재의식미션 ② 오전 말하기 ③ 오후 말하기 ④ 피드백으로 진행되는데 미션을 달성하기 위해 중고신입, 일을 하는 생존이들은 점심시간에 몰래 화장실에 가서 미션을 달성하는 등 열정을 보이며 스스로와의 약속을 지키고자 노력하는 모습을 볼 수 있다.

즉, 이런 환경에서 같이 하다 보면 "나도 모르던 자신감"도 생기게 되고, 비대면이지만 목소리만으로 그 사람이 어떠한 사람인지 유추할 수 있다. 또 매일 "주제에 대해서" 말하기 2분을 통하여 단지 스피치만이 아닌 나만의 생각과 더불어 자연스러운 경험 정리를 하게 된다.

"매십면"은 공포스러운 면접에 합격하기 위한 프로그램이 아니다. "매십면"이라는 커뮤니티를 통하여 잠재의식을 변화시키고, 평소에 해보지 않았던 1분 말하기를 하며 스스로 정체성을 변화시키고, 그 과정에서 자연스러운 인생의 경험 정리를 통해 "말의 힘"을 단단히 하는 그런 과정이다.

또한 매일 4가지 미션을 달성해야 한다는 목표가 있기 때문에 삶의 동기부여와 원동력이 될 수 있다. 내 작은 목표중 하나는 향후 "면접만 준비하는 생존이들 뿐 아니라" 말하는 것이 두렵거나 어려운 분들이 나이, 성별을 불문하고 "매십면" 커뮤니티에서 서로의 경험과 생각을 나누는 그런 공간이 되었으면 하는 바람이다.

3) 작심5일 매십독(매일십분독서)

"매십독"은 그 어떤 커뮤니티보다 우리에게 먼저 필요한 커뮤니티이다. 단돈 10원으로 매주 "함께 책을 읽고" 그 책에 대한 생각을 나누는 공간이다. 이 커뮤니티를 처음 기획했을 때 대부분 취준생들의 반응은 "중대장님 취준하기도 바쁜데 어떻게 책을 읽어요" 이러하였다.

하지만 매달 1권의 책을 선정하여 하루 10분을 투자해서 단 한 줄이라도 책을 함께 읽고, 1줄 필사를 하는 이 과정에서 많은 생존이들이 엄청난 성장을 한다. 사실 취업과도 많은 연관성이 있다. "매십독"을 통해서 10분이라도 책을 읽고 필사를 하다 보면 "관점이 변화"된다. 그렇게 만들어진 내 관점은 면접장에서 모든 질문에 나만의 재정의를 다르게 남길 수 있게 된다.

즉, 지금 취업 준비를 한다고 해서 "책 읽을 시간이 없어요"라고 하는 건 앞으로도 성장하지 않겠다는 것과 다르지 않다. 하지만 지금부터 "성장하는 사람"이라는 정체성을 갖고 책을 단 10분이라도 읽기시작하면, 면접장에서도 "좋은 문장"은 물론 책을 읽으며 직업관, 가치관 등이 변화할 수 있다.

그리고 그 내면의 단단한 생각들이 모여서 "나"라는 사람을 다시 만들게 되고, 그러한 인사이트들이 자연스럽게 면접장에서 드러난다. 우리들이 진짜 생존하기 위해서는 "마인드"가 변화되어야 하고 이는 직장 생활을 할 때도 굉장히 중요한 역할을 하게 된다.

혹시나 이 책을 지금 읽고 있다면 "매십독"은 꼭 한 번쯤은 참여해보는 것을 추천한다.

4) 작심5일 매십운(매일십분운동)

우리는 이 긴 취준 활동에서 자존감을 지키고, 나를 사랑할 줄 알아야 한다. 그 시작이 바로 스스로의 멘탈과 체력을 유지하는 것이다. 결과가 나오지 않는 이 막막함 속에 "작심5일 매십운"은 엄청난 생존 필살기가 된다.

'취업 끝나고 운동해야지'라고 생각하는 사람들 중 과연 몇 명이나 운동을 할까? 운동을 하면 인생에 좋다는 것은 모두가 알고 있다. 하지만 우리는 이 작은 실행을 하지 않는다. 취업은 다른 것이 아니다. 평소 자기 자신의 마음과 건강한 체력을 잘 유지하고 앞으로도 가꾸는 사람이 조직 생활에서도 나를 위해, 또 타인을 위해 헌신하고 어떠한 상황에서도 끈기와 인내를 갖고 생활할 확률이 높다. "매십운"을 통해 하루 10분 걷기, 뛰는 행동을 공유하며 삶이 변화된 수많은 생존이들이 있다. 취준을 위한 삶만 살 것인가, 취준도 하는 삶을 살 것인가!

당장 함께 시작하면 된다.

5) 그로잉 업

"어리를체인지"는 우리들의 성장을 위한 공간이다. "그로잉 업"은 하루 7가지 루틴으로 취업 준비를 머리가 하는 행동으로 하게끔 하는 시스템이다. 취업 준비를 한 번이라도 해본 생존이들은 공감하겠지만 정말 혼신의 힘을 일주일 동안 다해서 작성한 자소서가 2-3번 탈락하면 더 이상 자소서를 작성하는 게 힘들다. 어떤 날은 우울해서 하기 싫고, 또 어떤 날은 바빠서 못하고, 또 어떤 날은 그냥 시간을 보내다 하루를 보내기도 한다.

사람은 감정의 동물이다. 아무리 스스로 열정이 강하고 의지가 있더라도 결과가 눈으로 확인되지 않으면 이 행위가 아무리 좋아도 지속하는 것이 힘들다. 그래서 우리는 같이해야 한다. 공동의 목표를 위해 함께 달리는 인생의 동반자들이 있으면 하기 싫어도 하게 되고, 우울해도 하게 되고, 슬퍼도 할 수밖에 없다.

"그로잉업"은 ① 매십경 ② 매십면 ③ 매십독 ④ 매십운 ⑤ 1일 1자소서 30분 작성 ⑥ 1일 20분 산업, 기업 분석 ⑦ 1일 20분 생존면접으로 하루 동안 자투리 시간을 통하여 7가지 미션을 달성하는 커뮤니티이다. 이 과정을 열심히 진행한 생존이들은 지금 대부분 현장에서 일을 열심히 하고 있다.

취업이란 누구도 결과를 예측할 수 없다. 하지만 하루를 치열하게 열심히 살아가며, 그 과정에서 스스로 성장한 사람들은 합격은 물론, 직장 생활에서도 남다른 업무성과를 보일 수밖에 없다. 그로잉 업은 비시즌(12-2월, 7-8월)에 운영된다. 운동선수들이 비시즌 때 체력훈련을 열심히 하는 것과 동일한 과정이라고 생각하면 된다.

6) 오프라인 커뮤니티(원데이 부트캠프)

어리를체인지의 활동 대부분은 "비대면"이다. 하지만 2달에 한 번 정도는 "오프라인"에서 서로의 경험을 공유한다. 일반적인 취업특강, 주입식 교육을 진행하는 것이 아닌 "올데이"로 자소서, 면접, 경험 정리 등을 "실습"하는 실습과정이다.

온라인에서 열심히 "작심5일" 프로그램에 참여한 친구들도 있고, 자소서와 면접에 바로 적용을 하고 싶어서 참석하는 친구들도 있다. 자소서의 사례를 현장에서 함께 분석하고 함께 피드백하며 "관점을 넓히는 시간"을 갖기도 하고, "면접마블"을 통하여 면접을 즐겁고 재미있게 놀이로서 경험해보기도 한다.

또한 현직자들의 인생 스토리를 들어보며 "나도 꼭 할 수 있다"는 자신감을 얻는 효과도 있다. 기회가 된다면 "성장하는 커뮤니티"에서 과정을 경험한 생존이들과의 대화로 "성장하는 삶"을 미리 고민하고 준비했으면 한다.

마지막으로 지금 우리들 대부분은 너무나 쫓기는 삶을 살아가고 있다. 조금 더 빨리, 조금 더 나은 곳으로 가기 위해 노력하고 있기 때문이다. 지금 와서 생각해보면 그 시기에 가장 도움이 되는 것이 바로 누군가의 조언들이다. 그 조언들을 가장 쉽고, 빠르게 찾고 적용할 수 있는 것이 바로 "책"이다.

그래서 "작심5일 매십독"을 너무나 추천한다. 하루 10분 책을 읽는 이 행위가 우리의 면접과 취업은 물론, 인생에도 큰 변화를 줄 것이다. 혼자 할 자신이 없는 생존이들은 QR코드로 연결되는 오카방으로 참여하면 된다. 혹시 참여를 하지 못한다면 뒤에서 소개하는 책들이라도 꼭 한 번쯤은 읽어보며 면접과 취업 준비, 그리고 우리들의 생존을 시작하였으면 한다.

작심5일 매십독
참여하기: 참여
코드 2507

추천 도서목록

1. 『퓨처셀프』- 벤저민 하디, 상상스퀘어

2. 『원씽』- 게리 켈러, 제이 파파산, 비즈니스북스

3. 『EBS 다큐프라임 자본주의』- EBS 자본주의 제작팀, 가나출판사

4. 『보도 섀퍼의 돈』- 보도 섀퍼, 북플러스

5. 『인간관계론』- 데일 카네기, 현대지성

6. 『아주 작은 습관의 힘』- 제임스 클리어, 비즈니스북스

7. 『왜 일하는가』- 이나모리 가즈오, 다산북스

8. 『10배의 법칙』- 그랜트 카돈, 부키

9. 『핑크펭귄』- 빌 비숍, 스노우폭스북스

10. 『어떻게 원하는 삶을 살 수 있을까』- 저우재린, 미래북

생존면접 바이블

ⓒ 면접중대장(김호인), 2025

초판 1쇄 발행 2025년 9월 22일

지은이   면접중대장(김호인)
펴낸이   이기봉
편집   좋은땅 편집팀
펴낸곳   도서출판 좋은땅
주소   서울특별시 마포구 양화로12길 26 지월드빌딩 (서교동 395-7)
전화   02)374-8616~7
팩스   02)374-8614
이메일   gworldbook@naver.com
홈페이지   www.g-world.co.kr

ISBN   979-11-388-4730-8 (13320)